国民经济动员学

MOBILIZATION OF NATIONAL ECONOMY

郭瑞鹏◎编著

时事出版社
北京

图书在版编目（CIP）数据

国民经济动员学/郭瑞鹏编著．—北京：时事出版社，2021.11
ISBN 978-7-5195-0438-0

Ⅰ.①国… Ⅱ.①郭… Ⅲ.①国防经济学 Ⅳ.①E0－054

中国版本图书馆 CIP 数据核字（2021）第 195725 号

出版发行：时事出版社
地　　址：北京市海淀区彰化路 138 号西荣阁 B 座 G2 层
邮　　编：100097
发行热线：（010）88869831　88869832
传　　真：（010）88869875
电子邮箱：shishichubanshe@sina.com
网　　址：www.shishishe.com
印　　刷：北京良义印刷科技有限公司

开本：787×1092　1/16　印张：21　字数：330 千字
2021 年 11 月第 1 版　2021 年 11 月第 1 次印刷
定价：128.00 元
（如有印装质量问题，请与本社发行部联系调换）

前　　言

当今世界正经历百年未有之大变局。当前和今后一个时期，我国发展仍然处于重要战略机遇期，但机遇和挑战都有新的发展变化，对国民经济动员提出了新的更高要求。国家安全形势和周边安全环境变得更为复杂，大国竞争的战略性、持久性和周边热点地区的不确定性，要求国民经济动员进一步增强应变能力，时刻做好准备；新冠肺炎疫情影响广泛深远，要求进一步增强国民经济动员的应急功能；国防和军队现代化建设在基本实现机械化的基础上，加快机械化、信息化、智能化融合发展，向世界一流军队加速迈进，要求加快推进国民经济动员发展模式转型升级；我国经济进入高质量发展阶段，为国民经济动员提供了更多机遇和发展空间。新时代国民经济动员站在新的历史十字路口，面临着一系列新形势新问题，迫切需要更新理念、创新理论，引领实践发展。

早在2014年，老一辈国防经济学家、国民经济动员领域著名专家库桂生教授及其带领的团队就做出了写出一部适应新形势发展需要，体现国民经济动员领域最新研究成果教材的决策部署。后来，由于人员变动、单位调整等多种因素，这项重任就落到了当时作为团队骨干成员之一的笔者的身上。2017年，接受任务之后，正逢新一轮改革调整，与国民经济动员密切相关的体制机制正处于重建重塑之中，书稿编撰工作又停滞了一段时间。2020年，一场突如其来的新冠肺炎疫情席卷全球，党中央统揽全局、果断决策，以非常之举应对非常之事，打赢了疫情防控阻击战，确保了人民生命安全，彰显了中国特色社会主义制度所蕴含的巨大动员能力。此时，军队已初步完成领导指挥体制、规模结构和力量编成改革，正在向政策制度改革“第三大战役”攻坚展开，为新体制下国民经济动员建设和理论研究提供了条件。2021 年初，笔者在做好疫情防控的同时，重启书稿编撰工作。由于初稿形成时间较早，有的内容和提法已经过时，与新体制相关的内容几乎没有涉及，加之许多新问题又没有现成答案可供借鉴，编写难度和工作量都很大，许多章节需重新撰写。好在自己在 2003 年读博期间就开始了国民经济动员方面的研究，这些年一直没有间断过，经过一番努力，终于编纂成稿。

本书在编撰过程中，主要遵循了以下几个原则：

一是“新”。本书直面新形势和新体制下国民经济动员面临的新挑战、新问题，以解决实际问题牵引理论创新，即使在回答和解决国民经济动员的老问题时，也试图采用最新的研究方法，以给出更有效的解决办法。

二是“精”。本书按照从基本理论到应用理论、从一般原理到具体操作的逻辑精心设计全书结构；精设章节内容，每一章节中既讲“是什么”“为什么”，又讲“怎么做”“如何创新发展”；精选理论观点，既继承了国民经济动员理论界和学术界已有的成熟研究成果，又综合了近年来国民经济动员学者们，特别是一批年青学者们的最新创新成果。

三是“深”。本书综合运用了经济学、管理学、军事学等学科门类知识，注重理论阐述与应用操作相结合、定性描述与定量分析相结合，研究和揭示了新形势和新体制下国民经济动员的特点规律，深化了对国民经济动员的理论认识。

四是“活”。本书在对国民经济动员一般规律论述的同时，尽可能运用图表方式把抽象道理直观表达出来；以专栏方式插入案例、国外做法等要素，增加了全书的生动性；在每一章结尾处都设有思考题，便于读者把握学习重点、检验学习成果。

成稿付梓之时，顿感浑身轻松，终于可以对前辈们和团队成员有个交待了。借此机会，向最早筹划和参与本书编撰的老前辈们及团队成员表示衷心感谢！他们是库桂生、全林远、李芳梅、沈永军、高冠新、辛伟刚、邵丹。完成并不等于“完美”。国民经济动员理论创新永无止境。由于受本人水平和能力限制，本书成稿过程中难免存在不足，欢迎广大读者提出宝贵意见。

郭瑞鹏

于北京红山口百望山下

2021 年 3 月 1 日

目 录

CONTENTS

第九章 交通运输动员

第十章 医疗卫生动员

第十一章 装备动员

第十二章 国民经济动员组织体制

第十三章 国民经济动员法规

第十四章 国民经济动员潜力和预案

第十五章　国民经济动员演练

第一章
国民经济动员概述

孙子曰："凡用兵之法，驰车千驷，革车千乘，带甲十万，千里馈粮，则内外之费，宾客之用，胶漆之材，车甲之奉，日费千金，然后十万之师可举矣。"国民经济动员是为保障战争而生的，随着战争形态和经济形态的变化，国民经济动员的功能作用、内容范围和组织方式也在发生着变化。现代战争对经济的依赖关系越来越紧密，打仗就是打经济。国民经济动员在应对战争、维护国家安全中的地位和作用越来越突出。

一、国民经济动员的内涵

（一）国民经济动员内涵的理论脉络

国民经济动员，通常简称为经济动员，是一个蕴涵着丰富而生动内容的概念。国民经济动员活动是伴随着革命和战争而产生的，经济动员起源于战争活动，传统的经济动员理论主要是为战争服务的，也称为战争导向型动员理论。经济动员作为一种明确的国家行为，产生于 18 世纪末，出现于 1793 年法国颁布的《全民总动员法》中。经济动员理论形成于第一次世界大战，完善于第二次世界大战，成熟发展于冷战时期。目前，人们对国民经济动员的理解和认识并不统一。

1921年，英国经济学家A. C. 庇古在他所著的《战争的政治经济学》一书中，把平时经济和战时经济区分为“常态”和“非常态”，指出平时经济通过动员转化为战时经济，并比较系统地论述了筹措战费的途径和扩大劳动潜力的方法。

第二次世界大战前后，国民经济动员理论研究有了较快的发展。著名国防经济学家董问樵，根据他对德国经济动员实践的相关研究认为：“所谓经济动员，就是把一个民族或国家的所有经济力量，当军事的或经济的战争危机之际，适应国防的需求，组织而活用之……经济动员是全体性的，就如全民战争辐射其影响于民族之整个生活的各方面一样。因此经济动员在平时，就应当准备好各种必需之手段，以便在战争危机之际，方不至于仓皇失措，而使民族中之每个分子，都明了其在经济中之地位，及其任何时候所应完成之任务。”①

20世纪60年代，美国前国防部长、国防经济学家施莱辛格提出：“经济动员即为把过去其他以民用目标为本的经济能力，转变用来提高军事及其他战略性生产水准的一种程序”。② 美国动员理论专家哈诺德·J. 克莱姆在《经济动员准备》一书中，对经济动员所下的定义是：“指国家的经济和生产设施大规模地转入为满足战时国防需要而运行的轨道。它包括暂时中断执行平时的条例法令，扩大总统控制生产和稳定经济的权限。”③

《中国大百科全书·军事卷》对国民经济动员的定义是：“国家将国民经济各部门和相应的国家机构有组织、有计划地由平时状态转入战时状态，充分调动国家的经济能力，提高生产水平，保障战争的需要。”④《中国军事百科全书》对国民经济动员的定义是：“国家将经济部门、经济活动和相应的体制从平时状态转入战时状态所采取的措

---

① 董问樵：《国防经济论》，商务印书馆1940年版，第163页。

② ［美］施莱辛格：《国家安全的政治经济学》（中文版），军事译粹社1965年版，第64页。

③ ［美］哈诺德·J. 克莱姆著，库桂生、张炳顺译：《经济动员准备》，国防大学出版社1991年版，第140页。

④ 《中国大百科全书·军事卷》，中国大百科全书出版社1989年版，第316页。

施。”①《国防经济大辞典》定义为：“经济动员是为了保障国家安全，有计划、有组织地提高国民经济应变能力的活动”。②

陈德第、库桂生主编的《国民经济动员》一书认为：“国民经济动员，是国家为了保障战争的需要、赢得战争的最后胜利，有计划、有组织地使国民经济由平时状态向战时状态转换的一系列活动。”③ 朱庆林、肖廷杰主编的《国民经济动员概论》一书认为：“国民经济动员的内涵规定性，是指为维护国家安全和战争需要，有计划、有组织地提高国民经济应变力，将国民经济由平时状态转入战时状态所进行的一系列活动；国民经济动员的外延规定性，是指动员经济资源和要素保障战争和突发事件需要所进行的一切活动。”④ 樊恭嵩、马小根主编的《新编国防经济学教程》认为：“国民经济动员是国家为了应付突发事件的需要，有组织、有计划地把国民经济从平时的正常状态转入非正常状态的一系列活动。”⑤ 任民主编的《国防动员论》认为：“国家经济力量动员是为了确保军队有效应对多种安全威胁，完成多样化军事任务，履行新的历史使命，满足国家应对战争、突发事件和紧急状态等多方面的需要，进而维护国家安全、稳定和发展，促进世界和平与共同发展，国家有计划、有步骤地将综合国力中包括国民经济部门和经济活动在内的经济力量的全部或者部分，由平时状态转入战时（急时）状态所进行的一系列活动”。⑥ 武希志、张羽撰写的《战争动员理论研究综述》认为经济动员的定义，大体分为三种：一是经济动员是使整个国民经济纳入战时轨道，以军事生产为中心，生产更多的物质资料，以保障战争需要的活动；二是国家将经济部门及其相应的体制有组织、有计划地从平时状态转入战时状态所采取的措施；三是国家为了保障战争需求和稳定战

---

① 《中国军事百科全书》第二卷，军事科学出版社 1992 年版，第 181 页。

② 陈德第、李轴、库桂生主编：《国防经济大辞典》，军事科学出版社 2001 年版，第 765 页。

③ 陈德第、库桂生主编：《国民经济动员》，长征出版社 1995 年版，第 6 页。

④ 朱庆林、肖廷杰主编：《国民经济动员概论》，军事科学出版社 1997 年版，第 3—4 页。

⑤ 樊恭嵩、马小根主编：《新编国防经济学教程》，白山出版社 1997 年版。

⑥ 任民主编：《国防动员论》，军事科学出版社 2010 年版，第 130 页。

时社会秩序，促使企业、经济部门甚至整个国民经济转入为战争服务的轨道，调整资源配置，增加武器及其他军用物资生产的活动。①

以上种种论述，都从不同层面揭示了国民经济动员的含义。从中可以看出，尽管对经济动员解释表述各不相同，对国民经济动员的理解存在一定的差异，但对国民经济动员概念的实质解释基本上是一致的。从上述具有代表性的观点看，这些定义概括了经济动员的主要特点、经济动员的对象、经济动员的重点、经济动员的主要目的；明确了国民经济动员的主体是国家；国民经济动员的对象，是国民经济的各个部门，部门中的各企业、单位，各种经济活动、产品和劳务等；阐述了国民经济动员的活动过程是国民经济由平时状态转入战时状态，但并非所有的经济动员都要将整个国民经济转入战时轨道，例如局部战争中的局部性经济动员；指出了国民经济动员的最终目的是赢得战争的最后胜利，直接目的是调整资源配置、增加军需生产，保障战争对人力、物力、财力的需要；经济动员的重点，是调整经济结构和资源配置，增加武器装备及其他军用物资的生产，以满足战争对物资的需求；指出国民经济动员是一种活动，强调活动方式的计划性和组织性。

（二）国民经济动员的概念界定

在现代科学研究领域，对事物进行定义必须遵循一定的学术规范。定义一般有以下基本要求：一要有明确的定义对象。这个对象可以是一种事物，也可以是一种概念。二要能够揭示定义对象的本质特征和本质属性。三要说明定义对象的属别。四要能够较为全面地涵盖定义对象的内涵和外延。五要能够包容定义对象的发展变化和一切联系。六是定义的表述用语必须确切而简要。

根据上述要求，我们在传统认识的基础上，进一步深入地分析几个相关问题，便于更准确地界定国民经济动员的定义。

① 武希志、张羽：《战争动员理论研究综述》，《中国军事科学》，1997 年第 1 期。

1. 国民经济动员主体

传统的理论认为，国民经济动员主体是国家，参与国民经济动员活动的国民经济的各个部门，部门中的各企业、单位，是国民经济动员的客体即被动员的对象。经过长期深入研究，我们认为，国家是经济动员宏观施行主体，部门、企业以及社会团体等，应属于经济动员的执行主体。经济动员事关战争与和平、国家的统一和领土的完整，并关系到国家机关的权力的重新配置，公民、法人和其他社会组织的权利和义务的调整。因此，动员的决定权只能集中在国家权力机关，不能分散或下放到其他国家机关，更不能下放到地方各级人民政府。在社会主义市场经济条件下，企业是独立的商品生产者和经营者，为了调动其积极性，应该坚持等价交换原则，采用合同制的办法。它的主要任务是完成军品的订货，根据国家、军队、地方的规划、计划，调整生产能力，实现军队的不同需求。经济动员是国家的职能，必须体现国家的意志，由国家决策和统一领导，但是经济动员涉及到各个部门、各个环节，必须由各个部门分工负责，发挥各部门、各地区的主动性完成其任务。

2. 国民经济动员与国民经济管理的关系

国民经济管理是指政府为了达到一定的预期目的，对国民经济进行全局性的规划、组织、调控、监督等行动总和。① 国民经济动员与国民经济管理既有联系又有区别。国民经济管理和国民经济动员的目的是不同的。国民经济管理的目的是保持国民经济各个层面、环节和要素的协调，或者说保持市场经济的良好运行。国民经济动员目的是保障战争的胜利，是一切能够用于实现动员目的的活动和措施。国民经济管理主要侧重于经济手段的使用，一般情况下是通过财政政策、货币政策、收入政策、产业政策、价格政策等经济手段对经济运行发挥作用，与国民经济动员相比，其时效性、强制性较弱，时滞更长。国民经济动员的手段

① 刘瑞主编：《国民经济管理学概论》，中国人民大学出版社2004年版，第13页。

则更侧重于行政手段、法律手段，更具有强制性，更强调时效性。同时，两者又是密切相关的，国民经济管理体制是国民经济动员的制度基础，和平时期国民经济管理制约着战时国民经济动员的实施。

3. 国民经济动员与国防动员（战争动员）的关系

《中国军事百科全书》认为，战争动员（国防动员）是“国家或政治集团由平时状态转入战时状态，统一调动人力、物力、财力为战争服务所采取的措施。简称动员，有的称国防动员”。① 从学术范畴的角度，国防动员包括武装力量动员、政治动员、经济动员、人民防空动员（民防动员）等。国民经济动员虽然也是调动人力、物力和财力为战争服务，但它只是国防动员的重要组成部分之一。

4. 国民经济动员方式

过去比较强调有计划、有组织的行政命令式的动员方式。在社会主义市场经济条件下，资源配置从以计划配置为主逐步转变为以市场配置为主，政府履行管理职能从指令性计划和直接介入微观管理，逐步转变为以指导性计划和宏观调控为主，这对传统的以行政手段为主的动员方式提出了挑战。因此，经济动员要尽可能多地采用经济手段。但是，经济动员会使国民经济运行机制和经济活动内容发生“转化”，这一转化，不是战术性的而是战略性的，不是表面性的而是功能性的；转化不是自发的、无组织的，而是有计划、有组织的，是国家统一安排下的经济活动。这就要求我们在新的体制框架下把经济手段与非经济手段有机地结合起来，更有效地实现动员目标。

5. 应对战争和应对突发事件的关系

传统的经济动员的服务对象主要是为应对战争，而随着国民经济动员内涵的不断扩展，经济动员活动将参与各类紧急事件的处理。这类事

---

① 《中国军事百科全书》，军事科学出版社 1997 年版，第 772 页。

件包括较大规模的抢险救灾、非战争军事行动等。在各类紧急事件中，国家将统一调动人力、物力、财力为军队遂行非战争目的的军事行动提供支援和保障，此类经济活动已经成为经济动员的重要组成部分。

基于上述考虑，我们认为，可以将国民经济动员界定为：国家为应对战争或公共突发事件需要，重新调整和配置经济资源，调整转换经济运行状态的各种活动。

（三）国民经济动员内涵和外延的拓展

随着经济社会发展，特别是伴随着人类社会进入信息化时代，信息化技术开始在国民经济动员中得到广泛应用，同时，信息化战争对国民经济动员提出了更高要求，国民经济动员内涵和外延也在不断地拓展和深化。

1. 国民经济动员转型问题

国民经济动员是为战争准备和国防建设服务的，战争形态和国防建设发展模式发生了重大变化，国民经济动员必须随之做出相应的调整和改变；否则，国民经济动员就失去了根本依据和运行目标。

国民经济动员转型首先是要将着眼点，从工业化、机械化转向信息化、智能化。我们的社会正在从工业化时代向信息化、智能化时代过渡，生产中的主导要素从有形的物质资源转变为无形的信息和知识资源。这种转变，为信息化战争打下了基础。信息化战争作为一种新的战争形态，催生出“网络中心战”“非接触作战”“非线式战争”“智能化战争”等新的作战样式。信息化战争中，武器装备的性能发生了质的变化，旧的知识和技术已经无法驾驭它们；部队的组织结构也发生了重大变化，旧的方式和系统已经无法满足信息化指挥和管理的需要。争夺信息主导权成为夺取战争胜负的重要因素。随着战争形态由机械化战争向信息化、智能化战争过渡转型，国民经济动员的理念和模式也将发生变化。我们必须树立信息化为导向，机械化、信息化、智能化融合发展的理念；必须树立系统集成、整体作战、与时俱进、跨越发展的观念。只有树立起这些新观念，才能紧跟时代步伐，奋发有为地推进国民经济动员转型。

国民经济动员转型还要体现中国特色。实现国民经济动员的转型，必须充分体现中国特色。任何改革创新活动总是在一定的文化传统和经济社会背景中进行的，无不打上国家和民族的烙印。瑞士、俄罗斯、美国、法国等国家的动员体制，都有自己不同的特点。中国的国民经济动员转型，既要体现经济动员的一般规律，又要体现中国自身的特点。中国的国民经济动员系统建设有如下几个突出特点：一是在国民经济动员建设的战略目标上，具有防御性的特点。中国进行经济动员准备，目的在于提高信息化战争条件下的防卫作战能力，为国家经济建设和国家安全提供支撑，而不是搞盲目的军备竞赛。二是在国民经济动员准备的项目布局上，具有选择性的特点。即考虑到中国经济社会发展实际情况，有重点地进行一些项目准备，防止遍地开花，浪费资源。三是在国民经济动员建设的发展模式上，具有跨越式的特点。我们可以利用后发优势，借鉴别人成功的经验，避免别人犯过的错误，在较高的起点上，加大信息化建设的力度，实现跨越式发展。四是在国民经济动员建设的发展道路上，具有自主性特点。我们一定要独立自主，自主创新、自主发展，防止受制于人。

2. “应战”和“应急”问题

国民经济动员尽管为“应战”而生，但是在平时，大量的公共突发事件影响着经济社会正常运行，如果处理不当，则有可能威胁到国家安全。国家国民经济动员办公室原主任陈德第同志在《国民经济动员》一书中说：“在发生大地震、大灾荒等社会性事件之后，即宣布进入紧急状态，也进行一些动员。这算不算国民经济动员？我们认为从原则上讲，这也应该算。”国家国民经济动员办公室原主任周建平同志认为：“在基础理论研究方面，在总结已有工作的基础上，进一步研究新时期国民经济动员的一般规律、运行机制等，构建符合社会主义市场经济发展规律、满足‘应急’和‘应战’双重需求的理论体系。在应用理论研究方面，积极探索市场经济条件下‘应急’与‘应战’相结合的经济动员模式”。[①] 可见，国民经济动员已由过去单单为“应战”准备服务，转向了战时“应战”、急时“应急”和平时“服务”。这一重大变化，大大推动了经济动员内涵与外延的拓展。

从国民经济动员的目的来看，国民经济动员既包括战时经济动员，也包括抗震救灾经济动员、抗洪抢险经济动员、重大公共卫生事件应急处理经济动员、核事故应急经济动员等有关处置突发事件的经济动员等。国民经济动员是国防动员和国家应急管理的有机组成部分，在整个国防动员和国家应急管理体系中居于基础性的重要地位。

从国民经济动员所具有的功能来看，它不但能够满足战争、国防和军队建设需求，而且能够在更广的范围内成为国家紧急状况和危机处理机制的一部分。非战争重大突发事件分为气象灾害、地质灾害、意外事故、人为灾难等，其处置过程与“应战”有许多共同之处。国家面临非战争紧急事件时的危机处理包含着经济手段的运用，危机处理的过程往往就是经济动员的过程；经济动员为国家成功地处置与化解各种危机提供重要的物质基础和机制手段。因此，对于国民经济动员的功能界定，不但要考虑其对于战争或国防本身的作用，而且要考虑它在处置抗洪抢险、抗震救灾、核事故应急处理等重大灾难、紧急事故或突发事件上的功能。

从国民经济动员的历史和国际经验来看，国民经济动员的内涵和作用也经历了一个不断调整和扩展的演变过程。1998 年 8 月的“8·21 行动”，是对我国紧急情况下经济动员能力的一次演练，是国民经济动员军地联合、平战转换的一次实战性尝试，是国家快速反应的一个成功范例。[②] 美国先后建立联邦紧急管理署和国土安全部，承担联邦政府各部门制定政策、协调处置所有“国内应急”计划的职责。所谓的“国内应急”情况，就包括了“所有意外事故、自然灾害、人为事故、战时

---

① 周建平：《中国国防经济》，2006 年第 1 期，第 15 页。

② 费伟伟：《8·21，第一次国民经济动员》，《人民日报》，1999 年 1 月 18 日。

或国家安全受到威胁等紧急情况”。

3. 市场手段与计划手段在动员中的运用问题

从动员所采用的手段来看，要实现市场手段与计划手段的统一。为适应我国建立完善市场经济体制的特点与要求，国民经济动员机制的建立要以市场机制为基础，特别是在经济动员准备阶段，要充分运用市场调节机制，提高动员准备效益。在动员实施阶段，则要充分运用计划机制与法律机制，更多地运用强制性手段提高紧急情况下的动员效率。在不同规模的经济动员中，各类手段的运用力度也是不同的，一般说来，在全面动员中会更多运用强制性手段；而在局部动员中，会更多地运用市场手段。同时，经济动员机制还应该并且可以成为国家宏观经济调控机制的有机组成部分。

4. 经济动员执行主体多元化问题

从动员执行主体所涉及的经济成分和所有制形式来看，随着社会主义市场经济的不断发展完善，社会经济成分日益多元化，国民经济动员不但要加强国有和集体经济的主导力量，而且还要重视发挥民营、外资和合资企业在国民经济动员中的作用。

二、国民经济动员的特点

国民经济动员属于什么性质的活动呢？从公共产品理论角度看，经济动员和国防建设一样，它是为保障战争需求服务的，最终是为了确保战争的胜利，确保国家安全、领土完整和社会稳定，为国家提供国防安全公共产品。概括地说，国民经济动员活动就是提供公共产品。之所以这么说，是因为国民经济动员具有满足公共产品的三个特征。

第一，效用具有不可分割性。国民经济动员的效用是向一个国家中的人们共同提供的，而不只是向某一个人或某个集团提供的。产出的安全获益者是全体人民，代表着国家、全体人民的利益。

第二，消费具有非竞争性。某一个人对经济动员产出的公共产品享用并不影响其他人的同时享用，也不减少其他人享用的数量和质量，即萨缪尔森所说的“每个人对这种物品的消费并不会导致任何其他人消费的减少”。每个人因国民经济动员活动带来的益处都是均等的。而竞争性的产品，则是当某个人或某些人从这一产品的消费中得到好处时，必定会使其他人从这一产品得到的利益减少，或者不能从这一产品得到好处，消费者之间存在利益冲突。

第三，受益具有非排他性。也就是说，没有办法把拒绝付款的个人排除在公共产品的受益范围之外。排他性是指要让某些人不能消费这一产品是可以做到的。然而事实上，国民经济动员形成的保障战争胜利成果一旦被生产出来，可同时供人们联合消费，要排除其他人消费这种产品是不可能的，无论这些人是否为这种公共产品支付了价格。

以上三个特点决定了国民经济动员作为一种公共产品，它不是一种商品，难以通过市场以竞争机制来提供，由此国民经济动员活动存在如下的客观特性。

一是经济动员主体的国家性。国民经济活动属于经济活动，其直接目的是重新配置经济资源，获取更多的人力、物力、财力、信息资源用于战争；最终目的是保障战争需要和稳定社会。由于国民经济动员的公共性决定了其不能通过市场进行分配，必须由公共部门提供。因为私人和微观单位提供公共产品必须花费成本，必须向消费者按价格收取费用，但每一个消费者都十分清楚，无论他是否付费均能从这种服务中受益，他们不会自愿地支付这笔费用，因此，市场上就没有一个人愿意无偿提供公共产品。这就发生了休谟（David Hume）早在1740年就指出过的“公共悲剧”，即如果所有的社会成员都成为免费搭车者，则最后的结果是没有一个人能得到好处。追求自身利益（或效用）最大化的个人会导致公共资源的下降，这就是政府产生的原因和存在的基本职能。作为经济动员活动的主体显然也必须是国家，只有国家才能实现全体社会成员的公共利益最大化。国家或政府视为一种公共权力，视为用来维持社会公共秩序、满足社会公共需要的一种实体。一个国家的稳定和安全既是国家的最高利益，也是一国人民的最大愿望，而维护国家的稳定和安全，是任何个人或个人的结合都不能直接做到的。为此，这就需要政府通过公共权力的力量，来实现这个目标，为社会提供良好的公共产品。这种提供公共产品的数量和质量如何，能够反映一个政府的能力，也能够衡量政府管理的公共目标实现的程度。

二是经济动员目的的政治性。经济动员为满足国家安全需要服务，是一种公共性的活动。它的直接目的并非是为国家赚取直接的经济收入，而是为了谋取一个国家内人民共同生活、共同发展不可或缺的安全利益。这种共同的、根本的安全利益，存在于国家的社会里，就表现为一个国家和民族的政治利益。不言而喻，国民经济动员具有鲜明的政治性，其最终"价值"取向不是经济，而是政治。这与其他性质的经济活动有根本区别。这一特点决定了我们在国民经济动员过程中，特别是在动员实施过程中，首先考虑的是政治因素而不是经济因素；首先计量的是政治标准而不是经济标准。

三是经济动员行为的非盈利性。国家进行的经济动员，其行为和手段主要以政治价值尺度来衡量。按照能力支付原则获得经济资源。政治价值的本质特征在于它是以政治权力为依托，通过政治过程，按照社会效用最大化的原则确定，多具有垄断性。它不是按照利润原则确定，也不是按照等价交换的原则确定，多是按照能力支付原则确定，按照更好地服务于公共利益的原则确定。政府代表着公共权力，从事社会的公共管理，在其履行社会职责时，不能以直接的成本和收益核算为依据和唯一目标。

四是经济动员手段的计划性。爆发战争就意味着军队参与战斗，军队物资的消耗，特别是武器装备的消耗，从而在战斗过程中将会不断地产生对武器装备的需求。为了保障战争需求，克服非常时期经济社会活动较为混乱的局面，国家必须对经济动员准备和实施进行预先安排。也就是要有计划地科学配置和合理使用国家的经济资源，充分发挥国民经济动员潜力在战争中的作用，保障战争胜利。通过计划手段，尤其是在战时，可以确保国民经济的各种资源、各种条件、各个环节的统筹兼顾，合理配置，综合平衡。正确协调军事与经济、全局和局部、当前和长远的关系，根据国家可能提供的财力物力，合理规划建设项目，力求实现国防动员资源的最优配置。以军事需求为依据，注意掌握好各项动员内容的比例，力求各地区、各部门、各行业动员数量的相对均衡；部署动员内容，应进行科学预测，精确计算，使各种资源的储备和动员比例适当。

五是经济动员执行的强制性。经济动员的公共性和政治性，决定了经济动员的非盈利性，这也给经济动员过程中的成本补偿等问题带来复杂性。甚至存在缺位和越位，而作为个体的经济人的搭便车行为是理性的，且公共经济的主体——政府的特殊地位决定了公共经济中的成本收益的复杂性，大量的成本收益难以货币化，增加了成本收益测算分析的难度。然而，动员活动运行要确保时效性。国防动员具有明显的时间性，它介于平时和战时之间，可以是在战争临近或迫在眉睫时，也可以是在战争伊始时和整个战争期间，它的任务是实现平战转换。同时，动员在完成的时间上具有紧迫性、期限性。特别是高技术局部战争具有节奏快、消耗大等特点，对国民经济动员工作提出了更高的要求，国民经济动员面临的任务更加艰巨。对此采取强制性措施，确保国民经济动员任务的完成，比以往任何时候都更为重要。不论企业、个人是否愿意，都必须先按国家的要求办，其他的留待以后再说。这与平时市场经济机制的要求大不相同。市场经济条件下的企业有较大的自主权，可以自主处理生产、流通、分配等问题。权威性是行使公共权力的政府得以成立并运行的根本保证。根据这种权威，政府可以协调社会矛盾，可以分配社会公共资源，可以维系社会的正常秩序。

强制的理由源于国家的共同精神。强制是强化共同体的唯一外部力量，是确保共同精神得到充分发挥的工具。在个人存在利己动机的情况下，只有强制才能迫使个人接受共同精神的鼓励和引导。在市场经济条件下，企业的生产要素根据市场价格信号实行自动组合配置，是一种以利益为动力、以市场信号为导向的资源配置自动协调机制。企业的生产产量主要根据产品的价格和生产成本以及市场供给与需求情况决定。在出现利益取向差别时，为了使企业等主体的局部利益服从社会整体利益的需要，实现经济动员目标，国家不得不对某些利益主体采取强制措施。

六是经济动员负担的相对公平性。效率和公平是不可分割的有机整体。没有公平，就没有效率；没有效率，公平也就失去了意义。选择公平，意味着放弃一定的效率；而注重效率，必然以牺牲一定的公平为代价。经济动员的公共性决定了动员造成的负担和成本必须由全体经济动员的受益者承担。对经济动员过程中不可避免地给各市场经济主体造成的经济损失，必须给予合理的补偿，使财产物资的损失得以弥补。公平负担的原则，一方面是对公民权利的保障，体现出对国家以及政府权力的约束和限制，防止公共权力对公民权利的任意侵占；另一方面，通过给予“特别利益牺牲者”以经济补偿，更好地实现社会公平，由此提高动员的经济合理性和激励参与者的内在积极性。虽然经济动员作为涉及国家安全利益的公共活动，与每一个企业和个人都有切身的利害关系，但其中必然存在如何正确处理全局利益与局部利益的关系问题。当国家权力过度向私人领域拓展和扩张，忽视他们的自身利益，使私人领域的权利得不到保障时，他们便会以消极态度应对，从而严重影响经济动员活动的效率。完全失去公平性的经济动员活动，将打击经济动员参与者的积极性，最终导致经济动员活动效率低下，甚至无法执行。

三、国民经济动员学的研究对象和理论体系

（一）国民经济动员学的研究对象

毛泽东指出：“科学研究的区分，就是根据科学对象所具有的特殊

的矛盾性。因此，对于某一现象的领域所特有的某一矛盾的研究，就构成某一门科学的对象。”① 学科的划分是以是否存在某种特定的研究对象，以及有无必要对对象进行专门研究来决定的。国民经济动员学和其他学科一样，也有着特殊的矛盾运动和特定的研究对象。

为了说明国民经济动员学的研究对象，我们首先分析国民经济运行的基本矛盾。从人类社会经济运行规律来看，生产与需要是支配经济活动有序运行的一对基本矛盾。社会生产和社会需要的矛盾是国民经济行为层次上的一个基本矛盾。为了满足人类生活和生产需要，形成了国民经济形态结构；为了满足人类安全和应对战争的需要，形成了国防经济形态结构。对于任何一个国家或地区来说，在特定的历史时期之内，可用的资源总量总是有限的，如何在这两种经济形态之间高效配置和利用资源，是一个战略选择难题。国民经济动员学就是研究国家如何解决社会供给与国家安全、战争需求之间的矛盾。其实质是研究国家将经济实力转变为战争实力的调控方式与调控能力的问题。对于这一点，我们可以从国民经济动员活动过程看出，作为国民经济动员研究对象的平战转换活动过程，主要包括国民经济动员的准备过程、发布动员令时国民经济的转换过程和战争期间国民经济动员的延续过程。国民经济动员的准备是国家为了临战或遇到突发事件时国民经济转化及时和有效，而在平时进行的预先安排或筹划。由此可见，国民经济动员学是研究国家应对战争或重大公共突发事件时的资源重新配置、国民经济平战转换的活动过程及其运动规律的科学。它像国防经济学一样，是军事学与经济学的交叉学科，是经济活动与军事活动交融而产生的具有自身特点的理论体系。

（二）国民经济动员学的理论体系

国民经济动员学作为一门科学，是若干理论相互联系而构成的一个整体，有它自己的理论体系。经济动员理论是从过去长期的经济动员实

---

① 《毛泽东选集》第1卷，人民出版社1991年版，第309页。

践中总结并概括出来的有系统的结论，可以从不同角度对国民经济动员学的理论体系进行划分，国民经济动员基础理论是由国民经济动员基本概念、范畴、判断与推进构成的逻辑体系。从一般的共同的理论角度来考察，国民经济动员基础理论主要包括：经济动员产生理论、经济动员发展理论、经济动员制约因素理论、经济动员时机方式理论、经济动员要素理论、经济动员体制机制理论、经济动员法制理论、经济动员史等等。从国民经济动员应用理论的角度来看，国民经济动员应用研究涵盖国民经济不同领域、部门和地域。

从经济部门的角度来考察，国民经济动员的领域有工业动员、农业动员、交通运输动员、信息动员、科学技术动员、财政金融动员、人力资源动员等等。而这些部门又有各自的具体的动员领域。例如：工业动员就包括工业设备动员、工业原材料动员、工业劳动力动员等等；农业动员则主要包括战略农产品种植面积动员，农产品征缴、收购动员，农业劳动力动员等等。

从地域的角度来考察，一个国家不同地区的经济动员的领域是不相同的。某些地区是工业发达地区，动员的重点是工业、工业品、原材料、燃料等等；而另一地区可能是农业发达地区，动员的重点是农业、农产品、农业原料、劳动力等等；有的地区可能是交通枢纽，动员的重点在交通保障和交通安全等方面。另外，不同的国度经济动员的侧重点也不相同。有些国家农产品极为丰富，暂时不做动员也能维持一段时间，而工业原料极其贫乏，那么，它就必须加强工业原料的动员，或加强交通动员，以便从海外输入更多的原料。无论是从部门的角度还是从地域的角度来考察，国民经济动员的基本领域既是广阔的、复杂的，又是各有区别的。

从部门的角度来考察，上面所说的各个经济部门的动员都有自己的一套理论。它们都有各自的特点、动员原则、指导思想、政策法规、运行方法等等，也都有各自的知识体系。从地域空间的角度来考察，不同国度的国民经济动员，由于各国的经济体制不同、运行机制不同、经济资源状况不同、国民的思想准备程度不同、战略方针不同、作战对象不同等等，国民经济动员的指导思想、动员准备和实施的方式方法也不会相同。在同一国度中，由于作战对象不同，战争前线的位置不同，国民经济动员的布局就不会相同，国民经济动员的准备、内容和方法也不会相同。因此，分析并总结各国不同形式的国民经济动员的经验和教训，对于继承人类遗产，对于我们做好国民经济动员的准备和实施工作是大有好处的。从时间段落的角度来考察，有农业、手工业时期的经济动员、有机器大工业时期的经济动员、有信息时代的经济动员。另外，还可以从一些有特殊意义的时期来考察国民经济动员。例如，抗美援朝战争时期的经济动员、越南战争时期的经济动员、海湾战争时期的经济动员等等。从某一战争时期来研究经济动员，可以从战争的双方或战争的多方同时分析，从不同的经济部门、领域、方式等角度同时分析，这样可以从整体上把握某一时期的经济动员的全貌，总结出符合实际的历史经验和教训。

从逻辑顺序来看，国民经济动员是从抽象到具体的。即首先从国民经济动员的一般理论研究开始，再逐渐深入到各具体经济部门中，具体分析各经济部门、领域的经济动员。从历史顺序来看，国民经济动员是从产生、发展到现状，再到对将来经济动员的预测和预案的准备。国民经济动员的产生，是要研究人类历史上最初经济动员活动的发生，包括发生的时代、原因、情况、特点等等。发展是要研究它发展阶段的划分、各阶段的经济背景、动员方式及特点等等。现状是要研究当前国民经济动员的现实情况、成绩、问题、优点、不足等等，以便找出相应的对策。在研究历史和现状的同时，我们还要研究、分析、预测未来战争的国民经济动员的特点、准备和实施预案等等。从内容的联系来看，国民经济动员是依据各经济部门现存的内在联系而组合的。这就是说，国民经济动员各部门之间，本来就有着其自身的内在联系，这本身就是一个体系。国民经济动员是以这个体系为基础的，是在这一体系上展开其活动的，而国民经济动员理论体系正是对这一实践领域的系统总结和理论升华。

四、国民经济动员学的地位和作用

在现代战争中，资源消耗和资源破坏量日益增大，经济动员对于战争的胜负，有着举足轻重的作用，因此，人们不得不继兵员动员、政治动员之后，把经济动员作为战争动员的主题来研究。由于实践活动和理论研究的需要，经济动员学从战争动员学（国防动员学）、国防经济学等学科中逐渐独立出来。独立的过程是艰难的，但它毕竟独立出来了，独立的本身就说明其地位的重要性。国民经济动员学虽然独立出来，但它与其他学科的关系仍十分密切。它必须建立在战争动员学、国防经济学、战略学、经济学等基础学科和相关学科的基础之上，才能真正健康发展。国民经济动员学本身，也因实践活动的需要而不断“分蘖”出新的经济动员学科，如人力资源动员学、工业动员学、财政动员学等等。

（一）在总结历史经验的基础上寻求经济动员的发展规律

从实践来看，我国有几千年的文明史，有丰富的战争经济实践，有大量世界各国的国民经济动员的实践。这些宝贵的资料都有待我们去发掘。美国、英国等西方国家，由于经历了两次世界大战，经济动员的实践经验相当丰富，理论总结也很多。它们有大量研究国民经济动员的文献、资料、著述。但是，由于利益和地位的限制，它们的很多理论和观点，往往带有一些局限。中国作为一个文明古国，有着大量的历史文献可供我们研究；中国特色社会主义建设实践，有着大量的经验需要我们总结。我们作为新时代的国防经济理论工作者，有义务运用马克思主义观点和方法，分析、总结自经济动员产生以来的历史经验、教训，从中得出一些带规律性的认识来。

（二）在理性认识的基础上指导和促进经济动员工作

研究经济动员理论，对于深入贯彻落实新时代军事战略方针，促进经济建设和国防建设协调发展、平衡发展、兼容发展具有重要作用。每一次国防建设指导思想和军事战略方针的调整，都指引着国民经济动员持续深入发展。自 20 世纪 80 年代邓小平同志提出国防建设指导思想的战略转变以来，经济动员理论研究就随之不断走向深入。例如：我国经济动员能力调整问题、经济动员潜力调查和动员预案制定问题、适应信息化战争要求的经济动员转型问题、快速动员问题、经济动员信息化建设理论模型和网络设计问题等，都在理论研究和思想认识上有了较大的进步。这些深化了的理论认识，逐步进入国民经济动员规划和有关政府的文件中，指导着经济动员实践，促进着经济动员实践工作。

思考题：

1. 如何理解国民经济动员的内涵与外延？
2. 国民经济动员具有哪些特点？
3. 国民经济动员学的研究对象是什么？如何创新发展国民经济动员理论体系？

第二章
国民经济动员的形成和发展

战争以历史创造者、参与者和破坏者的身份，伴随着人类社会不断向前发展，它本身也经历着不断由低级向高级的演化。经济动员活动伴随着战争的产生而产生，随着战争的演化而发展。在人类战争发展史中，新的军事需求始终是推动经济动员活动发展的直接动力。没有一定的军事需求，经济动员的存在和发展也就失去依托。战争规模和资源消耗、军事斗争的专业化水平，是经济动员活动赖以产生和发展的直接原因。为了准确把握国民经济动员，本章以人类战争形态的四阶段划分法——冷兵器战争、热兵器战争、机械化战争、信息化战争——为时代演进顺序，追溯经济动员的形成和发展过程，分别考察不同战争形态下经济动员的特征。

一、冷兵器时代的经济动员

冷兵器战争发生时间，从社会形态上看包括整个奴隶制社会和封建社会前、中期。这一时期是农业经济处于主导地位的时代。在漫长的农业文明时代，科学技术水平低下，生产力发展缓慢，社会所利用的主要资源是物质资源，工具是人力、畜力工具。战争中，人们使用手工制作的青铜和铁质的刀枪剑戟，以及弓箭、战车等为标志的冷兵器进行搏斗，所有工具的使用都是通过人力、畜力来驱动，靠人去操纵。

在绵延数千年的冷兵器时代，由于受科学技术水平和生产力发展状况的制约，无论东方还是西方，无论古代奴隶制社会还是封建社会前、中期，军队的编成都以步兵、骑兵为主，作战方式大都是短兵相接，列阵迎敌，军事后勤发展缓慢。铁制兵器代替铜制兵器是冷兵器时代的重大技术进步，但从战争物质需求的角度看，也只是加大了战争和后勤的规模，在后勤保障的内容和方式上没有大的差异。战争能量的释放形式主要是依靠人的体能及畜力，战争所使用的武器主要是金属兵器制品，火药兵器还没有出现。

据《六韬·龙韬》记载，太公姜尚曾说："战攻守御之具，尽在于人事。耒耜者，其行马蒺藜也。马牛车舆者，其营垒蔽橹也。锄耰之具，其矛戟也。蓑薜簦笠者，其甲胄干楯也。镬锸斧锯杵臼，其攻城器也。牛马，所以转输粮用也。鸡犬，其伺候也。妇人织纴，其旌旗也。丈夫平壤，其攻城也。春钹草棘，其战车骑也。夏耨田畴，其战步兵也。秋刈禾薪，其粮食储备也。冬实仓廪，其坚守也。"

冷兵器时代，没有国民经济动员这一概念，系统的现代意义的国民经济动员尚未出现，但据大量史料的记载已出现了初级的经济动员活动，而且其作用和地位被充分肯定。例如，在楚汉战争时期，为了支持刘邦夺取最后胜利，丞相萧何在动员人力、粮草、马匹、经费，组织后方工农业生产，安定和巩固后方根据地等方面做了大量工作；动员农民从事农业和手工业生产，征集各种军用物资，保证了战争的最后胜利。刘邦在称帝时认真总结了作战数年来的经验教训，大大表扬了萧何"镇国家，抚百姓，给饷馈，不绝粮道"的丰功伟绩。

从经济动员活动的情况看，冷兵器时代经济动员与当时的生产力是相适应的，低下的生产力使这一时期经济动员呈现出如下特点。

一是经济动员对象主要围绕保障战争对粮秣、衣甲、兵器、舟车、军马等的需求，其中粮秣为最大宗者。由于冷兵器战争消耗主要是人力和粮草，因此冷兵器战争资源的需求内容比较简单。冷兵器使用寿命长，有形损耗小，不需要经常大量地补充，因此武器装备在军事消费总值中所占比例较小。兵马未动，粮草先行。由于冷兵器战争消耗主要是人员、马匹的粮秣给养，粮秣成为每日不可缺少的战争物资，需求量最大，国家依靠各地交通网，组织大量的人力、畜力、车船转输以供军需。

运输能力和仓储能力也是当时经济动员的重要内容。运输方式主要有陆运和水运两种。陆运包括人运、车运和牲畜驮运；水运主要借助于船只进行。在中国，为了存储和转运粮草，曾建立了由“正仓”“转运仓”“太仓”“军仓”组成的较为完备的粮食征集、储备、供给体系。为了运输粮草，支援前线，修建了道路、运河等运输渠道。

二是经济动员基础主要依托自然经济和小商品经济，未涉及整个国家经济体制和运行机制的转换。自然经济和小商品经济条件下，生产规模狭小；战争出现的初始时期，打仗所用的武器，就是农民手中的劳动工具；打仗使用的兵力，就是农民本身；打仗需要的给养，就是农民平时生活所用的粮草。平时，民众在田间劳作；战时，民众在战场作战。首领一呼百诺，召之即来、挥之即去，经济联系松散。

随着科学技术发展，生产力有了一定提高，当时的国民经济体系中逐步出现了官营的武器制造、车船制造、军马牧养等生产部门，有了专门用于打仗的刀、剑、弓、战车等专用兵器。但有限的物质条件和效率低下的人力生产工具，以及自给自足的分散式农业生产和作坊式的手工业，仍然使经济动员活动无法要求整个国家的经济系统实施运行机制转换。战时进行的一系列经济动员活动，主要是粮食、草料等基本生活用品的征用，刀矛等兵器的打造或调用；经济动员的体制机制还没有在国家战略层面形成统一集中的运行系统，“兵农合一”仍是典型的经济动员活动样式。

三是经济动员方式简单，战争需求保障主要是以赋税、徭役和直接征用等为主。其物资筹集方式：首先是后方生产。战争重要物质条件——武器的动员，基本上包括和平时期的打造和储备，临战前的赶造，战时的维修。各种物资平时存于仓库，作战时从后方供给，即所谓“取用于国”。其次是就地取补。选择物资丰富的地区作战或行动，就近收集、征发，或掠夺物资，即所谓“因粮于敌”。其中征发是冷兵器时代动员物资、劳动力的重要手段之一，是经济动员最初阶段的基本内容和手段。通过征发筹集的资源项目繁多、数目庞大，而且还有一定的规制。再次是屯田，由军队自己生产。军屯不但解决了戍守边疆军队的口粮问题，而且还能满足当地的官吏、过路使者及商人的消费需要。军屯作为国防建设需求的产物，其主要意义在于“内有亡费之利，外有守御之备”。

军费筹集方式。冷兵器时代，军费开支主要用于武器装备、军队给养、运输、善后及国防工程等。在战争爆发的情况下，在仅靠正常赋税收入不能提供足够的军费时，参战国家经常采取各种非常措施筹措军费以满足战争的需要。如汉武帝时期由于汉王朝北伐匈奴、南战百粤、西讨羌族、东征朝鲜，军费开支一年高达100多亿钱，“大司农陈臧钱经用赋税既竭，不足以奉战士”。于是，国家开始实施一系列经济动员的紧急筹集措施加大军费筹措力度。包括增加赋税，如将口税的征收对象由原来的7—14岁的儿童扩大到3—14岁，对车船课以一算或两算的财产税——算车船，对高利贷者和大商人所持有的货币抽取一定比例的税额——算缗钱；实行盐铁专卖，把原来归那些垄断冶铁业和煮盐业的富豪们所有的垄断收入收归国家所有；实施“均输”和“平准”，即国家通过贱买贵卖土特产品及其他货物赚钱；实行货币官铸，即货币的铸造权完全收归中央政权以保证战时财政支出的需求。

四是为了有效实施经济动员，保障战争需求，在经济动员制度方面做了一些初步安排尝试。为了确保战争的需要，中国各奴隶和封建制国家做了一些努力，进行了一些经济动员立法。如战国时期的《司马法》，秦汉时期的《屯表律》，隋唐时期的《厩库律》和《永徽律》，宋代的《大元通制》，明代的《垛集令》，清代的《定工部则例》①。但客观地说，这些仍只是围绕粮食、草料等基本生活用品的征用，刀矛等兵器的打造和调用，在制度上还未实行整个国家经济体制和运行机制的转换。

① 陈德第、李轴、库桂生主编：《国防经济大辞典》，军事科学出版社2001年版。

中国冷兵器时代的战费①

康熙（1662—1722 年）初年，财政收入银 2849 万两，而军费开支就达 2400 万两左右，占财政收入总额的 84.2%。到康熙二十一年（1682 年），全国军事征服逐渐完成，国内统治趋于稳定，岁入增加到 3100 多万两，财政状况逐渐好转。乾隆（1736—1795 年）初期，金川之役耗军费 2000 余万两；准回之役耗 3300 万两；缅甸之役耗 900 余万两；大小金川之役历时 5 年，共耗费 7000 余万两；台湾之役也耗费 800 余万两。

总之，整个冷兵器时代，经济动员活动的发展相当缓慢，这与该时代经济发展缓慢的程度是一致的。经济活动表现出来的某些特点与该时代经济发展的特点也是相一致的。在冷兵器战争下，现代意义上的国民经济动员不存在，但是随着战争规模的扩展，广泛地存在于战争筹集经济资源的征发活动和物资准备活动。

二、热兵器时代的经济动员

历史不会重复，也不能割断，它是在过去的基础上和未来的时空中合乎逻辑地发展。热兵器战争的到来，不仅使战争形态发生了很大的变化，也标志生产力和生产关系发生了很大变化。热兵器，亦称火器，是指利用火药燃烧时产生的气体压力，将弹丸从枪（炮）膛内发射出去的武器。它在冷兵器时代后期出现，并逐步扩展其自身体系和应用范围进而取代冷兵器，成为兵器发展的一个新时代。在这时期发生的战争，

① 库桂生、姜鲁鸣：《中国国防经济史》，军事科学出版社 1991 年版，第 107 页。

通常称为热兵器战争，该时代也被称为热兵器时代。热兵器时代相对冷兵器时代，时间跨度较短。自从 14 世纪火药在西方被运用于战争，拉开了火器时代序幕以来，火器在世界范围内共经历了旧火器、新火器发展阶段，长达数百年。战争中火药兵器的使用，热兵器战争的广泛展开，给经济动员活动带来了新的发展和变化。

一是经济动员规模上，出现了全国范围包括多个经济部门的总动员。由于火器杀伤力成倍提高，致使战争规模和战场空间持续扩大，战役战斗的样式日趋增多，战争持续的时间不断延长，从而在人、财、物的需求上，引起了一系列重要变化，展现出了一系列不同于冷兵器时代经济动员的新的特征。到了 19 世纪下半叶，由于战争规模的扩大以及兵员物资的巨大消耗，经济动员所包含的内容已涉及国民经济各个领域。为了有效动员，采用了多种经济动员手段，1793 年的法国资产阶级革命过程中，制定的《全国总动员法》中明确提出："从现在起到一切敌人被逐出共和国领土时为止，全法国人民始终处于征发状态，以便为军事服务。"①《全国总动员法》第二条规定，国有房屋改为公共场所变为武器制造所，地下室的泥土则用洗擦来提取硝石；第四条规定，骑马应被征发用以补充骑兵军团，不用于农业的挽马则拖拉大炮和军粮；第五条规定，公安委员会应负责采取一切必要的措施，以便立即设立制造适合于法国人民状况和能力的各种武器的非常制造厂，因此，它有权组织为实现此项工作所必需的一切工厂、制造厂、作坊和制作场，以及为此目的而有权征发共和国境内的一切能够协助此项工作成功的匠人和工人；第十三条规定，为了聚集充分数量的粮食，国有产业的佃耕人和管理人应将此项产业的收入用谷物缴纳到他们各县县城。

二是经济动员对象上，由粮草为重点，转变为以弹药和工程器材为重点。经济动员的内容与冷兵器时代有不小的差别，粮秣给养仍在消耗结构中占据首位，但弹药消耗比重增大。较之冷兵器时代，由于作战武器火炸药、弹丸不可能像冷兵器那样反复使用，随着热兵器的发展，战

① ［法］马迪厄著，杨人楩译：《法国革命史》下册，商务印书馆 1973 年版，第 435 页。

争中弹药等物资的消耗量剧增，战争对一次性消耗物资的需求越来越大。同时，热兵器系统的发展和使用，使维修器材、物资的消耗量急剧上升。热兵器战争中，武器装备消耗的比例上升到军事消费总值1/4。

而且由于战争规模的扩大和火器的广泛使用，人员伤亡显著增多，战伤救治从救治冷兵器伤转为主要救治火器伤。医药器械成为了经济动员的重要构成部分。技术保障由兵器持有者个人维修为主，转变为依靠专业技术人员维修为主。动员人力进行战场维修也成为经济动员的一项重要任务。维修内容由冷兵器及简单器械转向主要维修火枪、火炮和机械装备，维修的技术性、复杂性和任务量明显增大。

三是经济动员保障方式上，物资供应已由就地供应为主，逐步转变为后方供应为主。作战武器作为专门的战争工具，已与生产工具完全分立，单独存在。战争工具独立于生产工具，使经济动员史掀开了新的一页。生产工具与战争工具合一时代的和平时期物质基础与战争时期物质基础完全同一性的结束，而在其后和平时期物质基础与战争时期物质基础发生了明显变化。逐步发展为主要依托兵站、仓库组织后勤保障。经济动员活动，由无动员准备、半准备向完全有动员准备转化。国民经济动员初步涉及经济机制的转换。关于平时和战时国民经济转化的问题，经济学大师大卫·李嘉图曾论述说："长期和平以后开始战争或长期战争以后开始和平，一般都会在工商业上产生很大的困难。它会大大改变各国资本以前投入的行业的性质。这些资本在新环境使之成为最有利的投资场所中稳定下来以前，需要一段时间；在这一期间，很多固定资本将得不到使用，也许会完全损失，工人则不能充分就业。这种困难时期的长短要看大多数人是不是愿意放弃他们长期以来已经习惯的投资行业。"①

四是经济动员制度建设方面取得长足进步，部分国家成立了专门的组织机构，颁布了专项法令规章。在法国资产阶级革命时期，法国资产阶级于1793年8月23日颁布《全国总动员法》，宣布全国实施总动员。

① 王亚南主编：《资产阶级古典政治经济学选辑》，商务印书馆1979年版，第548页。

法国的这次国民经济动员，作为战争总动员的有机组成部分，是一次史无前例的创举，成为国民经济动员制度建设上重要的里程碑。它第一次把国民经济动员以法律条文的形式确立起来，使经济动员有法可依，而且经济动员措施涉及国民经济生活的方方面面，可以说，是一次具有现代意义的战争全面经济动员制度建设。经济动员能力与国家经济实力紧密地联系到一起。经济动员的根基是国家经济实力，经济动员是国家经济力转化为军队战斗力的一个中间环节。另外，法国的这些国民经济动员的基本做法给后来其他国家实施国民经济动员、制定经济动员制度提供了借鉴，产生了巨大而深远的影响。

从总体上说，热兵器战争下的经济动员活动还不是现代意义上的国民经济动员，无论是在动员的规模、深度、广度和形式上都存在着不小的区别，但它却为现代意义上的国民经济动员奠定了基础，其经济动员实践活动大致反映了现代国民经济动员的一些基本特征。

三、机械化时代的经济动员

19 世纪末 20 世纪初，内燃机经过进一步改进和完善，开始广泛用作大功率运输工具和机械的动力机，并开始用于军事目的，从而开创了一个新的时代——机械化战争时代。机械化战争是指以燃烧能为动力、以具有较强机动性的武器装备或武器为平台进行的战争。第一次世界大战期间，装甲车、坦克、飞机、现代舰船登场亮相，正式揭开了机械化战争时代的序幕。随着机械化时代的到来，人们对国民经济动员在战争中的作用给予了高度的重视。国民经济动员在机械化战争的发展进程中走向成熟，成为战争不可或缺的经济后盾和物质基石。为保障战争需求，现代意义上的国民经济动员开始出现并不断得到完善。

（一）经济动员地位作用日益受到重视

机械化时代，特别是第二次世界大战时期，各国意识到战争的胜负不仅取决于军力的强弱，更重要地取决于交战双方的经济力量能否支持这场大规模的战争。交战双方谁能以最快速度把国家经济潜力纳入战争活动中，利用整个国家的经济资源进行战争，保障战争需求，解决由和平时期转变到战时提出的各种复杂的经济问题，动员组织战时国民经济生产，是其夺取战争胜利的决定因素。因此，各参战国家对于经济动员活动高度重视，这一点从各个参战国实施的经济动员活动本身可以得到证实，一些国家甚至在战争爆发之前就已进入战时体制。第二次世界大战战前，德国法西斯为了达到霸占世界的目的，早在 1933 年希特勒上台时就着手改组国民经济，实行国民经济军事化。首先秘密制订了一个扩军备战的“四年计划”，重点发展军事基础工业。1935 年成立“战时经济全权总办”，负责全国经济转轨工作。1936 年又制订了规模更加庞大的“四年计划”，使经济得到了空前的发展。到 1939 年大战爆发时，德国的工业生产能力已经超过英国、法国。在整个战争期间，德国共用军费 6220 亿马克，占国家预算的 92%。苏联为了反击德国的侵略，也在全国范围内进行了广泛的国民经济动员，同时改组国民经济。到 1942 年 6 月，军火生产突飞猛进地增长。美国在第二次世界大战中也进行了大规模的国民经济动员，成立了国民经济动员的最高领导机关——“战时生产管理局”，下设各种专业“工业委员会”，1944 年这种委员会竟多达 1009 个。日本则从 1938 年开始实施全面经济动员。

（二）经济动员活动规模空前

一是战争规模空前，战争消耗量空前，催生了数量空前的经济动员。机械化时代，军队的机械化程度快速提高，机械化作战理论得到空前发展，作战形态发生了根本变革，特别是第二次世界大战期间，各主要军事强国将现代化的陆、海、空军及其具有高度机动力、突击力的机械化作战平台大量运用于战争，推动了机械化战争的高速发展。由于武器装备的数量和复杂程度日益提高，军队作战物资消耗剧增，不仅增加了物资消耗的品种，也加大了物资消耗的数量。据统计，第一次世界大战每个士兵日消耗物资已达 6 公斤；第二次世界大战时每个士兵的日消耗物资增加到 20 公斤。第二次世界大战中美国使用的机械化装备，坦克 86500 辆，飞机 296100 架；英国拥有坦克 25100 辆，飞机 102600 架；德国拥有坦克 65100 辆，飞机 104000 架。苏联消耗的弹药、油料、给养等物资 1 亿多吨，美国通过大西洋运出的物资总量则有 2.68 亿吨之多。美军在 42 天的海湾战争中 50 万人消耗各种物资 3000 万吨，相当于苏军 1000 万人在长达四年之久的卫国战争中消耗总量的 50%。海湾战争中，美海军航母舰队人员人均日耗物资高达 1100 公斤，地面作战人员日耗物资达到 200 公斤。

由于战争规模的扩大，物资消耗增加，战前储备的战争物资很快消耗殆尽，不得不在全国范围内进行经济动员。第一次世界大战中，协约国（不含美国）共动员 34 万多家工业企业，1300 多万工人参加军品生产。同盟国各国共动员 9 万多家工业企业，600 多万工人参加军品生产。战争期间共生产了坦克 8 万多辆，飞机 7 万多架，火炮 659 万多门，炮弹 10 亿多发。第二次世界大战中，各种消耗更大，经济动员规模也空前增加。其中，各交战国所需的武器装备和军需物资约 90% 是通过国民经济动员筹措的。当时几乎所有的有色金属，大部分原料、材料和燃料都用于军工生产。直接用于军事需求的费用，约占国民收入的 2/3，全部军事费用约 1 万亿美元。各国军工产品在整个工业生产中所占的比重，由第一次世界大战时的 15%—25%，上升到第二次世界大战时的 35%—60%，军工生产成为战时军事保障的重点之一。

二是经济动员广度空前。从动员的范围看，机械化战争的经济动员，不仅涉及工业动员、农业动员、运输动员、通信动员，而且涉及民间财力物力的动员，还涉及疆外经济动员。第二次世界大战法西斯德国在侵略战争中，不仅动员了本国的工业、农业、运输、通信、金融、科技、医疗、资源等，征用了本国民间物力财力，而且动员了被占领国和轴心国的资源、工业、农业及运输等。同样，苏联在卫国战争中也不仅动员了本国的工业、农业、运输、通信、医疗卫生、科技、财政金融、资源、维修等，而且进行了民间物力财力的动员。民间物力财力动员既包括对民间物力财力的征用，还包括人民为支援反侵略战争在物力财力上的捐献。

海湾战争中的经济动员

海湾战争尽管总体规模并不大，但经济领域的各个部门基本都涉及了，各种方式都基本用到了。动员范围从军内到军外，从联邦政府到企业，从国内到国际；动员内容则涉及人力动员、交通动员、工业动员、物资动员、财政动员等等各个方面。反伊联盟中的国家多达33个，参加军事行动的国家多达27个，总兵力达到70余万。执行作战任务的海军舰只多达150余艘，仅航母就达6艘。美军为保障50多万军队的作战，政府中有80多个经济技术部门为军队筹集作战装备、物资，有38家航空公司、几十家海运公司和7个州的铁路部门为军队提供运输工具，73家公司提供食品、服装和药品，1/3的企业为军队紧急生产了284.6亿美元的装备物资。为了筹措战争经费和动员物资，美国许多高级官员四处活动。这次战争的动员，涉及太空、天空、地面、水上、水下等各个领域。

（三）经济动员内容复杂化

由于军事消耗结构由兵员个人消费（服装、装具、给养等）为主变为武器装备（包括武器系统、弹药、油料、技术零配件）消耗为主，即军队作战的补给品由以农业品为主转变为以工业品为主。因此，不仅物资的种类和数量空前增加，消耗结构比重中农产品也让位于工业品。

经济动员的资源重点由粮食、草料转变为弹药、武器器材、油料等。机械化时代的经济动员的粮草已经不是重点，而作为重点的则是武器装备、弹药、油料等大宗物资装备。经济动员的资源重点完全由粮食、草料转变为弹药、武器器材、油料等。例如美军把补给物资分为十大类：给养、被服及各种辅助器材、油料、工程建筑器材、弹药、个人消费品、大型整件装备、医药器材、修理零配件、非军用物资等。而且从军队作战使用的武器装备来看，它的种类已从过去主要供陆军使用的非常单一的武器系统发展为陆军武器系统，海军武器系统，空军武器系统，战略导弹的核武器系统、防空武器系统，指挥、控制、通讯系统等16 大类，在每一武器系统中，又分为若干分系统。

在第一次世界大战中，主要交战国的油料消耗达 1300 多万吨。第二次世界大战中主要参战国的油料消耗达到 3 亿多吨，是第一次世界大战的 20 多倍。美国仅油料的补给量就占物资补给总量的 50% 左右。苏军第二次世界大战时期前运的物资中，给养只占 19.4%，其余为：弹药 29.2%，油料 20% 左右，武器和其他物资 23.4%。弹药、油料、武器零配件等成为军队作战的主要补给品。

（四）经济动员手段多样化

第二次世界大战中，主要交战国进行动员的做法多种多样，如进行财力动员手段就包括：扩大征税范围，提高税率；动用国家储备资金；增加货币发行量；压缩非军事开支，降低军品价格；采取捐献、冻结存款、开设个人保险、发行公债和彩票等办法广泛动员民财；争取友好国家的财政援助等。苏联在卫国战争期间，为了解决战时军费问题，战争初期就动用了国家储备 82 亿卢布，动员国民经济各部门的闲散资金 200 亿卢布，动用民财 2700 亿卢布，降低军品价格节约军费开支 500 亿卢布。此外，还采取向国际市场出售黄金和珠宝的动员手段。美国根据加税法案增加税收，1941 年至 1945 年，课税收入约 1385 亿美元，占美国直接军费的 34%。1941 年 5 月至 1946 年 1 月，发行公债 1569 亿美元。纸币发行量由 1939 年的 70 亿美元，增加到 1945 年的 278 亿美元。采取这些措施后，政府收入大大增加，解决了战争所需的巨额军费。①

（五）经济动员制度法规化

国民经济动员运行机制的转化涉及国家经济机构的重新设置、经济机构功能的转换、经济计划的重新调整、经济资源的重新配置、经济布局的重新安排，某些法律规章的颁布和实施，民众思想和社会舆论的引导等等。这些都涉及社会深层次的各种问题。为了解决好这些深层次的问题，做好国民经济的转化工作，第一、第二次世界大战期间，许多国家相继制定颁布了一系列经济动员法规，以规范经济动员各项活动。如德国 1916 年 12 月 5 日通过了《祖国补助勤务法》；美国 1935 年 2 月制定了《克拉克法案》，对战时资本、资源、财产征用、贸易、金融和保险等均做了规定；1938 年日本颁布了《国家总动员法》；1939 年英国颁布了《紧急全权国防法案》；1941 年苏联颁布了《关于战时状态法令》等。

经济动员法规的内容涉及方方面面。如法国《物力动员法令》内容包括经济动员调查、协议、征用、管制、战时工业、燃料、国防机密、消极防卫、通信、运输、气象；德国《战时人力动员法令》内容包括国家重要事业劳力确保令、第二次劳力确保令、劳务移动管制令、新转业限制令、女青年劳动服务施行令、德国劳动服务保护令等；美国《国防生产法》内容涉及优先次序及分配、征用和没收权、生产能力与供应之扩大等诸多详细规定。

① 陈德第、李轴、库桂生主编：《国防经济大辞典》，军事科学出版社 2001 年版。

（六）经济动员准备越来越系统

1990 年，伊拉克为了占领科威特并防止美国、沙特等国的干预，在战前进行了系统的经济动员准备。一是大规模购买和储存了武器装备及零部件。据美国官方调查，伊从法国、英国、苏联等国约购买了 460 亿美元的武器装备。进口的装备，从飞机到计算机，从反应堆到杀虫剂，应有尽有。二是将部分重要工厂迁进山沟、山洞，进行经济防护。经过美国“卷地毯”式轰炸之后，伊尚有每天处理 15 万桶石油的能力，显然得益于战前的动员准备。三是大量进口农产品和药品，增加食品和药品的储备。为了准备战争，伊拉克于 1989 年进口农产品达 30 亿美元之巨，平均每人 176.5 美元，数量相当可观。在进攻科威特之前几周中，进口了 55 吨药品，大大增加了库存。

（七）经济动员理论研究空前繁荣

社会经济的发展，战争对经济的依赖空前加强，要求经济科学除了有研究平时状态经济过程的传统经济学外，还需要有专门研究战时经济过程，以及战时向平时、平时向战时转化的经济动员理论。在这个时期出现了研究经济动员的学者与著作。主要有：1914 年英国经济学家赫斯特出版了《战争的政治经济学》，对日益加速的国民经济动员准备表现出极大的关注；1921 年英国经济学家庇古出版了《战争经济学》，论述了经济动员的作用、物品和生产要素的征用以及战争经费的筹集方式；1935 年鲁登道夫为替纳粹政权出谋划策出版了《总体论》，集中地阐述了他的国民经济动员思想；日本的森武夫在系统研究英、美、法、德等国家大量资料的基础上，出版了《战时经济论》《战时经济统制论》《美国战时计划经济》等著作。

四、信息化时代的经济动员

战争历来都有两重性，规模空前的机械化战争给人类带来了深重灾难，也对经济和科技的发展起到了重要的推动作用。机械化战争对科技进步的重要促进，为信息化战争时代的来临提供了技术基础。信息化战争是以军事体系信息化为基本标志的。信息化战争的运载和投射过程加入了智能控制，杀伤力加入了软杀伤，杀伤对象实现了中远程精确打击，武器装备信息化。

信息化武器装备是指运用计算机、网络、微电子、光电子、信息、数据融合等现代高新技术的，具备信息探测、传输、处理、控制、制导、对抗等功能的武器装备。武器装备信息化的实质是，依托信息技术，使武器装备具备侦查探测、通信联络、精确打击、远程打击、隐身防护等多种功能，从而提升其火力攻击能力和自身防护能力。信息化武器装备主要包括：信息化弹药，信息化作战平台，专用侦查、探测、干扰装备，单兵数字化装备和军队指挥自动化系统。

信息化战争是战争发展的必然趋势和基本特征。信息技术及其在军事领域的广泛应用，为信息化战争的产生奠定了技术基础；由信息化弹药、信息化作战平台、单兵数字化装备和 C^4ISR 系统构成的信息化武器系统，为信息化战争的产生奠定了物质基础。以数字化通信技术为基础，实现了指挥控制、情报侦察、预警探测、通信和电子对抗一体化、武器装备智能化的数字化部队，为信息化战争提供了作战力量。信息已成为重要的战略资源，成为军队战斗力的基本构成要素。

信息化战争是以 20 世纪 90 年代初爆发的海湾战争为重要标志，以此后的科索沃战争、阿富汗战争、伊拉克战争为重要实战样本的现代战争发展趋向，是工业时代机械化战争的延续与跃升，既体现出量的扩张，又凸显出深刻的质的飞跃。

战争形态发生了质的变化，经济动员也必然发生质的变化。从目前信息化战争的情况来看，在传统的经济动员的基础上，国民经济动员出现了一些新的发展趋势，呈现了新的特点。

一是经济动员的规模进一步增大，经济动员活动明显走向国际化合作。海湾战争中，伊拉克入侵科威特四天后，美国就实施“沙漠盾牌”行动，交通、财政、工业等经济部门就迅速动员起来了。国防采购部门与公司签订合同后3周内就生产出20万套专供沙漠作战使用的沙漠作战服；到9月13日，即已动员了货船130余艘、油轮27艘、医疗船2艘，用于保障战争使用。为了保障部队的紧急机动和远离本土作战，美军出动了近千架最先进的大型运输机和数百艘运载量大、航速高的大型运输舰船，空运了54.4万吨货物和99%的战区作战人员，海运了大量直升机、坦克、火炮等重型装备和600多万吨大宗补给物资以及99%的燃料。伊拉克战争中，美军依托一套健全完善、权威性高的民船动员机构做保障，很快把30余万人员、700余架直升机，2000多辆坦克、装甲车，300多万吨物资，高效有序地运送到了1.9万公里以外的海湾地区。

伊拉克战争中，经济动员表现出较强的国际化特点。生活物资就地采购，美军在科威特、卡塔尔等国设置了大型军营物流中心，其生活日用品、食品原料等从驻地国直接采购；武器装备和战略物资全球采购，美军从拥有先进伪装制造技术的瑞典巴拉居公司，组织采购了荒漠型服、伪装网和多波段超轻型伪装网系统；战场建设就地租用劳力，为弥补工程力量不足，美军雇佣了大批所在国的劳动力，从事铺设管道、维修道路、物资装卸等工作。

二是经济动员的技术含量不断增加，以空间技术和信息技术为代表的高技术动员成为经济动员的重要内容。伊拉克战争中的经济动员，引人注目的是以卫星为代表的高科技动员。2003年3月12日，伊拉克战争尚未打响，美军就在五角大楼召开记者招待会，发布关于空间技术在战争中应用的信息。2003年3月20日，伊拉克战争打响，为了取得战争的胜利，美英联军动员了大量军用卫星、民用卫星和商用卫星，不间断地为战争提供关键的支持。在军事通信方面，美军将军用和民用卫星通信系统，集成为军事卫星通信体系。在该体系内，根据任务和技术特点分成了宽带、窄带和防护 3 个系统。在此次作战中，美国部署在海湾上空的军事通信卫星至少包括 9 颗卫星。在军用导航方面，美国部署了 GPS 星座，整个星座由 24 颗工作星和 4 颗备份星组成，可不间断地提供全球范围的高精度导航定位和授时服务。GPS 系统的广泛应用，大幅度提高了美军的作战能力，特别是精确打击的能力。在导弹预警方面，美国动员了 4 颗地球静止轨道工作星和 1 颗在轨备份星。这些第三代“国防支援计划”（DSP）卫星，增加了谱段，提高了灵敏度，并具有一定的地平线上探测能力。利用 2 颗卫星协同观测，结合新型地面处理站进行信息融合，进一步提高了对主动段较短的战术弹道导弹的探测能力。在军事气象预报方面，美国动员使用的卫星包括 2 颗军用极轨气象卫星、2 颗国家海洋和大气管理局（NOAA）的民用极轨气象卫星。这些卫星不间断地提供了伊拉克地区的气象信息，准确提供了沙尘暴预报和目标上空气象条件等信息，为美军制订作战计划、安排轰炸和侦察任务提供了重要的保障。[①]

三是平时经济动员准备的地位更加突出，“军民兼容、平战结合”经济动员准备模式成为必然选择。据专家分析，美英等国在伊拉克战争爆发之前就进行了多方面的经济动员准备：第一迅速组织财力动员；第二迅速启动武器装备生产；第三迅速组织军需物资采购；第四迅速增加石油等战略物资储备；第五迅速加强战场建设；第六适时准备专用人才。正是充分的经济动员准备，确保了美英联军在伊拉克战场上的速决。科索沃战争中，美国在经济上追加 131 亿美元战费拨款，紧急订购“战斧”式巡航导弹等精确打击弹药。

伊拉克战争中美英联军表现出的极强的经济动员能力，除了说明美英等国具有雄厚的国民经济实力外，也表明了平战一体、军民兼容的经济动员准备模式对战争的支撑能力。由于战争消耗如此巨大，任何一个

---

① 库桂生、陈伟：《从伊拉克战争中“铱星”动员看经济动员的发展趋势》，《军事经济研究》，2004 年第 6 期。

国家战时都不可能仅仅依靠动员其军事经济部门来保障战争的需求，当然也不可能将整个国民经济实行军事化来保障战争的需求。战争的高消耗性加剧了战争需求与经济保障的供需矛盾。另外，高技术特别是信息技术的高度“亲和力”与“通用性”又为解决这种供需矛盾提供了一条基本途径，那就是将国防经济深深融入于整个国家经济活动之中，借助国民经济力量，实行国防经济与民用经济的“军民结合”“平战结合”。正是在这种观念的指导下，世界各主要国家在发展军事高技术的过程中，无一例外地选择了“军民结合”的道路。

伊拉克战争中，“铱星”“充军”，一箭三雕，军用、民用、生存多头兼顾。① 近年来，西方发达国家的国防部门倡导一种叫“公私伙伴关系”的采办模式。这种运作方式，为高技术动员，特别是卫星动员奠定了坚实的经济技术基础。作为商业卫星星座的“铱星”系统，被国防部门动员用于军事目的，不仅充当了“剑”与“犁”的双重角色，而且使自己摆脱了经济负担的困境，走出了巨额亏损的阴影。这一启示就是，在高科技领域，既要重视军民兼容，更要重视动员建设。

四是传统经济动员活动势头不减，动员的威慑作用更为明显。伊拉克战争中，从动员的内容来看，美国进行了大量传统方式上的经济动员，如财政动员、物资动员、交通动员、卫生动员等。在财政动员方面，美、英运用各自的政治、外交、军事、经济等手段，先后到科威特、阿联酋、巴林、阿曼、土耳其等20多个国家游说，要求它们为伊拉克战争“买单”。同时，布什在国内极力游说国会，多为战争拨付额外款项，以支撑伊拉克战争。在战争进行的头十天，布什就向国会提出了626亿美元财政拨款请求，并基本得到了批准。英国也将战争拨款从17.5亿英镑增加到30亿英镑（约含47.4亿美元）。在物资油料动员方面美英也做了大量工作，如2003年3月28日，正当第三机步师大战之时，部队受到物资油料补给的威胁，师长弗赖彻准将不得不向中央总部呼救：“本师的配给即将耗尽”。英军有时也到了“20个人的饭菜，40

---

① 库桂生、陈伟：《从伊拉克战争中的“铱星”动员看经济动员的发展趋势》，《军事经济研究》，2004年第6期。

个人吃”的地步。除了采取各种措施进行补给之外，美国时任国务卿鲍威尔于4月2日飞赴土耳其，为开辟新的补给线游说。在交通运输动员方面，美、英开辟了20多条横跨大西洋的“空中走廊”和海上航线，除美、英军自己的战略运输力量之外，美国国防部动员了22家国内航空公司的78架民用运输机。后来，根据战况，又租用了900余架民用运输机。海上运输除了海军自己的运输舰外，动员大型后备役船和商船79艘，其中外国商船11艘，共运送部队20余万人、物资数百万吨。

五是信息技术因素在经济动员中的作用不断增强，经济动员手段信息化。充分运用信息化、数字化技术，在准确的时间和空间，动员充足的品种、数量及保障力量，已成为经济动员保障有力的重要标志。伊拉克战争中，美军凭借其完善的动员信息系统，从容地应对大量的保障需求信息，高效地解决最复杂、最棘手的动员问题，及时、准确地完成了各项动员保障任务。战争中上千架次的空袭行动，以及型号、规格数以万计的武器装备、弹药、零配件和其他军需物品的供应井然有序，均得益于集指挥、控制、通信、计算机、情报、侦察、监视于一体的C^4ISR系统。为适应信息化战争对经济动员的时效性强，对国民经济潜力可视化、控制智能化、保障实时化的要求，国民经济动员呈现出数字化、精确化、网络化、智能化的发展趋势。

当然，信息化战争还在不断地发展，很多特点还未充分显现，因此，信息化战争条件下的经济动员还有一些未被认识的领域。对于它的特点和发展趋势，我们还必须在实践中逐步探索和总结。

思考题：

1. 根据战争形态来划分经济动员活动的形成和发展历史可以接受吗？你认为怎样的划分更加科学合理？

2. 信息化时代经济动员活动有哪些特点？

第三章
国民经济动员的功能、分类和过程

从第二章经济动员的形成和发展中，我们可以看出，经济动员是与战争相伴而生的。随着战争形态、经济形态和技术形态的演变，国民经济动员的功能在不断扩充，国民经济动员的类型和方式方法也在不断丰富，国民经济动员的过程变得更为紧凑高效。

一、国民经济动员的功能

国民经济动员可以在应战和应对重大突发事件中发挥重要功能。中国革命史和近代世界战争史以丰富的史料，记录了国民经济动员在近代战争中所起的巨大作用。当前及未来相当长时期内，我国安全和发展环境面临各种复杂挑战，必须做好国民经济动员准备，充分发挥国民经济动员功能。

（一）调节功能

国民经济动员具有调节国防建设和经济建设关系，防止两者关系失调的功能。一个国家的经济资源是有限的，人们既需要一个安全的生活环境，又希望经济不断发展、生活水平不断提高。这样就有一个问题：国防建设所需的资源，在整个国民经济中到底占多大比重？这是任何国家都必须慎重处理的一个大问题。国防建设占用的资源多了，会影响经济建设的速度和人民生活水平的提高；占用的资源少了，又影响国防实力的增强，危及国家安全，酿成大祸。处理好这之间的关系，是一门大学问。这里很重要的一点，就是通过经济动员准备来调节它们的关系。

在和平时期，国防部门的“摊子”不能过大。例如：常备军的数量不能过多，多了养不起；国防工业和国防科研的规模不能过大，多了会挤占国民经济建设的人力、物力、财力。但是，国防部门的规模小了，又使人不放心，担心国家安全受损失。那么，只有运用“动员准备”的方法来调整这一矛盾，即结合经济建设的一些项目，花很少的钱进行经济动员准备，一旦有事，可以立即转产，以达到既不增加平时的经济负担，又保证国防的紧急需求，这就起到了“调节器”的功能。

做好国民经济动员准备、发挥经济动员调节功能，主要包括两方面内容：一是做好经济动员的组织和思想准备。在和平时期就要制定好各种经济动员法规，建全各级动员机构，储备熟悉经济动员的干部，要克服忽视经济动员准备、削弱经济动员机构和人员的倾向，防止临战时国民经济不能有序地转入战时轨道而贻误战机。经济动员准备的内容说明了它的一切活动都是为了建设和开发战争潜力，使国民经济的发展同未来战争的要求趋向一致。国民经济动员准备是国防建设不能缺少的重要一环，忽视经济动员准备的国防建设是忽视战争潜力建设和开发的国防建设，是不完整的、有严重缺陷的国防建设，只有包括经济动员准备在内的国防建设才是适应未来战争需要的国防建设。二是做好国民经济动员物质准备。国家在确定经济发展计划、安排工业布局、进行基本建设、建立交通和通信网络、规划企业产品生产时，必须综合考虑平时和战争、民用和军需的全面需要，要克服那种在经济建设中只顾当前生产需要，忽视国家安全需要的短视行为。否则一旦形势突变，国民经济不能及时由平时体制转向战时体制，不能顺利转化为军事力量，其后果将难以设想。

（二）转换功能

国民经济动员是平时经济向战时经济转换、正常状态向非正常状态转换的“转换器”。经济动员对保障战争以及对战争的进程和结局有着重大的，甚至是决定性的影响，它是从平时经济体制到战时经济体制的“转换器”。经济动员是准备战争和进行战争必不可少的环节，古今中外，无不如此。离开了这个中间环节，就会打败仗。古代战争中，在战争爆发前后，通常要征集民夫、征购马匹、调集舟楫、筹措粮草、扩产武器，总要把一部分原本用于社会发展和民众消费的社会经济资源转用来扩大军事力量和保障战争需要。这些把社会经济资源由平时使用方向转变为保障战时需求的措施和活动，就是原始形态的经济动员活动。当然，这里还不是当代意义的“体制转换”。因为自然经济条件下，小农业和小手工业的生产规模相当狭小，经营分散，互相联系不太紧密，粮草、手工业品等可以直接充为军用，另外，经济动员的规模远不如近现代。近代战争不断扩大经济动员的规模，丰富经济动员的形式，提高经济动员的地位。国民经济动员不断以更完善的形式，更大的规模实行体制转换，以保障战争的需要，影响战局的发展。

苏联在第二次世界大战中的平战转换

1941 年 6 月 30 日（即开战第 8 天），苏联宣布废除原来制订的 1941 年第三季度国民经济发展计划，编制并批准了 1941 年第三季度经济动员计划，计划规定军事技术装备按原计划增产 26%，拟定了军事企业、冶金和燃料工业、电站和新的铁路干线等一批紧急建筑工程，并从第三季度生产的 2.2 万台机床中拨出 1.4 万台用于增产飞机、坦克、火炮和弹药，同时规定减少民用商品生产和零售商品的流转额。这个计划迈出了国民经济转入战时轨道的第一步。1941 年 8 月 16 日，苏联人民委员会和联共

（布）中央批准了由国家计划委员会制订的1941年第四季度和1942年全年度的战时经济计划，计划规定加速发展武器装备的生产，大量生产各种作战飞机，扩大军舰制造计划，增加原材料生产，建造新的和改建现有的交通运输线，新建一批煤炭、电站等能源企业和重型机器制造企业。

调整国民收入分配结构，增加国防费支出，动员一切可以动员的财力，保障战费的需求。教育经费1940年为225亿卢布，1941年压缩到155亿卢布，卫生体育费由90亿卢布压缩到68亿卢布，管理费由68亿卢布压缩到51亿卢布。国民经济开支由583亿卢布压缩到517亿卢布，经济社会和行政费支出在预算总支出中由60.8%下降至46.6%，1942年更进一步下降至36.2%。国防开支由567亿卢布增至830亿卢布，在预算开支中由32.6%增至43.4%，1942年更增至59.8%。通过调整财政支出结构，使军费（不包含军人个人消费）的开支在社会总产值中由1940年的4%增加到1942年的17%，居民个人消费则从1940年的42%降到1942年的38%，积累也由1940年的11%下降至1942年的2%，因而国民收入的分配结构也随着改变，个人消费的比重由1940年的74%下降至1942年的64%，积累由19%下降至4%，军费开支（不包含军人个人消费）则从1940年的7%增加到1942年的29%。战时苏联政府还通过增税、捐献、冻结银行存款，发行公债、彩票和开设个人保险等渠道，积极动员民间财力，这部分收入约占财政收入的1/4。

经济动员通过调整资源配置、转换经济体制，可以在短时期内迅速扩大国防经济力量。战争的真正物质基础是国防经济。国防经济本质上是一种消耗性的经济。投入国防经济的资源，不能再生产社会必需的生产要素，因而这种经济的存在意味着社会发展和民众消费资源的减少。

国防经济的特殊性质导致绝大多数国家在平时把这部分经济力量限制在最低国防需要水平上。现代化战争物质消耗量巨大，要满足突如其来的庞大军事物资需求，通常有三种可供选择的方法：第一，增大国防战略物资储备。国防战略储备是国家和军队为适应军事战略和战争需要在平时储备的各种物资，这种储备对于满足战时急剧扩大的军事需要有重大意义。然而国防战略储备的数量毕竟有一定的限度，因为形成战略储备的物资脱离了社会生产过程，储备过大势必影响社会生产的需求，不利于国家经济建设和民众消费的提高。同时，规模过大的物资储备要增加保存、维护费用，影响正常的国防费用的开支。在现代战争条件下，任何国家都只能利用国防战略物资储备满足战争初期的急需，不可能依靠战略储备改变交战双方的力量对比。第二，增加国防基建投资，扩大武器装备和军用物资的生产能力。战时增加国防工业投资满足急剧扩大的军事需求，这对改变力量对比有重大意义，因为战时不仅军事物资消耗十分巨大，而且战争对国防生产能力的破坏也十分严重。另外，新武器的研制开发也需要增加生产能力。因此战时进行必要的国防基建投资，仍然是一种必要的手段。第二次世界大战期间，美国拨出187亿美元巨款，新建、扩建了1600多家工业企业。但是建立新的生产能力需要大量资金和较长的时间，战时资金需求量大，供应十分紧张，不可能挤出过多资金投入基本建设。同时建设周期较长也无法适应战争的急需，因此增加战时国防工业投资也只能作为一种次要的补充的手段。第三，进行经济动员是满足战时急剧扩大的国防需求最有效的手段，它只须改变经济运转的机制和经济活动的方向，就可以利用和发挥整个国民经济的潜力为战争服务。第二次世界大战时，美国通过经济动员，动员出全国60%以上的工业生产能力，生产了95%以上的武器装备和各种军需物资，不仅满足美军的军事需要，还通过租借法案有效地支援了反法西斯阵营各国，增强了反法西斯阵营的军事力量，在改变交战双方力量对比和争夺战略主动权方面，发挥了积极作用。

经济动员通过调整资源配置、转换经济体制，可以迅速提高武装力量的战斗力。直接投入战场的武装力量数量和质量是战场胜负的决定因素。一般说来，除了发动战争的少数国家外，处于防御的多数国家由于受国防费用的制约，平时不可能保持一支庞大的常备军队。然而一旦卷入战争，又必须在极短的时间内集结一支强大的军事力量投入战场。平时养兵少，战时用兵多的矛盾，只能依靠包括经济动员在内的战争动员来解决。经济动员可以为迅速扩大的武装力量提供有各种技能的人力资源，可以把社会生产力的一部分物质要素直接转化为战斗力的物质要素，迅速增强武装力量的战斗力。1973 年 10 月的中东战争，以色列受到埃及和叙利亚的突击，损失严重，军事上处于极端被动的地位。由于以色列有完善的动员体制，在战争爆发后 48 小时，就动员了 30 万后备兵员；征用的民间汽车，一小时就投入军事运输；利用民间的修理工厂在战争的头十天就修复了 2000 多辆在战争中损坏的坦克和装甲车，以致在短短三天内就夺取了战场的主动权并转入反攻。1982 年马岛战争中英国组建的特混舰队中 70% 为后勤支援舰，其中 80% 约 66 万吨是经动员征用的商船。完善的动员机制和有力的动员措施，增强了英军的战斗力，实现了英军确定的军事战略目标。

国民经济能否顺利地从平时体制转入战时体制，关键在于经济动员这个“转换器”的“质量”。关于这一方面，我们认为有四点最为重要：一是要有一个健全的经济动员组织机构。这个机构必须由国家最高决策层负责，具有高度的权威性，同时，它又必须完善，具有高度的灵活性。二是要有完善的法律规章制度。法律规章要从“母法”到“子法”成为系列，覆盖社会经济的各个方面，防止只顾一个方面或几个方面，而遗漏另外一些方面。三是要加强军民结合、平战结合，提高国民经济的军民兼容度，增强平战转换能力。在和平时期，国民经济的各行各业都要保障国防建设的基本需求，包括为武装部队提供必要的生活必需品，提供武器装备等，为国防科研、军品生产做好协作配套，做好必要的经济动员准备。四是要有必要的思想准备。平时必须加强国防教育，使全体国民要有忧患意识。做好了以上四个方面，“转换器”才能顺利地发挥作用。

（三）稳定功能

在战争状态或突发事件中，经济社会处于急剧变化和剧烈动荡的状态，人们心态不稳，经济发展不稳，社会秩序不稳。经济动员作为经济社会的“稳定器”，不仅可以保障前方战事或应付突发事件的经济需求，而且可以保障社会的最低生活需求，保障社会生产的正常运行，否则，就可能造成社会混乱，最终影响战争或处理突发事件的顺利进行。

为了保障经济的正常运行和社会的稳定，经济动员要采取很多措施：商品价格管制、必需品的管制和定量配给、奢侈品生产和进口的限制、社会劳动力的重新组织和使用、稳定农业生产、建立物资储备、建立优先制度等等。

优先顺序制度

克服经济混乱局面，建立资源分配优先顺序，是美国在第一次世界大战中经济动员的最大特点，也是经济动员的最大优点。美国1917年4月参加第一次世界大战，7月就建立了军事委员会。军事委员会在实践的过程中，为了逐步克服资源供应混乱的局面，保障社会的稳定和部队经济资源的供应，实行了优先顺序安排制度，简称“优先顺序”制度。这一制度规定，军事委员会对全国的工业设备、原料、燃料、运输等等实行经济统制，并把所有经济资源分为5个等级：AA、A、B、C、D级，其中AA级是最紧急、最优先的级别，一般用于最重要的军事订货，其他依次类推。这种办法的实行，对于克服战时物资短缺和混乱局面，有着重要作用。

中国是农业大国，稳定了农业，就在很大程度上稳定了粮食、副食品供应，从而稳定了社会。毛泽东同志曾经风趣地说：手里有粮，心里不慌，脚踏实地，喜气洋洋。战争时期，不仅前方需要大量的衣、食以稳定军心，而且后方也需要大量衣、食以制止慌乱，保障社会安定。世界上迄今为止的任何一次较大的战争，其主要交战国没有哪一家没有闹过粮荒。战争不仅大量消耗农产品，而且破坏农业生产条件，使农产品产量大幅度下降。农产品消耗的扩大和产量的减少，形成了鲜明的反差，造成居民粮油等基本生活必需品严重短缺。我国古代因战争致使饿殍遍野、人心浮动的惨景屡见不鲜。如果农业动员做得好，平时预有储备，多生产一些粮油，在保障前线基本供给的前提下，使居民的生活能够得到保障。这对稳定人心、安定后方、赢得战争的最后胜利，有着重要作用。

二、国民经济动员的分类

国民经济动员涉及国民经济的方方面面，可以从不同角度进行分类。

（一）经济要素和经济部门动员

根据国民经济动员的内容，可将国民经济动员分为各种经济要素动员和各经济部门动员。

人力动员，主要是指战时扩大再生产，挖掘、分配具有劳动能力的人力资源的活动。现代战争对经济活动依赖性空间加大，战时要求更多的劳动力补充到经济部门中，为战争提供充分的人力资源保障。

物力动员，是指动员国民经济各物质生产部门进行生产和扩大再生产，为战争提供大量物资装备及各种军用物资的活动。现代战争物资消耗巨大，动员大量物力资源保障战争需要，是国民经济动员的中心任务之一。

财力动员，是指为保证战争的经费需求，国家动员多种方式筹集并分配、使用战争费用的活动。包括财政动员、金融动员、捐款动员、国外资金动员等。

科技动员，是指动员科研部门和科研人员、力量从事战争所需要的科学技术研究与开发，以保障战争需要的活动。科技在现代战争中的地位越来越突出，能否动员科技人员研制新式武器装备满足战争需要，对于提高军队战斗力，甚至影响战争结局和进程都具有重要意义。

交通动员，是指国家为了维护国家安全，应对战争或其他突发事件的需要，采取紧急措施，使交通系统由平时状态转为战时状态，并统一调动交通设施、运载工具及相关的人力、物力资源的一系列活动。交通动员是部队实施机动和作战的重要保障，交通动员能力大小直接制约着整个战争的进程。英军能取得马岛战争的胜利，很大程度上在于英国完整的民用运力动员计划；美军在海湾战争中短时间内达到战略目的，很大程度上归功于快速高效的交通运输动员。

卫勤动员，是指统一调度和使用国家医疗卫生方面的人力、药品器材、设备和设施，以满足战争或突发事件对医疗卫生的需要所进行的一系列活动。卫勤动员是保持军队有生力量和战斗力的基本保证，是保证战时社会稳定的重要措施。

信息动员，是指为实施战争或应对其他军事危机，征用和调配信息资源的活动。信息动员内容涉及信息在获取、传递、存储、处理过程中所需的人力、物力资源和电磁频谱资源等。随着现代信息技术快速发展，信息成为现代战争的重要因素，信息动员在战争动员中作用日益突出。

（二）总动员与局部动员

根据国民经济动员的范围，可将国民经济动员分为总动员和局部动员。

国民经济总动员（又称国民经济全面动员），是指将国民经济全面转入战时轨道的活动。战争是国之大事，涉及全国各个经济部门，牵动千家万户、妇孺老幼。20世纪爆发的两次世界大战，使国民经济总动员制度在世界各国普遍形成。现代战争与国民经济的依赖关系更为紧密，现代化武器装备对国民经济的破坏力更大，因此，必须做好全国范围内的国民经济总动员准备。

国民经济局部动员（又称局部国民经济动员），是指将部分经济部门和局部地区国民经济转入战争状态的活动。一般来说，国民经济局部动员不改变国家经济管理体制，仅仅涉及国家有关部门、行业和局部地区。随着经济全球一体化快速推进和市场化程度不断加深，国家经济体之间和经济市场主体之间的联系更为紧密，国民经济局部动员有可能演变为国民经济总动员。

（三）不同时期和不同阶段的国民经济动员

根据不同时期和阶段，国民经济动员可分为平时动员准备、战时动员实施和战后动员复员。

平时国民经济动员准备。平时国民经济动员准备是基础，平时准备的好坏，直接决定着战时国民经济动员的速度和质量，从而影响着战争进程。平时国民经济动员准备关键是调整优化国民经济动员，增强国防经济潜力，制订把各种潜力转化为实力的预案和演练准备。

战时国民经济动员实施。战时国民经济动员实施是根据战争需要，适时适量适度组织的国民经济动员。根据战争发展进程，又可将战时国民经济动员实施细分为早期动员、临战动员、战争初期动员、战争中后期动员。

战后国民经济动员复员。战后国民经济动员复员，是指随着国家由战争状态转到和平状态，组织战时产能转产民用，使整个经济状态由战时管理体制转变为平时管理体制。

（四）公开动员和秘密动员

根据动员方式，可将国民经济动员分为公开动员和秘密动员。

公开动员，是指通过公开发布动员令的方式进行的国民经济动员。现代战争中，国民经济公开动员往往是在战争即将爆发或已经爆发时采取的一种动员方式。

秘密动员，是指采取欺骗、伪装、隐蔽等手段，力图在不被敌对国发觉的情况下进行的国民经济动员。国民经济动员秘密动员往往是通过秘密途径下达给有关经济部门和地区、企业。

三、国民经济动员的过程

从动员过程和时序来看，国民经济动员过程是跨越和平时期、临战时期、战争时期、战后复转时期等周而复始的循环过程。在每个时期，国民经济动员所担负的任务，以及国民经济动员的性质和功能有所不同。

（一）国民经济动员准备

国民经济动员的关键在于平时准备。平时准备的好坏直接决定着动员速度和质量，进而影响着战争进程和结果。经济动员准备越充分，动员转换效率就越高，动员为战争提供支撑和保障的作用就越强，就可能为战争赢得有利时机、创造有利环境。反之，经济动员准备不充分，经济建设贯彻国防要求不够、军民兼容程度不高，平时经济转入战时经济所需的时间就越长、效果就越差。国民经济动员准备的内容主要有以下几个方面。

1. 健全完善国民经济动员体制

国民经济动员体制是国民经济动员平时建设和平战转化的组织保障。它主要解决的是国民经济动员“谁来管”的问题。建国以来，我国国民经济动员体制建设不断完善，但与新时代国防和军队建设的使命任务相比，还有一定差距，还存在着机构不全、职责分工不明、关系不顺、军地衔接不够等方面的问题，不利于国民经济动员统筹规划、统筹管理和组织实施，影响了国民经济动员效能发挥。

首先，应健全国民经济动员机构。针对新时代国防和军队建设使命任务，立足我国社会主义市场经济发展阶段和运行特点，建立权威、统一的国民经济动员领导机构及办事部门，集中领导和统筹管理全国的国民经济动员工作。其基本职能是明确国民经济动员的发展方向、制定国民经济动员规划、解决国民经济动员建设过程中遇到的重大问题，综合协调军地各部门之间的关系等。其次，明确国民经济动员部门和其他职能部门之间的关系，包括机构职能划分、军地衔接、业务指导与被指导的关系等。再次，配齐各机构人员，形成精干、高效、专业的国民经济动员管理队伍，保障国民经济动员各项任务高标准落实。

2. 制订国民经济动员计划

编制国民经济动员预案、制订国民经济动员计划是落实国民经济动员任务的重要保证，也是国民经济动员平时准备的中心工作。国民经济动员计划包括国民经济动员总体计划、各种具体计划，年度计划、中长期规划，以及各部门、各区域制订的国民经济动员计划。制订国民经济动员计划时需要做到各种计划之间相互衔接、不留缺口，防止出现计划之间交叉重复、相互矛盾现象。在制订国民经济动员计划时应该考虑到国家安全形势、战争形态以及经济形势的发展变化，动态更新计划体系，既要做到相对稳定，又要适应最新变化。

3. 基础设施建设贯彻国防要求

基础设施建设贯彻国防要求是指为了满足战时或国防需要，在铁路、公路、机场、港口、码头等基础设施建设时预留或增加军事功能所采取的各种措施。近年来，党中央、国务院和中央军委高度重视基础设施建设贯彻国防要求，出台了一系列相关法规制度，基础设施建设贯彻国防要求取得了重要进展。新建、扩（改）建了一批军民共用机场，结合城市建设，增强市政基础设施国防功能等。但是，基础设施建设贯彻落实国防要求还存在着一些突出矛盾问题，主要表现为需求统筹不够有力、军地沟通渠道不够顺畅、需求落实不够到位、政策法规不够完善。这些问题如果不在平时解决，就会影响到战时国民经济动员效能的发挥。

4. 组建国民经济动员中心

国民经济动员中心是为应对战争或重大突发事件，解决非常时期对武器装备、技术、物资和劳务的供需矛盾，平时依托企业建立的具有平战转换能力的生产和技术保障中心。国民经济动员中心发挥着平时储备和战时组织的功能，即平时储备实物、技术、生产能力、人才等，以备战时之需，战时组织相关企业转产、扩产，以保障战争需要。近年来，我国动员中心建设步伐明显加快，取得了显著成绩，初步形成了以需求为牵引、以行业为依托、以骨干企事业单位为支撑的国民经济动员中心建设格局。但是，也还存在着空间布局不均衡、行业结构不合理、建设管理不规范等方面问题，影响了国民经济动员中心整体效能发挥和可持续发展。解决这些问题，迫切需要加强国民经济动员中心建设顶层设计、加强动员中心规模结构体系布局、加强动员中心运行规范管理。

5. 加强国民经济动员信息化建设

信息化战争对国民经济动员提出了更高要求，必须加快国民经济动员信息化建设，实现国民经济动员人力、物力、财力、信息力资源的高效开发、利用和共享。近年来，国家和省级国民经济动员信息系统建设基本完成，国家、省（自治区、直辖市）和地（市）三级经济动员管理体系初步形成，国民经济动员工作效率和应变能力明确提高。但还存在着各级各类信息基础设施与系统分散重复建设、各体系间条块分割、自成体系难以互联互通互操作，一体化程度低、整体使用效益不高的现象。解决这些问题，一是进一步搞好顶层设计，形成能够满足需求、与新体制相应、集约高效的建设方案；二是突出重点领域和数据库建设，不搞“大呼隆”“一刀切”，通过重点领域信息化带动国民经济动员整体信息化水平提升；三是健全完善法规制度，健全完善信息化建设机构体系，明确各级、各部门、各行业在国民经济动员信息化建设中应担负的责任，推进项目责任制，加快国民经济动员信息建设的法制化、规范化、专业化。

6. 适时组织国民经济动员演练

国民经济动员演练是国民经济各部门、各单位的动员机构和被动员人员的一种训练。适时组织国民经济动员演练是提高各级动员机构及工作人员的素质，检验平时动员准备情况的一种有效方式。国民经济动员演练可以嵌入军事演习之中，作为演习的一部分进行设计，也可以单独组织。组织国民经济动员演练关键在于合理构设演练环境、科学设置演练机构、精心做好演练准备、准确把握演练重点、及时总结演练经验。

7. 建立完善国民经济动员法规

国民经济动员法规是由国家立法机关制定和颁布的国民经济动员行为准则，并由国家以强制力保证其执行。国民经济动员法规建设既是国民经济动员准备的重要内容，又是国民经济动员准备得以高效落实的重要保障。因为，国民经济动员准备涉及多个部门、多个主体的利益协调，平时组织起来极为复杂，只有依靠国家法律、法令的保证和指导才有可能完成。海湾战争中，美国在很短的时间内动员 30 家航空公司的近 200 架大型运输机，征用 170 艘商船，15800 个铁路车皮和 27300 辆卡车，保障远离本土作战运输的需要，完善的动员法规制度在其中发挥了根本性作用。我国高度重视动员法规建设，到目前为止，一个以宪法为母法，以《国防法》《国防动员法》为基本法，全面涵盖国防动员等方面的军事法规体系框架初步形成。国民经济动员作为国防动员的重要领域，应以《国防法》《国防动员法》为依据，针对新时代新体制新要求，制定国民经济动员法，并在此基础上制定若干与之相配套的专门法规。

（二）国民经济动员实施

国民经济动员实施指国家在临战或战争爆发初期，将国民经济由平时状态转入战时状态的一系列活动。它包括临战或战争初期的经济动员发起和战争进行过程中的持续动员两个相互联系的阶段。

1. 拟制并颁布国民经济动员令

根据对未来战争的预测，按照国家战争动员令的要求，由国家国民经济动员机构负责草拟，经国家最高权力机关批准并颁布执行。国民经济动员令中应明确动员任务、确定承担国民经济动员任务的部门（行业）、提出实施国民经济动员的明确要求。国民经济动员令可以作为战争动员令中的一个条文，也可单独发布。

2. 完成国民经济动员体制和机制转换

将国民经济动员体制转为战时体制。根据国民经济动员令或国家战争动员最高领导机构的指令，及时调整与充实国民经济动员机构。建立并充实国民经济动员机构，做到决策机构、执行机构、咨询机构和监督机构相互协调。国民经济动员机构以地方为主，军队有关部门参与；国民经济动员机构应精干、权威、高效。

3. 迅速修改和补充国民经济动员计划

宣布国民经济动员令之后，应迅速对平时制订的国民经济动员计划进行修改、补充和调整，并将之付诸实行。在修改和补充国民经济动员计划时应充分考虑战争需求时效性，尽可能简化层次和手续；考虑军事需求变化性，尽可能以短期为主；考虑战场环境和作战样式的需求特点，尽可能提高国民经济动员计划的针对性。

4. 重新配置资源

根据战争或突发事件需求，运用计划、法律和市场等多种手段，筹集应战或应急所需物资，扩大物资战储范围和数量，组织物资支前运输，使其流向最需要的部门和地区。

5. 组织和调整生产力结构

扩大常备军工企业生产能力，启动封存的生产线，动员民用企业参与军品生产，扩大军工生产能力，同时，调整劳动力流向，将更多熟练劳动力引向军需物资生产部门。

6. 实行战时经济临时管制

对全国交通、通信和邮电等，实行临时管制；对全国经济布局进行调整，对关系经济命脉的企业和科研单位进行重点防护或搬迁至战略纵深处；对战时所需的战略物资实行出口管制，适度控制生活消费，以满足战时所需。实行经济临时管制时应做到两点：一是适时、适度、适量；二是依法、依规实施，切忌随意管制、过度管制。

（三）国民经济复员

国民经济复员是指社会经济生活从战时轨道向平时轨道归复的过程。国民经济复员对于医治战争创伤、恢复和发展生产、稳定社会秩序等都具有重要意义。国民经济复员并不是要归复到战前一模一样的状态，而是根据战后出现的新局面，恢复到新的经济社会正常状态。国民经济复员涉及的范围极其广泛，工作极其复杂，各参战国国情不同，内容也有差异，但一般情况主要包括如下三项。

1. 逐步放弃战时经济管制

随着战争进入尾声，人们对过上正常社会生活的期盼越来越强烈，经济社会主要矛盾由战时满足战争需要转为满足人民群众正常生活需要，这时应逐步放弃战时经济管制。放弃战时经济管制，并非意味着完全恢复和战前一样的经济模式，而是要根据新的形势，建立起适合国情的充满生机活力的新的经济模式。另外，在逐步放弃战时经济管制，向正常经济状态恢复的过程中，还要充分考虑到新一轮国民经济动员准备的需要。因为，从宣布国民经济复员开始，也可被认为是下一轮国民经济动员准备的开始。

2. 适当调整社会再生产比例关系

通常情况下，处于战时状态，为了满足战争需要，国家会把大量民用企业转入军工生产，从而造成军事工业畸形，重军用轻民用。战后经济恢复的一项重要任务，就是要通过对国民经济的调整，改变上述经济关系不协调的状态，建立起与能够满足平时经济社会生活的正常产业结构。通常情况下，对社会再生产比例关系的调整需要一个较为漫长的过程，这种调整也不是简简单单的“军转民”。美国约翰·E. 林奇在《经济调整与国防工业转产》中提出：“经济发展：一种并非简单的投入过程”，“地区经济发展和工厂重新利用是一个非常复杂的过程，而且需要很大的投资。这样复杂的过程用‘经济转产’这样简单的理论在短期内是难以解决的”。

3. 适时恢复和调整对外贸易

对外贸易是对外经济关系的基础。当今经济全球化时代，各国之间的经济往来变得更为密切，成为推动经济发展的重要力量。如果一个国家没有对外贸易是不堪设想的，而且也没有这样的国家。战时，由于受到敌对国家经济制裁，以及战乱对国家经济的破坏，对外贸易受到严重影响。战后，应根据新的形势，积极恢复和调整被战争破坏了的对外贸易，发展对外经济关系。新中国成立以后的国民经济三年恢复时期，百废待举，加上当时帝国主义封锁，我国对外贸易非常困难。当时，为了恢复国民经济，采取各种方式，积极组织对外贸易。1952 年，全年出口总值达 8.23 亿美元，比解放前几年平均出口增加了 4—5 倍。1953—1957 年，我国进入第一个五年计划建设时期。从 1953 年起，每年以平均 10% 的增长速度超额完成了第一个五年计划的进出口任务，扭转了以前连续多年的入超局面。

思考题：

1. 国民经济动员有哪些主要功能？
2. 国民经济动员如何分类？
3. 国民经济动员过程分为几个阶段？每个阶段的主要内容有哪些？

第四章
国民经济动员的需求和供给

供给与需求，是经济科学中的一个重要的、基本的范畴。国民经济动员产生和发展缘于战争需求，经济动员的需求与供给也是我们对国民经济动员进行经济分析的重要范畴，确保经济动员活动中经济动员供给和需求平衡是国民经济动员理论研究的一条主线。

一、国民经济动员需求

“军无辎重则亡，无粮食则亡，无委积则亡。”经济动员需求的产生是国民经济动员的动因。作为经济动员运行的源动力，需求贯穿于经济动员活动的全过程。

（一）国民经济动员需求内涵

经济学理论中，需求是指在既定的物价水平时人们想购买的物品与劳务量。经济动员需求，是指国家遇有战争或其他重大突发事件时，为保障战争进行或处置突发事件、维护社会经济稳定运行的人力、物力、财力等各类需要。从应战经济动员需求看，其数量规模等于战争总需求减去已有国防实力的差额。① 经济动员就是要在数量上、质量上、时间上、空间上尽量满足这种需求。

经济动员需求的质和量不是固定不变或任意确定的，它是由一定的社会经济、政治条件下的军事作战任务决定的。在有什么武器，打什么仗的情况下，经济动员需求主要由战争规模、战争强度、持续时间所决定。在打什么仗，生产什么武器的情况下，需求既可能是对原有水平武器装备的需求，又可能是根据战争的要求形成的对新功能武器或新式武器的需求，主要由军队数量规模、武器装备数质量所决定。经济动员需求是一种保证国家安全的消耗性需求，它不直接产出社会经济效益。因此，在保证国家安全的前提下，经济动员需求应限制在一定规模内。

（二）国民经济动员需求构成

经济动员需求构成是多元化的。在不同的社会历史时期，经济动员实物需求具体构成是不同的。建立在以青铜器和农业为代表的生产力以及与这种生产力水平相适应的奴隶制生产关系之上的奴隶制国家军队，使用较为简单的武器装备，经济动员实物需求以人力和粮秣为主，保障方式主要依靠士兵自备、国家财政分配、战争掠夺等途径实现。建立在相对先进的冶铁业、农业以及封建土地所有制基础之上的封建制国家军队，主要装备铁制的刀、矛和弓箭等冷兵器。火药和火器产生以后，在很长一段历史时期内，冷热兵器并用，经济动员需求虽然仍以人力和粮秣为主，但其保障方式逐步制度化，如屯田制、仓储制等。封建社会后期特别是进入资本主义社会，机器大工业的产生和发展，推动了热兵器时代的发展，并开始步入机械化兵器时代，军队由单一的陆军发展到陆、海、空三军及诸多兵种，经济动员实物需求不仅量大，而且结构日趋复杂。国防需求的实现主要由国民经济中分离出来的国防经济来保障，在大规模的全面战争中甚至需要动员整个国民经济为战争服务。透

① 曾立：《国防动员需求的经济分析》，《军事经济研究》，2003 年第 7 期，第 40 页。

过不同的角度，经济动员需求有不同的分类。根据与战争需求的联系划分，经济动员需求可分为：直接需求和间接需求。

直接需求是直接用于满足战争所需的人财物等，这是经济动员需求的主体部分，即为保障作战形成的战争消费性需求。经济动员直接需求可进一步归纳为四大类。

物力资源需求。一是武器装备需求，主要包括军械物资需求、军事装备需求、技术装备需求等；二是后勤物资需求，主要包括军需物资需求、医疗物资需求、油（燃）料及动力需求、营房物资需求等；三是工程设施（主要是战场建设）需求，主要包括军事设施需求、战场工程需求等。

人力资源需求。主要包括武装部队人员需求，如陆、海、空等部队的人员需求；各类作战、后勤、装备保障人员的需求；民兵、预备役人员需求，如兵员补充需求、民兵参战及支前保障需求、其他支前民工需求等。

财力资源需求。主要包括参战人员经费需求，如军队人员的薪金、伙食、被装、抚恤等生活、公务和事业性经费，以及参战民兵、支前民工经费等；装备物资采办经费需求，如军事装备和后勤物资采购费；战场设施建设经费需求，如军事设施建设和战场工程建设经费等。

信息资源需求。主要包括来自陆地、空中、海上等各个传输渠道，用于作战指挥、后勤保障的信息资源，以及各种信息产生、传送、接收的装备等。

经济动员间接需求，属于派生需求，是社会经济各部门为了提供满足直接需求、提供最终产品的需要，所要投入的各种要素、产品及劳务等社会经济资源，属于生产性或投资性的需求。先进的武器装备，充足的弹药及各种军需物资是打赢一场现代高技术战争的物质保证，而武器弹药动员生产所需的基本生产资料则是战争的基础性物质依托。没有品种齐全、数量充足的各种矿产资源，没有这些矿产资源的率先动员，就没有先进的武器装备和弹药的动员生产，当然也就不可能满足战争对武器弹药的大量需求。

在现代社会中，对生产资料的需求突出地表现为军事科技工业生产对各种生产资料的需求。生产原料资源包括铁、铜、铝、锰、铅、锌、镍、铬、铂、镁等众多金属矿产资源和石英、石棉、云母、硫、硝石、天然橡胶和原盐等非金属矿产资源，还包括石油、煤、天然气等重要能源资源。此外，土地资源、水资源、生物资源、海洋资源，以及人口、劳动力资源等，也是原料资源生产动员的重要内容。

派生需求是以战争最终军事消费品需求为转移的。经济动员派生需求可以运用投入产出分析方法，通过相近年度的“投入产出表”，取得与最终需求有关直接消耗系数和完全消耗系数，并结合已知的最终需求进行产业关联分析。

另外，经济动员需求从最终消费的角度讲，其构成中不只是确保战场胜利的武装部队的军事直接需求，也有稳定战时国民经济运行和保障人民群众基本生活的民用需求。经济动员需求中必须兼顾战时的军事需求和民用需求，既充分保障战时军事需求，又切实保证人民群众的基本生活和国民经济的稳定运行。

（三）国民经济动员需求特性

1. 经济动员需求具有非生产性

经济动员需求的形成是为保障战争行动而形成的消费需求。作为国防消费，一般说来，不参与社会物质财富的生产过程，其目的在于为国家的防务提供必要的武器装备、军事设施和军用技术，为国家的军事力量奠定物质基础，不是为社会再生产提供物资条件。其消费的结果表现为维护国家安全和国家利益国防生产消费，提供国防战斗力的物的因素，并不直接表现为社会生产力的发展。通过国防生产消费创造出来的枪炮、炸弹、坦克、装甲车等，既不能充当生产资料也不能充当生活资料，既不能满足人民群众衣食住行的物质需要，又不能满足人们精神生活的需要。在这个意义上说，也仅仅只能在这个意义上说，国防生产消费的规模愈大、程度愈高，社会上无用劳动增加也就愈多，从而不利于社会生产力的发展。

2. 经济动员需求的规模具有强烈的不确定性和波动性

和平时期经济动员需求较低，战时经济动员需求急剧膨胀。战争常常表现出较大的波动，具有较多的不确定性。这一切决定了因战争而产生的经济动员需求规模同样具有不确定性和波动性。而且随着科学技术的发展和战争的高级化，战争的破坏性增强和消耗性增大，经济动员需求平时与战时的波动幅度呈现出不断增大趋势。

3. 经济动员需求的实现具有紧迫性和阶段性

高科技的应用使现代战争爆发的强度和紧张度大大提高，经济动员需求呈现出很强的紧迫性，对动员的速度、力度和强度要求很高。战争的进程具有的较强的阶段性特征，决定其对资源需求是分期分批、有步骤地提出的。在预测和落实经济动员需求时，既需要充分估计到经济动员需求的数量规模，也需要准确把握动员的阶段性特点，以确保经济动员需求得到及时有效的保障。

4. 经济动员需求具有与收入和价格相关度较低的需求刚性

国防安全的决定因素与一国的物价和国民收入水平不直接相关。人们不因物价的波动而降低或增加对国防安全的需求；也不因处于不同的收入水平，而对捍卫国家主权和领土完整的国防安全有不同程度的需求。一国公民对国防安全的需求程度基本相等。通过国家财政提供经济动员所需费用，较能体现出公共财政支出的公平受益原则。

5. 经济动员需求具有系统的、客观的内在比例

经济动员需求构成是由一定数量的军事劳动力与一定数量的武器装备、军需物资组成，它的结构是按照一定的方式组合而成的、具有特定功能的有机整体。无论是军事劳动力与武器装备、军需物资之间，还是

军事劳动力与武器装备、军事劳动力与军需物资、军需物资与武器装备之间等等，客观上都存在一定的比例关系。在一定生产力水平和军事科学技术前提下，这种比例关系是相对稳定的。不同军兵种的人力、财力、物力的需求量，是适合战场需要、根据战斗力形成规律而产生的，具有客观性。

二、国民经济动员供给

供给是指一定时期内（一般为一年）能够提供给市场的产品。总供给是一年内能够提供给市场的总产品。马克思指出："再生产即供给"，总供给是现实的社会生产力。经济动员供给是指国家在一定时期内能够提供给军队的经济力（资源）的总和。经济动员供给的质与量，要受到多种因素的影响和制约，如国家经济能力、科技发展水平、经济动员管理能力和有效供给程度等。

（一）国民经济动员供给基础

国民经济动员供给基础是指一个国家在一定时期经济动员供给赖以实施的经济资源总和。军队是国家机器的重要组成部分。作为上层建筑的一个组成部分，国防和军队与物质基础构成了密不可分的辩证关系。恩格斯在《反杜林论》中曾论证了物质基础对国防和军队建设的决定作用："……暴力不能铸造金钱，它最多只能夺取已经铸造出来的金钱……归根到底，金钱还必须通过经济的生产才能取得；就是说，暴力还是由经济情况来决定，经济情况供给暴力以配备和保持暴力工具的手段……装备、编成、编制、战术和战略，首先依赖于当时的生产水平和交通状况。”①

国民经济动员供给基础包括三个层次：第一层次国防经济；第二层次国家经济实力；第三层次国家经济潜力。

1. 国防经济

国防经济是保障国防需要的经济，它包括国防经济部门、国防经济活动及与之相适应的经济体制和运行机制等，是国民经济的一个相对独立的子系统。类似的称谓有“军事经济”和“防务经济”等。国防经济活动主要是军品的生产、采购、分配、消费及其相关的管理活动。国防经济无论是在整个国家中，还是在国民经济中，都有着重要的地位。一些国家往往把最新的科学技术、最强的生产能力、素质最好的劳动力和足够的经费投入国防经济领域。国防经济的作用，最根本、最主要的是对国防系统的物质保障。

国防工业是国防经济部门的主体。国防工业是生产武器装备、军用器材、军队生活用品以及国防生产所需特殊原材料的工业门类的统称。其中，主要包括：兵器工业、航空工业、舰船工业、电子工业、核工业、航天工业及军需工业等。国防建设的规模、军队的数量、武器装备、体制编制、战略战术等，都在不同程度上取决于国防工业的能力和水平，以及与其相关的科学技术水平和社会生产力。

国防工业水平直接影响着经济动员的供给数量和质量。国防工业是经济动员供给基础的主体部分。一旦战争来临，国防经济将是经济动员的骨干和关键基础。加强国防工业建设，打牢国防的物质基础，是战时进行经济动员的根本保障。战时国防工业生产过程中存在的这样或那样的问题，造成产品质量缺陷，会直接对战斗造成影响。

2. 国家经济实力

国家经济实力是一国现实存在的物质财富和生产能力。② 国家经济

---

① 恩格斯：《反杜林论》（1876—1878 年），《马克思恩格斯选集》第 3 卷，人民出版社 1972 年版，第 206 页。

② 陈德第、库桂生主编：《国民经济动员》，长征出版社 1995 年版，第 46 页。

实力是一个国家某个时期内现实的生产能力和已经生产出来的物质财富的总和。构成国家经济实力的要素有：已经开发的自然资源；实际拥有的劳动力资源；已经拥有的社会生产能力和实际达到的生产规模和水平；已经具备的科学技术基础和应用开发能力；基础设施的实际规模和已经具备的技术水平；国家拥有的物资储备和民间的积累和储蓄；财政、金融的规模和运营能力；实际拥有的境外资源等。国民生产总值是国家经济实力的重要标志，国民生产总值越大，其承受国防物力、财力需求的能力越大，可动员的国防物力、财力也越多。

3. 国家经济潜力

国家经济潜力是一个国家具有的物资财富进一步积聚和生产力持续发展的潜在能力。[①] 它是一个国家可能转化为现实经济力的物质力量，包括一国所拥有的全部潜在经济资源，如潜在的自然物质资源、科学技术资源以及进一步吸收和发展科学技术的能力、劳动力资源等。国家经济潜力是一国实施持续经济动员的潜在基础，制约着国民经济动员的后续能力，规定着国民经济动员功能发挥的最大界限。

关于经济动员潜力对战争和战略制约的认识，古已有之。孙子曰："凡用兵之法，驰车千驷，革车千乘，带甲十万，千里馈粮，则内外之费，宾客之用，胶漆之材，车甲之奉，日费千金，然后十万之师可举矣。"公元前约 400 多年，希腊著名思想家色诺芬曾指出：战舰出征，耗费甚大；16 世纪后期，英国重商主义者托马斯·曼曾经提出，金钱积累是军事实力的表现，是"战争的中枢神经"和"主要支柱"。

第一次工业革命以后，这种认识又深进了一层。古典经济学大师亚当·斯密曾写道："自从枪炮发明以后，它在战争技术中造成的巨大变化使得平时训练和操练兵额的支出以及使用兵力的支出都进一步增加。……在现代战争中，有能力负责枪炮巨大支出的国家明显处于有利地位。""由于现代战争中的军人消耗庞大，因此那种有更大的力量承

---

① 陈德第、库桂生主编：《国民经济动员》，长征出版社 1995 年版，第 46 页。

担这种消耗的国家就占有显著的优势。”① 马克思、恩格斯则更加明确地指出：“一句话，暴力的胜利是以武器的生产为基础的，而武器的生产又是以整个生产为基础，因而是以‘经济力量’，以‘经济情况’，以暴力所拥有的物质资料为基础的。”②

（二）国民经济动员供给能力

经济动员供给能力，就是国家以保障战争为目的，所能组织调动起来的经济力量。抛开时间因素，从静态上看，经济动员供给能力可分为潜在供给能力、实际供给能力和有效供给能力。

1. 经济动员潜在供给能力

潜在供给能力是指在现有的生产资源和技术条件下，生产要素发挥出应有的潜能，全社会所有的生产者或企业能够给市场提供的商品和劳务的总和。它是人们对供给可能性的一种估价。经济动员供给潜力是指国家通过一定的动员机制，可以直接或间接转化为战争实力的经济能力。经济动员潜在供给能力是战时国民经济动员的基础，尤其是现代战争，在一定意义上讲是经济与技术的较量，它对战争胜负具有重大影响。经济动员潜在供给能力是国防建设的重要组成部分。加强经济动员潜在供给能力建设，提高经济动员潜在供给能力转化为实际供给能力的效率，是和平时期国家以经济建设为中心、加强国防建设的有效途径。

经济动员潜在供给能力可用国防经济潜力来表示。国防经济潜力，是国民经济中可以用于应付战争和突发事件需要但目前尚未转化为国防经济实力的那一部分潜在力量。

经济动员潜在供给能力不能等同于国家经济潜力。一个国家能动员起多少人力物力资源用于军事目的，归根结底虽然是依托这个国家所拥

---

① ［英］亚当·斯密著，朱丹译：《国富论·经济学“圣经”》，时事出版社 2014 年版，第 341—342 页。

② 《马克思恩格斯选集》第 3 卷，人民出版社 1972 年版，第 206 页。

有的资源基础，但是任何一个国家是不能把一切资源都用于军事目的的，因为即使在战时，国家也要把一部分资源用于民用生产。同时，虽然国家可以牺牲国民消费的方式，把更多的资源用于战争，但是削减不是完全取消用于消费品的开支，在这种情况下经济动员潜在供给能力仍只是国家经济潜力的一部分。换一种说法，经济动员潜在供给能力，只是国民经济潜力中可以转化为战争实力的那部分潜在力量。

2. 经济动员实际供给能力

实际供给能力是指在现有的生产资源和技术条件下，生产要素发挥出其实际效率，全社会生产者或企业向市场提供商品和劳务的实际量。它是生产过程的实际结果。经济动员实际供给能力，是国民经济中能够用于保障战争和应付突发事件需要的物质力量，或是国民经济实力中能通过一定机制转化为现实战争力量的那一部分。

经济动员实际供给能力可用国家经济实力来体现，但国家经济实力并不等同于经济动员的实际供给能力，计算经济动员实际供给能力，要扣除国家经济实力中必须供给的民用部分，或者说要扣除掉不能作为军事使用的部分。

经济动员实际供给能力主体是国防经济实力。国防经济实力，是国家实际用于国防建设和战备的现实经济力量。它包括国防活动中人力、物力、财力和组织管理经济的能力，是国民经济总量中已经转化为国防服务的部分。

3. 经济动员有效供给能力

经济动员有效供给能力是指实际供给能够满足消费者的欲望并能实现最终军事消费的供给。它与无效供给相对应。生产者提供的产品或服务由于各方面的原因不能满足战争需求的，即属于无效供给。有效供给的累积构成有效总供给，无效供给累积称为无效总供给。

通常，经济动员这三种供给在数量上是存在差别的，在经济动员供给能力由潜在供给转化为实际供给，再由实际供给转化为有效供给，存在供给收缩效应。所谓供给收缩效应是指由于供给机制的运行效率下降而使潜在供给到实际供给再到有效供给逐步缩小的一种作用力。供给收缩效应作用的最后结果是有效供给的减少。

它们之间的逐步减少可用转化系数衡量。用公式表达为：

$$N = \alpha NS$$

$$NS = \beta Nq$$

$$N = \alpha NS = \alpha\beta Nq$$

其中，N 为有效供给，NS 为实际供给，Nq 为潜在供给，α、β 为转化系数。

转化系数 α、β 在 0 和 1 之间变动。转化系数的大小，反映供给收缩效应的程度，它们两者成反比关系。转化系数越大，则供给收缩效应越小；反之，转化系数越小，则供给收缩效应越大。如果 $a=1$ 时，则供给收缩效应为零；如果 $a=0$，则供给收缩效应为无穷大。这都是两个极端，在经济动员活动中是不存在的。一般说来，转化系数都处在 $0<a<1$。经济动员供给能力的收缩效应是客观存在的，所不同的只是其供给收缩效应的程度不同。供给收缩效应的产生来源于经济动员供给运行的效率。

经济动员供给能力具有较强的动态性，受多种因素制约并发展变化。具体而言，主要有：国民生产总值，国民经济体系建设完备情况，国家经济地理、自然条件和国防资源情况，国防工业的规模和发展模式，军民兼容程度，国家科技水平和基础产业的制造能力，社会劳动生产率、劳动力的数量和素质，国家的经济、社会组织能力和运行机制。

从长期看，供给能力的提高，主要取决于产业结构、科技水平、社会制度以及意识形态等诸方面因素，体现为技术创新及建立在其基础上的结构变动，并集中体现在某些关键产业的发展水平上。一般而言，和平时期增强国民经济动员能力的主要措施有：增强国民经济实力，提高国民生产总量；大力发展军民两用技术，加强军民一体化建设；建立合理的经济结构，重点搞好国民经济和国防建设、国防工业与民用工业的比例关系；在经济建设的生产力布局中，兼顾国防建设的需要，正确处理国防前沿与战略后方，集中与分散的关系。

供给能力也是一个系统性概念。人力资源、物力资源、国防资金、技术资源等经济动员供给能力，既互相联系又相对独立成为整个动员大系统中的若干子系统，这些子系统分别构成一个方面，与大系统和其他子系统之间形成一种关联关系，其分布状态与关联关系构成了国民经济动员结构状态。其中，各子系统之间相互依存与相互关联的关系状态，会由于各子系统之间的结构效应互换，形成了国民经济动员结构效应。

国民经济各产业部门的生产与其他部门之间存在着千丝万缕的投入产出关系。动员能力建设不仅涉及被动员的产业和资源、产品本身，而且涉及与其有关联的各相关产业以及资源和产品。因此，在对国民经济动员供给能力进行量化评估时，必须具有系统思维和综合研究方法，需要充分考虑到技术经济联系和各相关产业间的内在联系，从总体上完整把握国民经济动员供给能力的大小。

（三）国民经济动员供给时效

时效问题是经济动员的关键之一。经济动员时效问题主要涉及经济动员的时机选择和动员的速度问题。在供给和需求结构既定的情况下，供给量 X = 时间（$T_i - T_0$）× 速度（V）。这其中，经济动员时间（$T_i - T_0$）主要涉及经济动员的时机选择和动员持续时间；经济动员速度 V，即单位时间内经济动员的供给能力，其影响因素主要是经济动员活动的时滞情况。时机和时滞二者之间存在内在的联系。

1. 经济动员的时机选择

正确选择国民经济动员的时机，在现代战争中具有十分重要的意义，是一个关系经济动员成败的重要问题。从经济上看，虽然国民经济动员对保障国家安全来说是重要的战略手段，但对国家经济发展来说是一种压缩国家经济建设规模、改变社会发展目标的非常措施，人为地限制国民消费和社会福利，以便集中一切可以集中的人力物力和财力保障国家安全需要。实施经济动员需要改变整个社会的经济结构和经济管理体制，过早地实施经济动员，一方面会打乱整个国家建设步伐和正常秩序；另一方面会因大量资源滞留军事经济部门而造成巨大浪费。这些都会使社会经济、国家经济正常发展遭受损失。而实施经济动员过迟，则会因国家毫无防备地进入战争，使社会经济活动陷入混乱，加大战争成本。从政治上军事上看亦是如此。如果过早实施经济动员，会在居民的心理上造成严重不利影响，甚至可能被敌对国作为发动战争的借口，在政治上陷入被动；如果过迟进行动员，会加大战争成本，使自己在军事上陷入被动，出现战争爆发时措手不及，进而影响战局的进程，造成巨大的损失，以至战败亡国。从历史上的教训来看，处于防御地位国家的失误，大多是经济动员失之于迟。第二次世界大战中，波兰的亡国、苏联的巨大损失就是例证。因此，选择经济动员的时机必须恰到好处，做到不早也不晚。

正确地选择经济动员的时机是非常不容易的，却是可能做到的。战争是一种极其复杂的社会现象，预料战争爆发有诸多困难。尤其是现代条件下爆发战争的突然性增强，战场范围广阔，手段更加残酷，进程加快，这给战争指导者把握经济动员时机带来了困难。但是，战争同其他任何事物一样，也有其自身的运动规律。战争的规律是可以认识和驾驭的。现代军事理论和军事科学的发展，现代战略情报侦察手段、预警手段的广泛运用，都为预测战争爆发的时间，正确选择经济动员时机提供了有利的条件。

作为战争指导者，及时掌握和科学分析影响战争爆发的各种因素，是正确把握经济动员实施时机的关键。

首先，科学分析国际战略环境，是正确选择动员时机的前提。判断国际环境，确认现实威胁和潜在威胁、直接威胁和间接威胁的区分与联系，以及各种威胁的发展程度和变化趋势，对于把握战争爆发的时间和规模，正确选择经济动员的时机，至关重要。

其次，敏锐地察觉战争发生的征兆，是正确选择动员时机的重要依据。任何国家要发动战争，必须进行一系列的战争准备，无论怎样采取伪装和欺骗，总会露出蛛丝马迹。只要善于抓住战争发生的前兆，并透过前兆进行由表及里、由此及彼的分析，就可以正确判断战争爆发的时间，从而为正确选择经济动员时机提供依据。

再次，全面而准确地了解本国经济动员能力和准备情况，是正确选择动员时机的必不可少的条件。在战争爆发的时间和规模一定的情况下，选择动员时机与本国的动员能力和动员准备情况有紧密联系。如果本国经济实力和潜力大，政治经济体制具有较好的灵活性和适应性，政府调控经济能力强，快速进行经济转换能力强，平时经济动员准备充分，动员实施时间可适当推后；反之，动员实施时间就要适当提前。

不同的国家把握经济动员时机的难易程度是不一样的。一般说来，发动战争的一方，在把握经济动员时机上较为主动和容易，其主要困难是采取什么样的方式，使对方真假难分，错误判断战争爆发的时间，从而达成战争的突发性。处于防御的一方，把握经济动员时机比较困难和被动。对经济动员时机判断的正确与错误，影响到战争的进程及其胜负。

2. 经济动员的时滞效应

时滞，顾名思义，是一种时间差，与始点和终点有关。政策的制定、运用以及发挥效果需要一定的时间才起作用。通常，它不像开汽车而更像驾驶一艘大船。汽车在转动方向盘之后几乎马上就可以改变方向，而船在舵手转动舵以后还要很长一段航程才能改变方向，并且一旦船开始转向，在转回到正常状态之后还要继续走很长一段。经济动员具有滞后性，[①] 从实施时间到发挥作用的时间之间有一个“时滞”。

经济动员时滞，根据时滞的时间跨度，主要指从提出进行经济动员、执行经济动员到实现经济动员目标之间的时间间隔。根据形成时差的原因，可以分为经济调控体系内部决定的内在时差和决定出台后由调

---

① 武希志、张羽：《战争动员理论研究综述》，《中国军事科学》，1997 年第 1 期。

控对象所决定的外在时差。前者可进一步划分为两个阶段，即从经济异常现象发生到做出正确判断的认识时差和从判断到制定政策、改变政策变量的系统内效率时差；后者可分为各经济主体根据政策变量调整所做出决策的反映时差和决策后采取行动进而发挥效果的行动时差两个阶段。根据经济动员完成任务的程序，经济动员时间需求主要包括协调时间、生产时间和运输时间，就此经济动员的时滞也可以分为决策时滞、生产时滞和运输时滞。

经济动员时滞的长度是很难准确预测的。时滞的长短会因为动员手段的不同而不同，也会因经济动员制度的不同而不同。通常，一些领域经济动员时滞越长，说明该领域进行生产转产的成本越高，战争需求品生产耗费时间越长。如果具有完备的经济动员制度，动员时滞会由于责任明确，程序清楚，被顺利实施，而大大缩短；相反，经济动员制度不完备的，则由于制定相关经济动员法律制度需要获得相关信息，履行必要程序，以及进行决策，认识、理解和顺利执行制度，到开始产生影响，总是需要消耗一定的时间，则动员时滞会被延长很多。

经济动员时滞具有一定的客观性。时滞的长短，受诸多主客观因素制约。

一是与经济动员手段的传导机制有关。经济动员手段使用由于各个环节的效果与时间需求不一样，进而存在的时滞也不相同，过程损耗也存在差异。如在财力动员速度问题上，英国资产阶级经济学家凯思斯（1883—1946 年）于 1940 年出版了《如何筹措战费》一书，在分析公债、税收、发行纸币等各种筹措方法后，就认为：论方便，增加税收不如发行公债，发行公债不如增发纸币；论合理，增发纸币不如发行公债，发行公债不如增加税收。三种方法均有利弊。①

二是与一国的经济体制相关。经济动员手段的使用和选择不是任意的。采用什么样的经济动员手段搭配方式来实现经济动员目标，以及怎样运用经济动员手段，受一定的经济形式和经济体制制约。以高度集中

---

① 库桂生主编：《国防经济学说史（第二版）》，高等教育出版社 2003 年版，第 76 页。

的具有强制性的运行机制作为经济动员的运行载体，是战时经济运行的一般特征。高度集中的计划经济体制，由于其更接近于战时统制经济体制，因而在经济系统由平时状态向战时状态转换的过程中，具有很高的转换效率，时滞比较短；相反，市场经济体制由于与战时统制经济的体制差距较大，因而经济系统由平时状态转入战时状态则难度较大，则实施时滞一般比计划经济体制下要长些。

三是与经济动员准备有关。军民结合、平战结合的经济动员准备模式，属于高弹性的动员模式，这种模式在和平时期可以在完成军品生产任务的前提下，努力发挥自身设备、技术优势，进行生产民品，适时地调整、优化军工生产能力的动态储备，有利于战时军品生产迅速扩张。和平时期做好民用工业转产军品的准备工作，例如对预转产企业按照其设备条件、技术水平和所产军品需求量，规定明确的转产方向和转产任务，则战时可以大大提高经济动员速度。

四是与有关动员企业、部门的敏感度及其人员能力相关。动员企业对经济动员的反应快，接受经济动员指令后，就会根据经济动员政策即刻调整生产行为，这种情况下时滞就比较短，反之则较长。经济动员管理者和执行者如果其信息收集、处理的效率高，自身责任观念和知识素质较高，则经济动员执行途中时间耗费就少，反之则拖延较长。

五是与有关市场主体的利益预期相关。经济动员手段实施过程，也是经济动员各行为主体的博弈过程。一般来说，动员企业如果预期战争会很快结束，而且产品需求量有限，由于军品生产存在较高的进入成本和退出成本，企业为避免自己受到损失或把损失降到最低限度，通常会在搭便车心理的驱使下，依据其预期寻找借口，消极对待经济动员的实施而调整其行为，这样会使经济动员生效时滞长一些；相反则时滞就会短一些。

六是与生产的产品复杂程度有关。现代战争武器装备高技术化，产品生产工序高度复杂，往往需要多个企业分工协作进行生产，这种横向分工在扩大军品生产过程中，往往就需要耗费一定的时间逐步协调企业间的配合与协作，在这种情况下，比武器装备在单一企业内部生产的时滞要长。

三、国民经济动员供需平衡

在现代宏观经济学中，供给与需求关系及其综合平衡机制的建立与运作，处于核心理论地位。在19世纪西方有一句妙语：“教会鹦鹉说：供给和需求，也就教会了它经济学。”① 把供需平衡提到几乎与经济学同等的地位，无疑存在着偏颇。但也说明供给与需求之间的关系贯穿着经济的始终，供需平衡在经济学中的特殊地位。经济动员供需平衡问题，也是经济动员活动必须围绕和解决的核心问题，需要我们系统地加以研究。

（一）国民经济动员供需平衡规定性

自人类社会产生以来，社会生产活动一直把解决供求矛盾，作为它的出发点和最终目的。供给和需求是两种社会动力，在马克思的笔下：“供给等于某种商品的卖者或生产者的总和，需求等于这同一种商品的买者或消费者（包括个人消费和生产消费）的总和。而且，这两个总和是作为两个统一体，两个集合力量来互相发生作用的。”② 同样，经济动员活动中，供给与需求的关系是一切其他关系围绕旋转的轴心。

经济动员供需平衡是指经济动员供给和需要间在总量和主要品种结构间的相互适应。经济动员供需平衡是战时国民经济综合平衡的重要组成部分。经济动员供需平衡存在经济动员供需总量平衡、经济动员供需结构平衡两种情况。

经济动员供需总量平衡用公式表达为：

$$Nd = Ns$$

① 钱伯海主编：《供需平衡经济学》，中国经济出版社1997年版，第25页。

② 《马克思恩格斯全集》第25卷，人民出版社1974年版，第216页。

公式中，Nd 表示经济动员的需求规模，Ns 表示经济动员的供给规模。

经济动员供需结构平衡，从不同的角度看，存在不同结构的供需平衡问题。如从经济动员供需形态上，经济动员供需结构平衡包括物力平衡、人力平衡、财力平衡。仅从结构来看，经济动员供给结构是国民经济中具有不同功能的各个部分相互联结的形式，它是建立在一定社会生产水平和科学技术水平基础上的。社会生产水平和科学技术为军事经济提供物质前提，但并不直接决定经济动员供给结构，直接制约和规定经济动员供给结构的是经济动员需求。

在供给结构一定的情况下，如果需求结构与供给结构不相适应就会出现结构性过剩和短缺。就经济动员供需物力平衡而言，包括两个层次：一是战争决定的经济动员直接需求与经济动员供给最终军事产品间的结构平衡；二是由经济动员直接需求决定的派生资源需求与实际资源供给结构之间的平衡。换一种表述方法，假设经济动员需求 m_1 种军事产品，派生 n_1 种经济资源需求；经济动员可供给 n_2 种经济资源，生产 m_2 种军事产品，则 m_1 与 m_2、n_1 与 n_2 就存在经济动员供需结构是否平衡的问题。

另外，在经济动员供需平衡研究中，如果把时间因素、空间因素考虑进去，还存在经济动员供需时效平衡问题和经济动员供需空间平衡问题。供需时效和空间平衡问题，主要是指经济动员能否在规定的时间、规定的地域内实现经济动员需求与供给在数量、质量上的平衡。

为了有效研究时间和空间的规定性对经济动员供需平衡的约束，可以把供给与需求分为三个层次：第一层次是意愿供给和意愿需求；第二层次是有效供给和有效需求；第三层次是已实现供给和已实现需求。意愿供给和意愿需求是指供求双方未充分考虑到在资源供应配置或交易过程中双方的限制条件而做出的供给与需求的选择。有效供给和有效需求是指受到资源配置或交易数量和结构限制约束的供给与需求。已实现供给和已实现需求是指受到时间和空间因素限制约束后完成的供给与需求。

从意愿供给和需求到事后可以实现的供给和需求的过程，实际上是一个受时间和空间约束的配置或交易的过程。在这个过程中，需求主体不仅直接感受到经济动员资源供给总量限制和产品结构制约，而且不得不考虑时间和空间因素对经济动员供给和需求的制约。如果存在需求与供给的时差，不仅使总需求管理的效果延迟，而且由于经济动员供给本身还要受生产结构、劳动生产率、工资以及资源的移动性的制约，会放大或缩小总需求变化的预期效果。

经济动员供需平衡的实现，是一种客观存在的物质运动过程。当经济动员供需无法实现平衡时，称之为经济动员供需失衡或非平衡状态。经济动员供需处于绝对平衡态纯系偶然，处于非平衡态实属必然，而是处于从非平衡态向平衡态逼近的阶段态势。战争的突然性、多变性的特点，会使得总量平衡与结构均衡经常受到破坏，不断有新的、高的，甚至怪的要求提出来，不仅要完成好眼前生产的任务，而且要随时准备应付突然的需要。

从供需总量上看，经济动员供需失衡主要存在两种类型：一种是资源约束型，即相对于需求，供给不足；另一种是需求约束型，即相对于需求，供给过剩。在需求大于供给，供给无法满足经济动员需求时，由于战争需求具有刚性的特点，这将可能造成战争的被动，甚至由于供给的短缺而导致战争失利。供给大于需求时，意味着需求获得完全供给或过度保障，在供给绝对服从需求，必须满足战争需要的情况下，这种失衡主要造成的问题是物资的滞存积压，经济资源配置的低效，最终可能产生资源的白白浪费。美军在海湾战争中就存在这种情况。

在战时经济运行中，需求总是与供给紧密地联系在一起，战时经济的运行既受到需求的制约，也受到供给的制约。相对于供给需求的任何变化，或相对于需求供给的任何变化，都会影响到战时经济运行的既定态势。需求会刺激供给，也会抑制供给；同样，供给会创造需求，也会抑制需求。

在经济动员供需关系失衡中，需求是矛盾的主要方面，需求具有刚性的特点。经济动员总需求是确定经济动员总供给规模的必要条件，经济动员需求的质和量，引导经济动员供给的发展方向和规模。而某种规模的经济动员总供给能否成为现实，取决于经济动员的供给能力。因此使总供给与总需求恢复基本均衡，根本出路只能在供给主动调整，只有通过调整供给规模、优化供给结构来增强供给力，才能促使经济动员需求与供给由失衡重新回到平衡位置上。

（二）科学技术与经济动员供需平衡

科学技术是人类认识和把握世界的重要方式，也是人类征服、改造自然以满足自身物质与精神需求实践经验的概括与总结。20 世纪 90 年代以来，世界科学技术出现了飞跃式的发展，包括信息技术、生物工程、航天技术和基因工程在内的高技术成果不断涌现，使科学技术在生产力中的地位越来越重要，对经济增长的推动作用更为直接、更加迅速，已经成为经济、社会发展的决定性因素。

经济供求是一个极其复杂的系统，供求受多种因素的影响。科学技术对经济动员供需平衡的影响是双向的，它既推动着经济动员需求的快速增长，同时也推动着经济动员供给能力的提高。

军事领域历来是吸收人类文明成果最快、最多的领域，对于科学技术的进步与革命反应最灵敏，许多新技术都最先应用于军事目的。这有力地促进了武器装备的发展，给战争和武器的发展各个阶段打上了科学技术进步的烙印，由此表明科学技术是战争和武器发展的强大动力。

一方面，科技进步推动了高技术战争的出现与发展，对军队建设和作战方式产生了广泛而深刻的影响。科学技术的进步极大提高了军队的作战效能，使战争在单位时间内的消耗大幅度提高，由此增加了经济动员的需求规模。海湾战争仅打了 42 天，就耗费 600 多亿美元，在 3 天的地面战斗中，美军消耗油料 7648 吨，弹药 1.5 万余吨，水 1690 吨，各种物资 1100 吨，日消耗量相当于美军在朝鲜战争中日消耗的 20 余倍。科学技术的进步增加了战争爆发的突然性，加速了战争进程，使军事需求的时效性不断增强。科学技术的进步使高技术武器、弹药的使用比重明显提高，使战争的需求结构将发生巨大变化。

另一方面，科学技术进步大大提高了经济动员供给能力，提升了战时国防工业生产能力，促进了国防工业结构的不断优化，成为战时扩大国防工业生产的基础保障。

首先，科技水平的提高，大大加快了经济动员根据战争需要研制并提供高新技术武器装备的能力和速度。1982 年英阿马岛之战爆发后，英国空军为了使其“鹞”式主战飞机具有更好的性能，提出了为飞机生产一种电子对抗吊舱的要求。这是一项高技术的复杂工程，如果在平时，完成这项巨大工程最少需要两年时间。但是，马可尼空间与防御系统有限公司与英国皇家空军的电子战专家接受任务后只用了两周时间，便将 9 个电子对抗吊舱交付空军使用。1991 年 1 月 17 日海湾战争爆发后，美国空军于 1 月 30 日收到了研制钻地炸弹的建议，此后空军和美国工业界立即开始设计、试验和制造，于 2 月 27 日便研制出第一批 GBU－28 钻地炸弹。

其次，科学技术的发展，作为国民经济资源转换的中介，增强了国民经济动员潜力，大大促进了国家经济潜力转化为现实的经济力量的效率。从经济动员供给角度看，在国民经济动员潜力的诸因素中，科学技术成为了国家战争潜力的重要组成部分。国民经济动员潜力向经济动员供给实力转化过程，科学技术水平高低及其作用的发挥成为至关重要的决定因素。在潜力既定的情况下，科学技术水平的高低，国家组织与调动科技人员、科技设备、科技成果等科技要素，直接或间接影响和制约着国民经济动员潜力转化的程度和速度。而从经济动员实践活动看，科学技术水平愈高，国民经济动员潜力转化就愈彻底，速度愈快；反之则反是。

究竟科技进步在经济动员供需平衡中对供给和需求影响哪个方面更具优势，目前学术界意见不一。有的认为是对称的；有的则认为是不对称的。但是，对供给与需求巨大的影响却是被充分肯定，毋庸置疑的。

（三）国民经济动员准备与供需平衡

国民经济动员包括国民经济动员准备和国民经济动员实施两个阶

段。经济动员准备是国家为了保障，而在平时进行的预先安排或筹划。国民经济动员准备是国民经济动员的第一阶段，是国民经济动员实施的基础。

经济动员需求具有强烈的波动性和不确定性。和平时期经济动员需求较低，战时经济动员需求急剧膨胀。为了确保经济动员供需在任何情况下始终保持平衡状态，战时经济动员需求得到可靠的满足，平时就需要保持庞大的国防经济规模，这就会出现和平时期配置于国防领域的资源处于过剩的闲置或浪费状态。

在国防经济与民用经济之间，如何遵循社会经济发展的客观规律和现代战争需求的特点，实现资源的充分利用？如何兼顾国民经济建设和国防经济建设，统筹平时经济运行供需问题和战时经济动员供需问题？这些问题的解决都与经济动员准备活动息息相关。在一国经济动员需求和供给既定的条件下，根据平战交替客观规律的要求，选择平战结合、军民结合的动员准备模式，是确保资源合理配置与有效使用的重要手段，对经济动员供需平衡有着深刻的影响。

平战结合，是从时态视角阐述的国防经济平时运行与战时运行的结合，是将平时状态与战时状态下满足不同国防需求的国防经济建设结合起来。一般来说，国防工业的生产能力是相对稳定的，但是，军品订货却会由于国家在平时与战时的不同国防需求而发生极大的变化。平战结合原则就是强调平时国防经济系统要积极参与国家经济建设，同时面向未来经济动员实施的各项需求进行各种资源的储备，制定预案，建章立制，完善法规，做好战时军品的动员扩产准备。

军民结合，是以体制机制为核心的经济建设与国防建设的结合，是将国防工业中为军事需要而进行的生产与为一般民用需要而进行的生产结合起来。军民结合方式是多种多样的，可以是在技术方面的结合，也可以是在生产与管理方面的结合，还可以是在零部件与装配集成之间的结合。军民结合，在宏观层次上，就是要打破行业部门限制，使整个国家的科技工业基础都能军能民、亦军亦民；在中观层次上，就是要打破条块分割，把国防科技工业企业纳入地区经济发展规划，统一安排生产和经营；在微观层次上，就是要打破所有制限制，允许更多企业承担军品研制、生产任务，让军工企业既生产军品，也生产民品，部分民用科技工业企业既生产民品，也生产军品，实现军民企业生产的双向兼容。

平战结合、军民结合的经济动员准备模式，对合理有效利用资源、促进经济动员供需平衡具有重要的作用，它增加了国家经济承受经济动员需求强烈的波动性和不确定性的能力，提升了经济动员供给的适应战争规律的能力。广泛地实施平战结合、军民结合，不仅有利于国民经济由平时状态向战时状态的快速和有效转换，而且增强了国民经济对战争的适应程度和持续支撑能力。这种模式在和平时期可以使国防经济系统在完成军品生产任务的前提下，努力发挥自身设备、技术优势，进行民品生产，而且有利于其适时地调整、优化军工生产能力的动态储备，更好地推动战时军品生产的迅速扩张。

平战结合、军民结合，作为一种弹性经济动员准备模式，有效地解决了和平时期军品生产能力供大于求而导致的资源浪费问题；同时，也解决了战争时期经济动员需求量迅速增加而导致的供不应求问题；由此，以经济动员准备模式的优化，更好地实现平时与战时的供需平衡。

思考题：

1. 经济动员需求包括哪些内容？它具有哪些特点？

2. 经济动员供给基础包括哪几个层次？

3. 如何把握经济动员供需平衡的内涵？怎样才能确保经济动员供需始终处于平衡状态？

第五章
人力动员

人力动员作为国防动员的重要内容之一，是未来战争军队战斗力的重要生成要素之一。在把握人力动员基本理论的基础上，结合我国人力资源现状，研究现代战争以及市场经济条件下，人力动员面临的新问题、新情况，具有重要现实意义。

一、人力动员的内涵、特点和地位

国际军力变化以及我国市场经济的不断发展给人力动员工作带来了前所未有的巨大冲击，然而，受惯性运转模式和传统思维定式的影响，当前，还有不少人对人力动员工作存在模糊认识。为了更好的分析研究这些问题，我们首先应对人力动员的内涵、人力资源的特点以及人力动员的地位等问题，进行必要的考察。

（一）现代人力动员的内涵

人力动员，是指国家组织和调动具有劳动能力的人为战争服务的活动。它是国家经济动员过程的重要枢纽。无论工业动员、物资动员、交通运输动员、财力动员或科学技术动员等，都离不开人力，有了人力，才能发挥其他领域的动员成果。

人力动员是战争动员的重要内容，它通常包括两个方面：一是兵员动员，它是国家为进行战争而征集或招募适龄公民到军队服役所采取的措施。战争动员首先是从兵员动员开始的，它是武装力量动员的重要内容，其实质是将适龄公民转化为现役军人。兵员动员不仅是实现军队兵力扩充的桥梁，而且是确保战争初期主动和战争胜利的关键，还是慑止敌对国发动战争的重要手段。因此，各国都十分重视后备兵员的储备与动员，以保证战争中为军队源源不断地输送兵员。二是劳动力动员。随着现代战争的发展及其消耗和破坏的加大，劳动力动员问题也日益突出出来。所谓劳动力动员是指为保障战争时期社会再生产顺利进行，对社会上具备劳动能力的人力资源进行挖掘、分配、利用的活动。它的内容包括两个方面：一是扩大劳动力来源，为战时国民经济各部门、各行业提供足够的劳动力资源；二是合理调配和使用劳动力资源，包括人力资源在军队和国民经济之间、国民经济各部门之间的合理配置。

（二）人力资源的特点及其对人力动员的影响

人们对人力动员规律的认识，是由人力资源本身固有的特点决定的。根据以往经济动员的经验教训，人力资源的特点及其对经济动员的影响主要有以下四个方面。

1. 人力资源具有主观能动性，它是经济动员的基础

人类不同于自然界其他存在物的一个根本性区别就在于，人具有认识和改造客观世界的能力，这就是人所特有的主观能动性。人力资源的这一特点对经济动员影响意义深远。一是人力资源作为经济动员的主体，它是经济动员的决策人和组织者。人力资源潜力的开发、社会人力资源的配置等所有这一切活动都对经济动员各个领域产生着重要影响。二是人力资源对其他各种资源（包括武器装备、物资、车辆等）的开发、配置、运用都具有主导性。它是物力资源动员的前提条件，物力资源要依靠人力的作用而发挥其效能。因此人力资源成为战争动员的基

础。三是人力资源具有可激励性，即可通过对人的工作能力的提高和工作动机的激励来提高经济动员效率。

2. 人力资源具有生产和消费的双重性，是人力动员必须兼顾的两个方面

人力资源的生产性，强调人力资源是武器装备、战略物资等物质财富的创造者，而且是有条件的创造。比如，人力资源必须与非人力资源相结合，有足够的空间与时间，有相应的活动条件，才能进行创造。而人力资源的消费性，则强调人力资源的保持与维持需要消费一定量的物质财富。人力资源的生产性和消费性是相辅相成的，生产性能够创造出武器装备、战略物资等物质财富，为战争提供充足的物质保障；消费性则能够为人力资源的维持和发展创造条件，是保持其生产性的必要前提。

3. 人力资源具有生产周期长、时效性强的特点，要求人力动员必须合理规划

从婴儿出生到成长为一个具有一定知识水平和劳动技能的人，至少需要 16—20 年的时间。因此，当前可动员的人力资源的状况，是由前十几年人口出生的状况决定的。此外，人力资源还具有时效性强的特点，它不同于矿产等物力资源，物力资源即使长期储存，其品位、质量一般不会下降，但人力资源如果储而不用，就会荒废和退化，所具备的能力会衰减，智力、知识和技能也会发生变化或过时，从而失去其固有的作用与价值。因此，在人力动员的准备和实施中，必须从长计议，着眼全局，合理开发和储备人力资源，有计划地分配与使用人力资源，既保证人力资源的持续增长，又兼顾经济发展和经济动员等多方面的需要。

4. 人力资源是数量与质量的统一，人力动员必须统筹处理这两个方面

数量是人力资源的外在量化形式，质量则是人力资源的内在本质属

性，人力资源的数量和质量二者相辅相成，互为前提，不可偏废。在战争中，没有足够数量的人力资源，就无法使战时生产满足急剧扩张的各类战争需求。第二次世界大战期间，为保证战时工业生产的劳动力需求，美、苏、德等国都非常重视前后方人力资源的合理配备，一般保持在1∶4.5至1∶5的比例，即前方一个士兵在作战，后方要有4.5—5个人提供各种物资生产保障。在保证一定数量的前提下，现代战争对劳动力的素质要求越来越高，如果动员的人力资源达不到相应的质量（包括体力和智力以及政治、文化、精神、心理等方面的素质）要求，就难以适应高技术含量经济动员的运行需求，更难以实现打赢战争的目的。苏联在卫国战争初期的1941年10月，曾专门颁布法令将前线军队中具有相关专业大学学历的军人抽调回后方的军工企业，以加强战时军工生产的技术力量。此类措施曾成为二战中许多国家提高战时劳动力素质的重要人力动员方法之一。在进入信息化时代的今天，经济动员对劳动力科技素质的要求日益提高，因此，新的历史条件下，在人力动员准备和实施的进程中，进行科学的人力资源培养、开发、征集、调配和管理，保证其处于高素质高水平运行态势，意义重大而深远。

（三）人力动员的重要地位

随着战争与经济的联系日趋紧密，人力动员的地位日益重要。它主要表现在以下几个方面。

首先，现代战争的高技术性、高消耗性，要求动员更多人力资源以扩大国防工业生产。现代战争，军队对武器弹药和其他作战物资的需求不断增大，迫使国防工业生产急剧扩张。国防工业规模的扩张，依赖于人力资源的动员和补充。一方面，现代战争的高技术性对武器装备质量、性能要求苛刻，导致所费劳动大量增加。例如，美国在40年代初把1吨钢加工成民用产品，平均需要95个工时，而用同样数量的钢加工成武器（坦克、火炮、军舰等）则需要159个工时。又如，美国在第二次世界大战时，生产1架轰炸机大约需要280个工时，而20年后生产1架B－52轰炸机则需要934个工时。生产导弹和原子武器需要的劳动量就更大。另一方面，现代战争特别是信息化条件下局部战争的高耗性，对武器装备和军用物资的需求量急剧增加，需要扩大生产规模来满足。而劳动力的动员程度，是决定国防工业生产能力扩大的重要条件。第一次世界大战，从事国防工业生产的工人，约占各参战国工人总数的50%；第二次世界大战期间的1943年，德国占58.3%，美国占67%。至于间接地为国防工业生产服务的民用工业中的工人数量就更多了。由此可见，在未来的战争中，人力动员的作用将更加突出。

其次，民用经济的复原，急需动员大量劳动力。战争是综合国力的较量，现代战争的重要特点之一是民用经济已成为打击的重要目标，成为战争的重要战场。海湾战争中，多国部队在最初的半个月中，每天出动230—2500架次飞机对伊方实施“软杀伤”和“硬摧毁”，使伊拉克25%的供电设施被完全摧毁，20%的指挥通信系统遭到破坏，38个机场被炸，33座桥梁被炸毁，伊拉克后方遭到重创。及时恢复遭到破坏的民用经济，必须高强度动员必要的劳动力。

二、人力资本的供给与需求

随着技术形态、经济形态和战争形态的演变，人力资源的素质越来越成为制约人力动员规模和结构的重要因素，对人力资本的投入产出问题也越来越成为影响人力动员效益的关键。所谓人力资本，是指凝结和蕴藏在劳动者身上的知识、技能、经验和健康等因素的综合，它是投资的产物。根据经济学理论，影响人力资本投资行为的因素主要包括人力资本的供给、人力资本的需求以及人力资本的供求平衡等。

（一）人力资本的供给约束分析

人力资本供给，是指人力资本所有者，按照某一市场价格愿意向市场提供的人力资本存量，这些人力资本存量之和即是在该市场价格水平上的人力资本的社会总供给。人力动员中的人力资本的供给主要受以下几方面的因素影响。

1. 国家经济发展水平

国家宏观经济状况对人力资本供给的规模具有越来越大的制约作用。国家经济发展水平的高低、经济实力的强弱决定了国民收入总量的大小，进而影响人力资本的投资供给。一般来说，在其他条件不变的情况下，经济实力越强，人力资本的质量越高，经济动员中所需的供给规模越小，动员效率越高。国民经济实力越强，用于人力资本的投资越充足，一国的国民及军队的科技素质、身体素质等就会越高。在战时或其他紧急情况下，人力动员中迅速筹集较小规模的人力资本，就可以进行扩大再生产，以实现平时经济向战时经济、民品生产向军工生产的有效转化。

2. 国家教育投资的总体状况

教育作为人力资本投资的最主要方式，直接决定着劳动者知识存量的多少、劳动者整体素质的高低、人力资本的形成和利用状况等。我国作为发展中国家，也是教育大国，近年来持续加大教育投入，但与发达国家相比仍有一定差距。

3. 现有人力资本存量的高低

现有人力资本存量的高低是影响动员过程中初始人力资本供给的根本因素。人力资本存量既包含量的因素，又包含质的因素。一是人力资本存量的数量对供给的影响。人力资本的数量不足，会导致供给不足，从而限制人力动员的正常开展，影响国民经济各部门的正常运转。二是人力资本存量的质量对供给的影响。人力资本存量的质量包括：体力素质、智力素质及素质结构。所谓人力资本存量的素质结构，是指人力资本各方面素质搭配、组合的状况。各方面的素质搭配、组合合理程度高，与生产活动要求的适应程度强，人力资本存量的质量就高。当一个国家人力资源的体力素质、智力素质本身处于较低水平或素质结构不合理时，其人力资本的供给有效性必然低。而且由于人力资本自身形成存在一个较长的周期，因此，即使立刻对其追加投资，短期内也不可能提高人力资本供给的有效性。反之，当一国人力资源存量素质较高时，其人力资本的供给的有效性就高。

4. 人力资本的价格

人力资本价格是指人力资本的服务价格，它是调节人力资本供给与需求的经济杠杆。以工资为人力资本投资回报主要形式的分析视角，人力资本的价格可以用工资率来表示。在市场经济条件下的动员准备、和平时期的应急动员及局部战争动员中，由于动员的强制性较低，价格因素越来越成为重要的制约因素之一。由于人力资本的积累需要付出成本，因此，被动员的劳动者要考虑国家或军队提供的收入补偿能否实现自己进行人力资本投资的预期收益，而后决定是否接受动员。工资率（用 W 表示）与人力资本供给（用 HC 表示）的关系可用图 5—1 中的曲线表示。

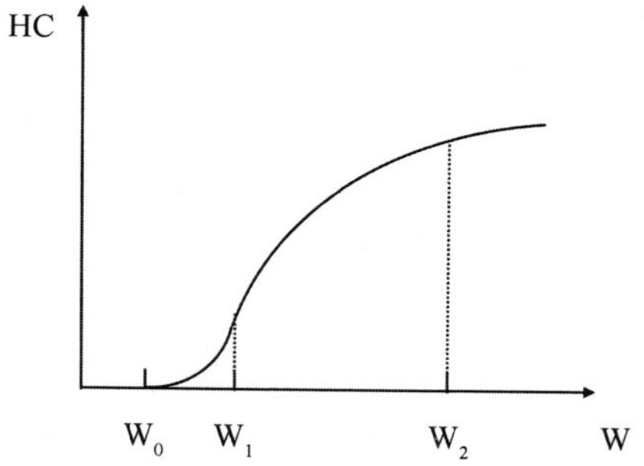

图 5—1　工资率与人力资本供给的关系

当工资率小于或等于 W_0 时，国家或政府动员不到劳动力，或者说没有人愿意提供劳动力，因而此时人力资本供给为 0；在低工资率

(W_0, W_1) 阶段，即动员对象的现实可支配收入较少，则用于食品等的维持性消费将大大增加，很难进行投资以提高人力资本的存量，此时，人力资本供给的变化较小；当工资率到高水平 (W_1, W_2) 阶段时，劳动者的现实可支配收入较多，就可以投入更多的货币以教育培训、健康保健等方式进行人力资本投资，因此，工资率的变化对人力资本的供给影响较大。

总之，当工资率提高时，人力资本的供给量 HC 提高。但由于人力动员的规模是有限的，因此，工资率的影响并非是无限的。在收入达到一定高度 $(W > W_2)$ 时，人力资本的供给趋于稳定，工资率与人力资本供给的变动弹性趋于 0，即：

$$\lim_{\substack{W \to \infty \\ \Delta W \to 0}} \frac{\frac{\Delta HC}{HC}}{\frac{\Delta W}{W}} = \lim_{\substack{W \to \infty \\ \Delta W \to 0}} \frac{W}{H} \cdot \frac{\Delta HC}{\Delta W} = 0$$

公式表达的含义就是 W 相对较高时，提高工资率对人力资本供给的变化没有影响或影响很小。

由此可知，在市场经济环境下，人力资本的供给总是配置到工资率高的行业和职业，工资率是影响人力动员中短期人力资本供给的重要因素。

5. 人力资本的投资成本

根据亚当·斯密的经济人假设，人的行为动机源于经济诱因，人都要争取最大的经济利益。因此，一国人力资本供给的数量和速度往往受制于其对人力资本投资的回报。在市场作用力度相对较大、强制性相对较小的人力动员准备和实施中，人力资本的投资成本越高，投资回报越少，则人力资本的供给规模越小，反之亦然。而且，生产人力资本的直接成本和机会成本的结构不同、比例不同，对人力资本的供给影响也不同。人力资本的直接成本包括教育培训成本、卫生保健成本、人力流动成本以及激励和劳动制度创新的成本等。而人力资本的机会成本，是指选择投资某一领域的人力资本而放弃对其他领域人力资本投资所可能带来的收益。在一般情况下，当在某一领域生产人力资本的直接成本大于其机会成本时，该领域人力资本的供给规模就会增大；而当某一领域生产人力资本的直接成本小于其机会成本时，该领域人力资本的供给规模就会缩小。

6. 人力资本市场的成熟度

人力资本市场对动员中人力资本供给影响甚大。在一个成熟的人力资本市场中，一方面，人力资本载体的地域流动方便，搜寻成本低，人力资本供给比较容易；另一方面，成熟的人力资本市场是不存在歧视、公平竞争的市场，它会带来较高的人力资本投资效率和人才培养效率。而相反，在一个不完善的人力资本市场中，由于地区进入壁垒较高、竞争不充分、缺乏公平等因素的存在，导致供需双方信息不畅，增加了人力资本供给的成本，降低了供给的效率。

（二）人力资本的需求约束分析

人力资本需求是指在既定军事技术条件下和安全环境下，国家或军队按照一定的市场价格愿意而且能够动员的人力资本存量。它主要受以下几个方面的因素制约。

1. 国家安全环境的影响

国家安全环境是一个民族生存发展的重要制约条件，它是影响人力动员中人力资本需求的客观动因。当一国的安全环境恶化时，客观上就需要增加动员领域人力资源的供给规模，加大对这一领域人力资本的投入，调整军事人力与一般劳动力的配置比例等；当一国安全环境相对宽松时，对参与经济建设的人力资本的需求就会增加，而对于动员领域人力资本的需求就会相对减少。可以说，国家安全环境是动员领域人力资源需求变动的重要动因。

2. 产业结构升级

随着科学技术的发展和劳动生产率的提高，产业结构的升级换代使得人力资本在国民经济各部门中的需求结构发生了巨大变化。主要表现为两种趋势：一是人力资本逐渐从农业部门向非农业部门流动；二是第一产业和第二产业的人力资本逐渐减少，而从事商业、运输通信、服务业等的第三产业的人力资本逐渐增加。产业结构和行业结构的变化引起了行业之间工作技能的转移以及现有职工队伍结构的变化，从而影响到未来经济动员中人力资本需求规模和结构的变化。

3. 科学技术进步

科学技术进步对人力资本需求具有重要影响。当今世界，科学技术的飞速发展，一方面使人力资本的需求结构发生重大变化，高科技素质的人才需求大幅度上升，而一般体力劳动者的需求量则趋于下降；另一方面也使人力资本中用于教育、培训等方面的初始投资成本不断上升。这些都会对动员领域的人力资本需求产生一系列重要影响。

4. 国家对人力资本需求的宏观调控

国家对人力资本需求的宏观调控是政府在认真分析人力资本现实与潜在需求的基础上做出的，它对人力资源的开发和配置具有全局性的指导意义。国家规划、计划会对人力资本需求产生重要影响，规划、计划中要优先发展的行业和领域，人力资本的需求量会相应增大；对规划中要重点开发和推广的技术，也会直接或间接的影响人力资本的需求结构以及该领域人力资本的投入量。国家运用税收等经济调控手段，也会对人力资本的需求产生直接或间接的影响。政府运用税收调节等经济手段可影响各类投资主体的投资规模和结构的变动，从而影响人力资本的需求规模与结构。

5. 人力资本的替代弹性

人力资本的替代弹性与人力资本的需求呈反向变动关系。人力资本的替代弹性即人力资本的边际技术替代率，是指维持等量产出条件下，增加一单位的实物资本等要素投入时所减少的人力资本投入数量。也就是说，一般性的通用人力资本的替代弹性大，其需求量变动范围较大；而专业化程度高的人力资本替代弹性小，其需求量变动范围也相应较小。

（三）人力资本供给与需求的动态均衡

人力资本总供给和总需求的变动会对供求平衡产生影响，进而影响到人力资本的价格和动员水平，并对经济动员产生重要影响。因此，对人力资本供求准确、合理、适时地进行调节，使之保持平衡，就成为人力动员永恒的主题。

在现实生活中，由于人力资本供给（或需求）从决策到执行直至实现决策目标之间存在着时滞，因此，人力资本的供需均衡是一种动态的均衡。这里我们可以做如下假设：一是假设形成人力资本供给决策的时间为本期，以 t 表示；执行或实现人力资本供给决策的时间为下期，以 t+1 表示。在 t 与 t+1 期间，已经形成的人力资本供给决策不变。二是假设本期（t）的人力资本需求量决定本期的工资率，分别以 W_t和 D_t表示本期的工资率和本期的人力资本需求量，两者之间的关系为：$W_t = f(D_t)$。三是假设本期（t）的工资率（W_t）决定下期的人力资本供给量，以 S_{t+1}表示，即本期的工资率 W_t为自变量，下期的人力资本供给量 S_{t+1}为因变量，则两者之间的关系为：$S_{t+1} = f(W_t)$。

1. 人力资本市场动态均衡的三种模型分析

在前述假定条件下，依据人力资本供给弹性与需求弹性间相互关系的不同情况，人力动员过程中存在着三种均衡变动。为使分析得到简化，设人力资本需求弹性不变，其弹性为 1。

（1）人力资本的供给弹性小于人力资本的需求弹性

当人力资本的供给弹性小于人力资本的需求弹性时，工资率与人力资本供给量的波动会越来越小，逐渐趋向于均衡点，在动员过程中最终实现人力资本供给与需求的平衡。反映其变化的图形称为收敛型蛛网（见图5—2）。

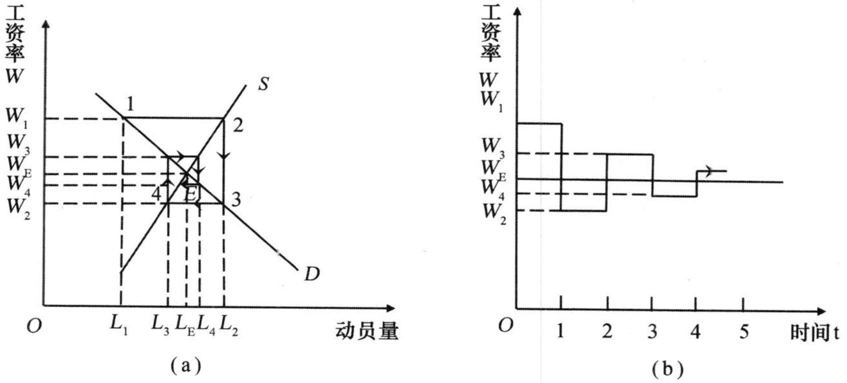

图5—2　收敛型蛛网

在图5—2（a）中，人力资本供给曲线S与人力资本需求曲线D相交于点E，点E为均衡点，均衡工资率为 W_E，均衡动员量为 L_E。人力资本供给曲线S比需求曲线D陡峭，表明人力资本供给弹性小于需求弹性。如果工资率低于或高于均衡工资率，必然引起人力资本供给量与需求量的波动，进而又会引起下期工资率的波动，如此下去，就形成工资率与动员量的变动。其变动过程如下：

第一阶段，动员量为 L_1，人力资本需求价格为 W_1，且 $L_1 < L_E$，$W_1 > W_E$。依据 W_1 的工资率决定下期的人力资本供给量 $S_{t+1} = L_2$，即 $W_1 = f(L_1)$，$S_{t+1} = L_2 = f(W_1)$。

第二阶段，我们可以把第一阶段和第二阶段看作一个本期和下期的循环周期。由于第一阶段工资率高于均衡工资率 W_E，动员量小于均衡动员量 L_E，造成第二阶段人力资本供给量增加、工资率降低的波动，即 $W_2 < W_E$，$L_2 > L_E$。因此，只能以 W_2 的工资率实现动员。

第三阶段，动员量为 L_2，人力资本的需求价格为 W_2，$W_2 < W_E$。依据 W_2 的工资率，决定下期的人力资本供给量为 L_3。

第四阶段，第三阶段和第四阶段又形成一个本期和下期的循环周期。由于第三阶段工资率低于均衡工资率 W_E，动员量大于均衡动员量 L_E，造成第四阶段人力资本供给量减少、工资率增加的波动，即 $W_3 > W_E$，$L_3 < L_E$。在 W_3 的工资率水平上可实现动员目标。

如此反复循环下去，在这样的循环变动中，工资率的波动与动员量的波动逐渐趋近于均衡点，最终趋向于均衡工资率 W_E 和均衡动员量 L_E。在图 5—2（b）中，横轴代表时间，纵轴为工资率。图中折线表明工资率的波动趋向于均衡工资率 W_E。随着工资率波动减弱，动员量波动也随之减弱。这种趋向于均衡点的波动被称为“蛛网稳定条件”，它是在人力资本供给弹性小于人力资本需求弹性，通过供求自发地调节实现的。

（2）人力资本供给弹性大于人力资本需求弹性

此时，人力资本市场处于失衡状态，无法恢复均衡。因为，当人力资本供给弹性大于人力资本需求弹性时，人力资本供给曲线 S 比人力资本需求曲线 D 更为平缓，工资率的变动对人力资本供给的影响大于对其需求的影响，且对人力资本供给量的影响越来越大。因此，人力资本供求和工资率的波动距均衡点越来越远，反映其变化的图形称为“发散型蛛网”，又称“蛛网不稳定条件”（如图 5—3 所示）。

在实践中，一般很少有发散型的波动。其主要原因是在动员过程中，政府对工资率存有某种预期。当现实工资率比均衡工资率高时，政府的预期会降下来，不会贸然以本期高工资率作为依据决策下期的人力资本供给量。同样，当现实工资率远低于均衡工资率时，政府也不会都以本期低工资率决策下期的人力资本供给量。此外，在人力资本供给决策中，个人和家庭虽然被假设为追求效用的最大化，但他们作为动员对象也存在一定的工资率预期，且他们预期的稳定有助于人力资本市场的稳定。

（3）人力资本供给弹性等于人力资本需求弹性

在这种情况下，工资率和动员量的波动既不会恢复到均衡位置，也不会远离均衡点，因此，形成了一个封闭的循环，如图 5—4 所示，被

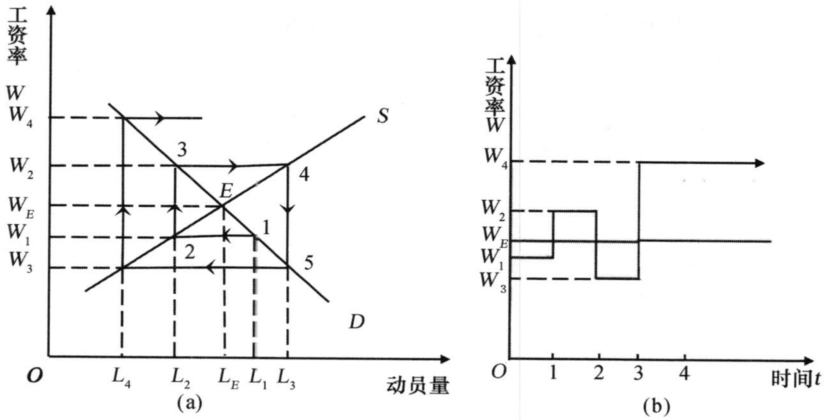

图 5—3　发散型蛛网

称为“封闭型蛛网”，又称“蛛网中立条件”。

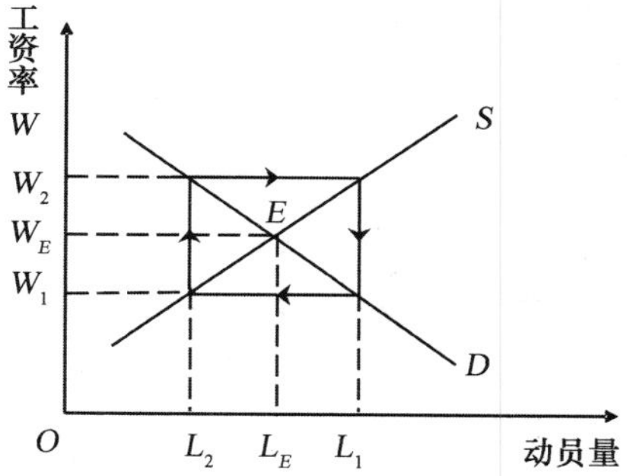

图 5—4　封闭型蛛网

在封闭型蛛网中，蛛网离均衡点的远近取决于工资率和动员量的波动幅度，而它又具有不确定性，可能较大，也可能较小。在动员过程中，政府对工资率的预期有助于工资率和动员波动幅度的减弱。

2. 多维竞争性人力资本市场的均衡

前面分析的是单个人力资本市场在动员中的均衡。而在现实生活中，人力资本市场是多维的，不同的人力资本构成不同的人力资本市场。所谓多维人力资本市场条件下的动员均衡是指在一组工资率下，两个或两个以上的多个人力资本市场同时达到均衡。为分析需要，假设：不同人力资本市场除工资以外的工作条件相同或具有可比性，忽略掉人力资本流动所需要的时间和成本，人力资本在被考查的多个人力资本市场之间可以自由流动，没有进出障碍。

在以上假设条件成立的情况下，人力资本会从工资率相对较低的市场流向工资率相对较高的市场，且这种流动会不断持续下去，直到所有市场的出清工资率都相等时，多维人力资本市场达到均衡。此时，整个人力动员对人力资本要素的配置达到了最有效率的状态，整个人力动员也能从其有限的资源中获得最大的产出。我们用图来分析多维人力资本市场的形成及其对整个经济的作用，如图 5—5 所示。

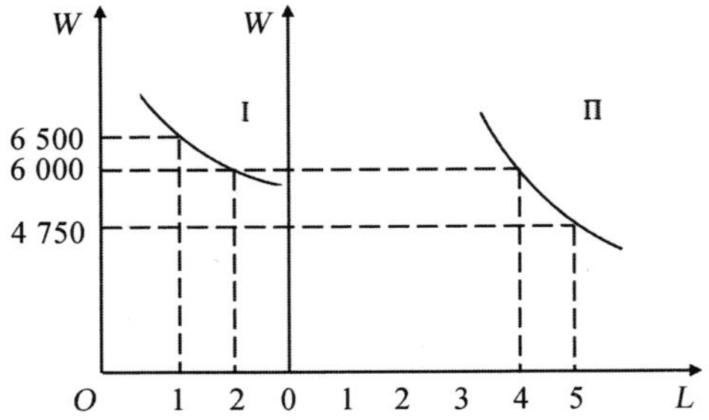

图 5—5　多维人力资本市场的均衡

假设在一个动员体系中有两个市场，即市场 I（军队）和市场 II（经济部门），并假定在这个经济中有 6 个单位的人力资本，6 个单位的人力资本这样分配，即经济部门 1 个、军队 5 个。此时，从单个市场看，工资水平等于边际生产率，即达到了均衡水平。但从整个经济看，却没有达到均衡。因为经济部门中的边际生产率和工资水平为 6500 元，而军队中的相应数字为 4750 元，此时人力资本会从市场 II 流向市场 I。当两个市场的工资率都等于 6000 元时，多维人力资本市场就达到了均衡。此时，人力资本不再流动，工资率不再变化。

（四）人力动员面临的新趋势和新挑战

人力动员是在一定的社会条件下进行的，不同的战争规模、作战样式及作战水平和不同的社会物质技术基础，人力动员的特点也会有所不同。对我国影响较大的人力动员新特点和发展趋势主要表现为以下几点。

1. 现代人力动员对劳动力素质的要求越来越高

以信息技术为主导的新军事革命，使得人力动员的内容、结构与重心都发生了深刻的变化。在人力资源结构上，由以往的“体能型”为主变为“智能型”为主。在海湾战争中美国共动员征召24.5万后备役人员参战，其中技术人员占70%以上。首批征召的5万人，绝大多数是油料补给、医务、扫雷、维修、工程建筑、翻译和飞行员等专业技术人员，其中不少是高级专业人才，直接操作“爱国者”导弹的1/3是白领专家。此外，随着高新技术大量应用于军事领域，劳动力动员加大了对熟练工人和工程技术人员的征召。因为，只有具有较高劳动技能和科学文化知识水平的工人和工程技术人员，才能胜任研制和生产武器装备的工作，而且工人的技术熟练程度越高，民用工业部门转入军工生产就越顺利，时间也越短。这有利于最大限度地利用国家的劳动力资源，提高动员的效率效益。

2. 人力动员范围不断拓展

现代战争大大拓展了人力动员的范围，从动员资源来源的空间来看，既有涉战地区的动员保障，更有波及广大非涉战地域的保障，甚至向国际空间拓展。马岛战争，英国曾从美、法、德、日等几十家公司订购了大量装备、器材，满足了作战需要。海湾战争，美国从英、法、德、日、加、澳、新加坡等十几个国家的1000多家公司订购了价值几十亿美元的装备、器材、物资。在美国武器装备技术保障力量中，有相当数量各国武器装备制造公司的外籍专业技术人员。从动员资源来源的行业和部门看，几乎涉及国家各个部门和行业。海湾战争，美军为保障50多万军队作战，政府有80多个经济和技术部门负责为军队筹集作战装备、物资，38家航空公司、几十家海运公司和7个州的铁路部门为军队提供运输工具，73家公司提供食品、服装和药品，全国1/3的企业为军队生产了284.6亿美元的装备、物资。人力动员可以说涉及上述各个部门、产业、技术领域。

3. 市场经济条件下人力资源跨区域多向流动性日益明显

当前，我国已基本完成了由计划经济体制向市场经济体制的过渡。在社会主义市场经济条件下，作为劳动力载体的劳动者可以在地区之间以及企业、行业、产业、城乡之间进行流动，这是社会生产力发展的客观要求。进入21世纪，我国流动人口明显增加。国家卫生健康委员会2018年12月22日发布的《中国流动人口发展报告2018》显示，2017年我国流动人口总量达到2.44亿人，其中1980年以后出生的新生代流动人口占比已超过六成。另据有关分析，流动人口的组织化程度相对较低。他们大规模大范围多向流动，增加了劳动力动员和兵员动员资源配置的难度，在一定程度上影响了动员准备中各类专业技术保障力量建设的针对性和有序性。

4. 市场经济条件下劳动力主体的趋利性，使人力动员工作难度增大

市场经济条件下，由于利益驱动使人们的行为力图以最小经济代价去获得最大经济利益，这使得人力动员，特别是对高素质劳动力的动员，仅仅依靠行政命令进行动员的难度显著增加。在过去计划经济体制下，为培养一个人才，国家需要投入资源的比重较高，因此个人在享受教育权利的同时也必须履行服从国家调配的义务。而在市场经济条件下，国家投入的比重大大降低，个人不仅要支付学习的机会成本（即将

学习的时间和精力用于工作可能获取的收入），还必须支付学习的直接成本（即学费）。而且高素质人力资本的成本投入，要大大高于通用性人力资本的投入。这意味着个人履行国家义务的内在利益支撑减弱，由此增加了人力动员，特别是高素质人力资源动员的难度。

5. 人力动员的基本样式由全面动员转向局部动员

随着国际战略格局的变化、科学技术的进步、经济条件的制约等各种因素的影响，现代战争的主要形态已由全面战争转向局部战争。由此，适应局部战争的动员已成为今后一段时期人力动员的基本样式。与全面动员不同，适应局部战争的人力动员提出了许多新的要求：一是要求在发展经济、促进科学技术进步、保持社会稳定、推进社会全面进步的前提下，进行适度的人力动员准备；二是要更加注重首批动员。现代局部战争受战争目标有限性和作战手段高技术性的制约，一般具有突发性强、时间短、节奏快、消耗大等特点。因此，为保障信息化条件下局部战争的需要，快速高效的动员补充至关重要，尤其要在首批动员中投入足够而适用的人力资源，以及时生产出急需的武器装备及其他作战物资，满足急剧增长的战争需求。

三、人力动员的制度设计

人力动员是由人参与的活动，其制度设计的目的就是对人力资源进行合理配置。当前，随着智能化战争时代的到来以及市场经济的不断发展，我国人力动员正面临着深刻的制度变革。过去那种长期在计划经济体制基础上运行，以保障全面战争需要为主要目标的人力动员体制制度已经不适应市场经济大环境，无法满足现代战争人力动员的需求。因此，要提高人力动员运行的效率效益，就必须针对制度上存在的突出问题，通过创新激励方式和约束方式，充分调动人们参与动员的积极性，以实现人力资源的优化配置。

（一）人力动员制度存在的主要问题

随着我国改革开放的不断深化，多年形成的计划分配制度正在被打破，人力资源的跨区域多向流动性不断增强，由此使人力动员制度存在的问题日益凸显，尤其是人力动员的激励和约束问题越来越受到各方面的重视。

1. 激励不足

主要表现在以下三个方面：

一是收入补偿不足。与全面战争不同，局部战争不再动员国家全部力量参战，社会生产、经济建设仍然在继续运行。因此，在局部动员过程中，市场机制仍起较大作用。为在市场经济条件下增强动员对象的内在动力，实现人力资源快速高效的征召，就必须对动员对象给予科学合理的经济补偿。

二是激励方式单一。很长一段时间，动员就是一种强制性命令，激励方式也很简单，以说教式宣传为主。在市场经济条件下，这种单一的动员方式显然已经难以适应新形势下人力动员的要求。随着改革开放的不断深入以及动员实践中所遇到的问题，人们也逐渐认识到人力动员的物质和精神激励的重要性。

三是激励补偿不规范。主要表现为以下方面：一是对动员对象的奖励带有一定的随意性，因此激励作用有限；二是不同素质的人才激励补偿的差距不明显。其不利于调动动员对象的积极性和创造性。

2. 约束软弱

以往，人力动员的约束机制并没有真正建立起来，其根本原因在于缺乏相应的惩罚机制。

一是动员法律制度不健全。目前，国家已颁布了《国防法》《国防动员法》等，为人力动员工作提供了基本的法规依据。但这些法规还比较宏观，对实际问题涉及面比较窄，深度也不够，特别是在市场经济条件下和局部战争条件下，面对出现的新情况、新问题，这些法律的约束力薄弱且缺乏针对性。

二是动员机构设置不合理。首先，动员体制为委员会性质，缺乏组织、协调、控制经济动员工作的“硬手腕”。其次，政府在经济动员工作中的主体地位作用还未充分发挥出来。这使得动员工作开展较为被动。最后，战区内部设立的国防动员部门与军种动员部门之间关系不明确，与地方动员部门之间协调不顺畅。这就可能导致在动员过程中降低了指挥和管理的效力、效率。

（二）人力动员的激励机制

现代人力资本理论认为，运用激励措施应遵循以下原则：在激励重点上，要以成就和成长为主，而不应单纯以金钱为主；在激励方式上，强调个体激励和组织激励的有机结合；在激励的时间效应上，应把短期激励与长期激励结合起来，强调激励手段对人力资本的长期正效应。根据上述原则，结合人力动员的特点，激励方式主要存在以下几种。

1. 产权激励

人力资本的产权是指在市场交易中，人力资本所有者对其体内的知识、技能、体能等各种素质的所有权。根据科斯定理，在交易费用大于零的世界里，不同的产权界定，会带来不同效率的资源配置。产权制度的供给是人力动员的供需双方进行博弈以及优化资源配置的前提。“价格机制不单单在配置物质性经济资源，它同时也激励着生产者、消费者双方人力资本的利用。”① 通过人力资本的价格（薪酬）反映其稀缺程度、异质性和能力大小，承认人力资本的产权要求、报酬要求等经济特

① 方竹兰：《人力资本所有者拥有企业所有权是一个趋势》，《经济研究》，1997 年第 6 期。

性在人力动员的实践中已势在必行。

人力资本的产权相当特别：一是人力资本天然归属个人；二是人力资本的产权权利一旦受损，其资产可以立刻贬值或荡然无存；三是人力资本总是自发地寻求实现自我的市场。我们必须尊重人力资本的产权，在动员过程中要承认人力资本的产权激励要求，并兑现其价值，否则，人力资本产权的残缺必然引致其资产的贬值、转移或化为乌有。因此，在人力动员过程中，对人力资本的产权激励至关重要。首先，在动员过程中应重视、认同人力资本的价值，让动员对象的收益与其能力挂钩。这样做就是要打破收入分配的“大锅饭”，不搞“一刀切”、各部门统一的等级工资制等，使得能力技术强、工作条件艰苦、担负责任重大的人员，获得较高的收益和社会地位，使得他们所做的工作受到人们的尊重和肯定。其次，国家可制定有利于发挥人力资本潜能的相关法规政策。可考虑动员系统中建立人力资本产权激励机制。一是进一步完善征召激励机制。进一步深化补偿制度和激励机制改革，形成科学合理的补偿激励关系。逐步建立符合不同类型单位特点、体现岗位绩效和分级分类管理的补偿激励制度。二是建立和完善与人力动员相关的国防科技特殊人才津贴制度。探索建立国防科技高层次人才特殊津贴制度，使从事国防科技型号研究、预先研究、应用基础研究的高层次人才都能享受到特殊津贴待遇，进一步稳定基础研究力量，增强国防科技基础研究能力。其根本目的是将动员对象的个人所得与国家安全的长远利益很好地结合在一起，使人力资本产权向物质资本产权转化，在动员准备和实施过程中充分激发人力资本生产的能动性。

2. 成就激励

马斯洛的需要层次理论指出，随着社会的演进和人的发展，人的需要层次逐渐提高，以达到“尊重的需要”和“自我实现的需要”。这特别是对高学历、高素质的人力资本，他们都把成就一番事业作为人生的最高追求。因此，在动员过程中，国家有责任为动员对象提供一个实现自我价值的实体舞台和平台，让他们在参与动员活动中最大限度地体现自身价值，实现事业追求。要做好高层次人才表彰宣传工作。对在当代国防科学技术前沿取得重大突破或者在科学技术发展中有卓越建树，在国防科学研究、型号研制、工程技术和高新技术产业化等领域及重大建设项目中，取得重大系统型、创新性成果或解决重大关键性技术难题，学术、技术水平处于国际领先或达到国际先进水平，取得了显著效益的优秀人才给予重奖。同时，要与人力动员需要相适应。进一步研究完善以政府奖励为导向、用人单位和社会力量奖励为主体的国防科技工业人才表彰奖励体系。

3. 教育培训激励

在知识经济时代，随着知识、信息、技术等的日新月异，一方面，国家经济的发展和国防建设的现代化都离不开人的素质的提高，只有通过教育，培养大批科技人才，推动尖端科学技术的发展，并使其运用于民用领域和军事领域，才能从根本上增强国民经济动员的实力。另一方面，劳动者要想获得某种认知技能，增强接受新知识新信息的能力，以提高自身的核心竞争力，改善自身的生活条件等，就必须增加对教育和培训的投入。现代社会人们用于教育和培训的费用在日常消费和生活支出中的占比越来越大。因此，培训和教育应当成为人力动员制度设计重要的领域。例如，与人力动员的需求相联系，设立国防动员、国防科技等专项奖学金制度，吸引和选拔优秀学生攻读与经济动员、国防军工的相关院校和专业。同时，积极引导和鼓励优秀毕业生到国防重点保军单位，到军工科研生产一线建功立业，以此提升我国人力资本的科学文化素质，为人力动员做好人才储备工作。

4. 精神文化激励

现代管理理论已将对人的认识从“经济人”“社会人”扩展到了“文化人”。在动员环境系统建设中，树立良好的文化氛围可以激发动员对象的积极性和责任感，增强动员组织的凝聚力。系统建设的重要一环就是要加强国防教育，树立“以国为家”的文化环境，激发国民的自豪感和自信心。采取生动活泼、群众喜闻乐见的形式，大力弘扬“两弹一星”和载人航天精神，大力宣传国防科技工业取得的辉煌成就和涌现的先进人物，大力宣传国防科技工业实施人才兴业战略的一系列政策措施和重要部署，在全社会形成关心、支持军工人才队伍建设的浓厚氛围，使军工成为最令人羡慕的行业之一。一是重视国防教育的立法工作，用法律手段来保证国防教育的教学内容和资金。二是寓国防教育于各种教育之中，既注重科学文化知识的学习、军事技术训练的普及和体育技能的提高，又强调每个公民献身国家、服务国家的国民意识，振奋国民的国防精神。三是重视国防教育的科学研究工作，把国防教育研究的重点放在国防教育与新技术开发、经济发展、人才培养、公民素质和社会进步等问题上，组织一批专家学者进行系统而全面的基础性研究，用以指导国防建设和促进国防教育。四是重视青少年的国防教育。在中、小学开设“国防前沿知识讲座”，邀请专家、教授主持讲座。举办“国防动员夏令营”活动，组织少年儿童学习航海、航空和航天知识，使青少年一代全面了解现代军事科学技术知识。让青少年尽早接受与国家安全有关的现代科学教育，引发他们对现代国防兴趣，以便造就一代年富力强、学有专长的国防建设人才。通过一系列行之有效的国防教育措施，培育一种动员对象的个人利益与国家安全命运荣辱与共的使命感和责任感，激发动员对象的自觉性，增强动员工作的凝聚力。

（三）人力动员的约束机制

正如权利与义务如影随形，激励与约束也是相辅相成的。适当设计的补偿方案有助于使代理人（动员对象）的利益与委托人（国家或政府）的利益紧密联系在一起，但并不能完全解决激励问题。政府只有通过一系列行之有效的约束措施，进一步限制动员对象采取有损国家利益的行动的范围，才能更好地提高人力动员的效率。具体措施如下：

1. 法律约束

在当今时代，由于资产投入的无形化和风险化，致使一些高新技术产业承担动员任务的积极性降低；在经济全球化的大趋势之下，一些高新技术产业的跨地区化，甚至跨国化，使得战时动员的难度增大；现代战争强烈的破坏性和残酷性，对人们心灵的影响加重，容易使人们产生厌战、畏战心理，可能会影响到战争动员的速度；在人们保护自身权益意识日益增强的情况下，简单的政治鼓动效率明显降低。这些新情况，都要求国家必须建立一套健全完善、切实可行的动员法规，才能强有力地约束动员对象的行为，降低人力动员过程中的不可控性，提高人力动员水平、保证信息化时代战争动员的需要。一方面，经济动员、人力动员法规需要在政府和动员对象之间建立一种稳定的契约关系，明确双方的职责权力和应得的利益，以避免政府和动员对象在利益职责关系上可能发生的矛盾和冲突。另一方面，由于动员成本的制约，在不完全信息条件下签订的合同都将是不完全契约，这就要求国家出台的人力动员方面的相关法律应尽量详实、客观，重点明确人力动员的法律地位，规定动员的范围、时机、方式、内容、基本程序、补偿以及违约后的惩戒措施，从而减少人为干扰和随意性，缩短动员时间，合理运用动员潜力，不断提高战时动员征召的可靠性。

2. 声誉约束

在显性约束不充分的情况下，声誉约束就显得尤为重要。芝加哥大学商学院教授尤金·法玛（Eugene F. Fama）认为，代理人作为有名誉追求和未来预期的人，不会只考虑行为努力与行为结果在某一合约期是否对称，还会考虑即期努力绩效对下一期乃至更遥远未来的影响。对于现代人力资本（特别是高素质人力资本）而言，一般非常注重自己长期职业生涯中的声誉。强烈的事业成就感以及由此带来的良好声誉、社会声誉和地位成为激励人们努力工作的重要因素。因此，政府可以考虑给予积极参与动员的劳动者营造良好的职业声誉，以多种形式对其事迹进行表彰宣传，增加动员对象在劳动力市场上讨价还价的能力。相反，对于那些逃避动员义务的劳动者，则要对其进行严厉的法律制裁，以儆效尤。从长期来看，声誉约束一旦形成，会对动员对象的机会主义行为起到有效的约束作用。

3. 结构约束

明确划分政府、军队经济动员机构以及地方经济动员机构各自的权利、责任和利益，形成三者之间有效的制衡约束关系：一是确立政府在国民经济动员中的主体地位。使政府成为经济动员的主角，军地动员部门成为政府的动员辅助和协调机构。二是军队经济动员机构主要负责提出经济动员需求，参与国防动员法规和计划拟制，组织动员研练，战时负责经济动员组织指挥等。三是地方经济动员机构主要负责协调对接、执行落实，确保经济动员工作落到实处。四是实现经济动员组织结构的网络化。要加强国民经济动员信息网络建设的统一的规划和组织，依托军队和地方现有网络和设施，统筹规划，逐步建成军队内部之间、军地之间、省与省之间横向互通、辐射全国的动员网络，使动员信息传递速度加快，努力实现动员决策、指挥控制、军地协调、信息反馈等行动的精确化、快速化、实时化、可视化。要在经济动员与人力动员有机融合的过程中，让委托人（政府）在更为透明的网络环境下监督获得关于代理人（动员对象）正在做什么和他应该做什么的信息，从而限制代理人采取有损委托人利益的行动的范围，实现经济效益与军事效益的有机统一和最大化。

思考题：

1. 人力资源的特点有哪些？对经济动员有何影响？
2. 影响人力资源动员供给与需求的因素有哪些？
3. 现代战争和市场经济条件下，人力动员面临哪些新挑战？如何加强人力动员制度建设？

第六章
财力动员

战争起源于经济，又依赖于经济。财力动员是物力动员的货币表现形式。战争经费来源于国家财力，其实质是国家经济实力以价值形态对战争的支撑。在宏观经济处于供大于求或供求平衡的总体状态下，从一定意义上说，动员了一定的财力，也就拥有了相应的物力。今天，价值形态的经济资源日益成为实物形态经济资源的不可或缺重要内容，财力动员是全面展开经济动员的前提条件，如果财力动员不力，会严重制约其他动员活动的运行。

一、财力动员内涵

财力动员，是指国家为筹措战争经费和为战时扩大再生产提供资金，运用多种方式集中并使用财力的活动。随着经济和科技的发展，武器装备的进步，战争的物资消耗增长，战争费用也随之增加。财力动员是筹集巨额军费，保障战争需要的重要手段，既是国民经济动员的重要组成部分，也是国民经济动员的重要支柱。它与人力动员、物力动员构成现代经济动员的三大领域。其目的是筹集各项资金，以购买武器物资，投资军事工业、交通、通讯等部门，满足进行战争的经费需求或处置突发事件的经费保障需求。

市场经济条件下，财力动员的地位与作用可归结为两方面：一是满足进行战争或处置突发事件的财力需要。市场经济的条件下，财力动员对物力动员有着至关重要的制约作用，而且贯穿于整个物力动员的全过程。无论是物力动员的准备阶段，还是物力动员的临战阶段，或是物力动员的战时阶段，资金的注入和支持都有着极其重要的意义。资金注入的多少，不仅制约着物力动员规模的大小，物力动员时间的长短，物力动员质量的优劣，而且也制约着物力动员深入、广泛的程度。动员过程中，国家经济动员潜力向战争实力转化过程中，国家必须以公共消费者和购买者的身份，通过经济动员活动来筹措各类资金，按照市场法则进行产权转换，通过财力安排来推动资源的合理配置。市场经济条件下，动员对象的经济属性日益多元化，由此，经济动员的强制性必须以市场等价交换原则为基础，也就是说，国家进行经济动员活动必须以货币支付的形式来实现。否则，就将破坏社会公平，损害动员对象的参与积极性，导致经济运行紊乱，降低动员效率，甚至致使战争以失败告终。因此，如果没有资金的注入和支持，其他经济领域的动员就只是一句空话而已。二是国民经济平衡的枢纽。战争时期，由于经济活动目标变化所引起的社会需求结构的变化及社会产业结构的变化，有限的资源基本上向军事需求部门配置，一切经济要素的重新组合与分配都要通过一定量的货币有计划地集中与再分配来实现。财力动员是实现战争目标、寻求资源合理配置的重要手段。通过财力动员分配资金，可以保证战时各个阶段财力供给适度，资源有效配置。总之，国家在动员物力满足战争需要的整个过程中，总是与财政金融密切联系着。不过，财力产生与存在的基础仍然是实物经济，战费是战争物资消耗和人力消耗的货币表现，战费的根本来源在于物质资源的开发与利用。财力是实物经济创造的财富的货币形式，研究战争经费的逻辑起点是国民经济总体水平，财力动员的起始和基础应该是国家经济总量与结构。战争的基础本质是物质的，财力终究要转化为不同形式的物力才能为战争直接服务。

从财力动员资金来源看，开放条件下的国家财力可动员资金分为四部分：一是财政性资金；二是金融性资金；三是社会资金；四是国外可动员资金。

财政性资金是国家财政预算和预算外的资金，包括中央财政和地方财政的资金。国家财政性资金是国家动员战争经费最便利的来源，其他来源的资金只有转化为国家财政资金才能为战争所用。现代战争消耗大，战费开支高，对财力的需求十分惊人，国家财政性资金是战争经费来源中最重要的组成部分，财政实力雄厚，则可动员战争经费总量就大。因此，通过调整国家财政预算，提高军事支出在财政支出中占有的比重，是筹措战争资金的根本措施，也始终是进行财力动员的一个关键问题。

金融性资金是国家动员自己的金融资产以及通过金融体系创造的资金。在战争时期，许多国家会采取增发货币来缓解其财政困难。国家通过其控制的银行及货币的垄断发行权，有意注入超过社会经济运行所需的货币量。在这里，中央银行一般是运用法定准备金率、再贴现率和公开市场业务三大政策工具来实现流通中货币量的增加。三大政策工具实现信用扩张和货币量增加的机理是不同的。由法律规定的商业银行的现金准备与所吸收存款的比率叫法定准备金率。中央银行降低法定准备金率意味着商业银行将降低现金准备在所吸收存款中的比例，银根放松，货币乘数放大，货币供应量增加。再贴现率是中央银行对商业银行持有的各种未到期票据给予再贴现的利率，它实质上是中央银行对各商业银行贷款的利率。中央银行降低再贴现率，则使商业银行借款成本降低，同时降低商业银行对工商企业的贷款利率，从而降低企业投资成本，鼓励企业借款，使市场货币松动，货币供应量扩大。公开市场业务是指中央银行在公开市场上买卖政府债券，以改变准备金水平和基础货币，扩大或缩小货币投放量，从而调节货币供给的一种政策手段。同样，尽管通过金融动员形成的战争资金直接源自金融渠道，但实物经济仍是金融存在的前提，实物经济中收入总量是金融动员最终资金来源，是金融动员潜力的物质基础和前提。

社会资金是指全国城乡居民掌握的现金和存款，以及国有经济、集体经济、私营经济、个体经济和三资企业所掌握的现金和存款。战时经济遭到破坏，市场物资流通量减少，居民购买力出现闲置，社会游资增多，使银行吸收存款成为可能。苏联在卫国战争期间，为了解决战时军费问题，战争初期就动用了国家储备 82 亿卢布，动员了国民经济各部门的闲散资金 200 亿卢布，动用了民财 2700 亿卢布。社会资金存在的主要形式是储蓄。储蓄有狭义和广义之分。狭义的储蓄是指居民在银行、信用社和其他金融机构的储蓄存款。广义储蓄指社会总收入（国民收入）减去消费部分的差额，它不仅包括金融机构里的所有存款、购买的债券、股票、手中持有的现金等金融资产，还包括黄金、珠宝、艺术品、不动产等实物贮藏资产。由于社会资金绝大部分是存款，所以一般主要把社会存款作为动员对象。

国外可动员资金。在经济、金融全球化的今天，通过国际金融机构、国际金融市场实现外国人的闲置资金向本国资金需求者转移已经成为越来越突出的现象。在战争条件下，争取国外无偿或有偿资金援助十分必要，中外战争实践已充分证明国外资金援助的重要性。因此，动员国外可动员资金，也是经济动员财力供给基础的重要构成部分。

战时尽力动员外资、借助别国财力解本国资金之困历来倍受各国青睐。日本在 1937 年到 1945 年的军费开支总额中有 27% 是靠向殖民地各国的借款所得。第四次中东战争中，以色列国小财弱，自身无力承担高额战争费用，因此特别注重广泛的国外融资动员。世界各国的犹太人给予以色列极大的支持，单是美国的犹太人团体就捐献了 7.5 亿美元，还提供了 6.5 亿美元的长期信贷。美国也向以色列提供了 22 亿美元的“紧急军事援助”。海湾战争中，美国以“共同对敌”“责任分担”为理由也对其他国家进行战费动员，并取得了十分有效的成果。610 亿美元战费中有 530 亿美元为科威特、沙特阿拉伯、日本、德国、阿联酋、韩国等国分担。盟国的无偿赞助，极好地弥补了美国财力之不足，将其发动战争的损失降到了最低。

从财力动员资金募集的途径来看，财政动员、金融动员是财力动员的主体。财政动员，是政府以增税、举债等财政手段对价值形式财富进行集中与分配，以满足战争需要。它是根据战时对国家财政的需要，采取进一步挖潜、筹集和分配社会产品的活动，是对已有国家财政的完善和补充，反映了战时以国家为主体的分配关系。金融动员，是为了战争需要，中央银行通过调整货币发行量、调整存贷款利率等金融手段，引导商业银行及广大民众的金融活动，实现对社会资金的筹集与分配。它是国家依据一定的政策、法规，采用经济手段筹集分配资金，有效地支援战争的活动。

财政动员、金融动员，作为筹措军费、支持战争的一种方式，在人类战争进入机械化时代才受到高度的重视。20 世纪以前的战争，军费开支比较低，交战国所需军费主要依靠国家的战前储备。

两次世界大战中，主要交战国进行财政金融动员的基本做法是：扩大征税范围，提高税率；动用国家储备资金；增加货币发行量；压缩非军事开支，降低军品价格；采取捐献、冻结存款、开设个人保险、发行公债和彩票等办法广泛动员民财；争取友好国家的财政援助等。例如，美国根据加税法案增加税收，1941—1945 年课税收入约 1385 亿美元，占美国直接军费的 34%。1941 年 5 月—1946 年 1 月，发行公债 1569 亿美元。纸币发行量由 1939 年的 70 亿美元，增加到 1945 年的 278 亿美元。采取这些措施后，政府收入大大增加，解决了战争所需的巨额军费。

二、财力动员手段

研究财力动员手段，对于建立适应现代战争快速动员要求的国防动员体制，实现国防经费资源的合理配置和科学调度，做好军事斗争经济准备具有重大的理论价值和现实意义。

（一）财力动员手段的构成

进行财力动员的手段很多，从作用的领域看，主要有财政动员手段和金融动员手段。具体而言，主要有以下几种。

1. 动用储备基金

战时动用储备包括动用国防应急储备基金和动用国际储备两部分。

动用国防应急储备基金是财力动员的首选手段。通常只有在国防应急储备基金满足不了战争所需经费时，国家才会考虑其他财力动员和筹措办法。国防应急储备基金，实际是国家战时财政储备，它是和平时期将国民收入通过财政手段转为积累，以应急经费的形式储存起来，以备战争急需和应急行动。平时国家建立国防应急储备基金制度，积累一定规模的国防应急储备基金，能在战争爆发初期，经费需求迅速增加、其他动员方式不能马上奏效情况下，通过一定的程序动用该项基金，有效保障战争初期经费的需要。国防应急储备基金规模的确定，通常主要考虑未来军事斗争需要和国家财政承受能力。规模太大，影响国家经济建设；规模过小，不能满足战争初期对经费的应急需要。一般认为，其规模占当年中央财政本级支出的2%—2.5%为宜。

动用国际储备也是进行财力动员的重要措施。国际资产储备是国家面临战争时为弥补国内供给不足，购买国外武器装备和生产生活资料的主要支付手段。国际资产储备由国家直接掌握，可直接用作战争经费。雄厚的国际资产储备，为战时进口急需产品和原料提供了强有力的基础。

国际资产储备主要包括国家外汇储备、黄金储备和其他国家资产储备等。其中，黄金储备是维系国家信用和信心的基础，及衡量一国经济实力的标志之一。黄金作为一种储备资产，因其是可靠的保值手段和不受其他任何国家制约的超国界的交换媒介，更不存在其他形式的货币储备的“内在不稳定性”，是最受世界各国青睐的用于动员目的的国际储备资产。一般认为，它是国家经济保持稳定或渡过难关的强有力保障，是战争经费的重要来源，尤其对于不使用欧元和美元的国家，黄金是很好的规避风险的工具。黄金具有最后的国际支付手段和价值储藏功能，使其成为了战时国际贸易中的硬通货。动用黄金储备能使国家从国际市场上获取战争需要的稀缺资源。第一次世界大战中，英国就曾动员利用了26.9亿美元的黄金储备用于从美国购买武器和战略物资，而且正是充足的黄金储备动员潜力为英国战时对外采购顺利进行奠定了基础。

黄金的储备数量与一国的综合实力直接相关。黄金储备与外汇储备是有一定比例关系的，世界各国都是根据自己不同的经济发展水平确定这一比例；一般认为，平时黄金储备占外汇储备比重的10%左右较为合适，临战时黄金储备比重增至30%—50%则较为有利于财力动员。黄金储备规模越大，能够用于战时国际交易的部分就越大，黄金储备动员潜力就越大；反之，黄金储备规模越小，战时可利用的就越少，黄金储备动员潜力也就越小。在一国面临战争威胁时，对黄金储备的储量应较平时有较大增加。只有这样，才能奠定其较充实的动员潜力，为筹措战费提供充足的保障。

2. 调整预算支出

国家预算是指国家制订的年度财政收支计划，它包括中央预算和地方预算两部分。战时，调整国家预算支出结构是财力动员的重要工具。在国家财力总量一定的情况下，通过调整财政预算支出的结构，适当压缩积累其他消费开支的比重，增加军事开支的比重，是及时、快速地为战争筹集财力的直接有效的手段。战时调整国家预算不但可以筹集战争经费，而且通过预算收入和支出结构的变化，可以干预社会经济活动，促使社会经济向适应战争需要的方向转化。

在现代高技术战争条件下，由于经费需求很大，除了动用国防应急储备基金外，一般都要通过调整国家财政预算筹集战争经费。战时国家财政预算调整的范围和幅度，视战争规模和对国家安全的威胁程度而定，并伴随着战争进程而不断进行。从预算收入看，主要调整中央和地方的预算比例，调整国家、集体、个人之间的分配关系，扩大国家对国民收入的支配量。从预算支出看，主要通过预算渠道转移资金流向，压缩经济建设、社会发展和补贴性支出，增加国防支出，保障战争对经费的需要。调整国家财政预算支出分为三个层次。

一是国家财政在基本不改变现行分配格局，即原有规模（上年规模）得以维持的条件下尽可能将盈余财政收入作为战争的消耗财力。主要方式是：对财政盈余的运用；对全局影响不大的财政支出的削减；国家财政收入的增长导致的预算能动安排；财政支出节约的可能性导致的支出的能动安排。

二是调整中央财政支出结构，尽可能地进行财政支出替代，即为满足战争的需要，对原有的财政支出结构进行调整，压缩积累和其他非战争性消费支出的比例，增加战争经费的支出。支出替代包括：中央政府转移支出与中央本级支出的替代，中央政府各支出项目之间的替代。

三是尽可能地压缩地方财政开支，提高中央财政占国家财政的比重。即要求地方财政转入战时财政的轨道，使地方财政承担更多的军事责任。战争的巨额财力需要仅靠中央财政动员不够时，地方财政尤其是主要作战方向所在区域财政应相应地动员起来。作战方向所在区域财政，与非作战地区比较，一般承担较多的军事责任：要承担地方支前人员和部分民兵、预备役部队的经费保障任务；要协助中央财政保障好本区域内的战场建设，稳定战区经济；还要承担财政资金划拨任务，保障战争需要。

调整国家预算的同时，国防预算也应进行适当的调整。国防预算支出由四部分组成：军费、国防科研事业费、专项工程投资和民兵、预备役建设费用。国防预算的调整，主要是国防预算支出结构的调整。通常，军费支出方面，主要是动用军委预备费和参战部队的家底经费等机动财力，扩大武器装备、弹药和油料等战争急需的物资购置费用，增加战场建设费用，压缩其他开支；国防科研事业费的调整，主要是增加战争急需的科研项目的经费支出，压缩其他科研项目的支出；专项工程预算的调整，主要是增加主要作战方向区域内专项工程的支出；民兵、预备役部队建设费用的调整，主要是增加主要作战方向区域内民兵、预备役部队建设费支出，保证民兵、预备役部队参战需要。

3. 调整税收政策

如果动员国防应急储备基金和调整财政预算支出仍不能满足战争经

费的需要，就要考虑采用这种调整税收筹集战争经费的方式。战时税收制度，是国家凭借政治权力，按照战时的需要，制定各种税收法规、稽征管理制度和税收管理体制的总称。① 战时调整税收政策，因其调节经济的灵活性、针对性和主动性，而成为实施财力动员的重要手段。采用这种方式时，必须要先建立战时税收体制，依法开设新的税种、扩大税基和提高税率，缩小减免税的范围和税额。据统计，第二次世界大战中，各参战国有 30%—50% 的战费支出是靠税收来弥补的。在朝鲜战争中，美国 90% 以上的战费是通过税收取得的。

非常时期税收政策的调整，国家不仅可以通过税收杠杆的作用，增加财政收入，筹集战争经费，而且可以对战时收入进行再分配，调节战争负担，实现战费负担的公平，同时可以直接地影响市场资源配置，调整经济结构，使其朝着有利于战争、服务于战争的方向配置。战时财力动员中，国家的税收政策具有强制性、无偿性的特点。在运用税收这个经济杠杆筹措战费时，往往会突破平时征税标准的限制。

战时税收政策的主要方式包括提高税率、增加税种、降低起征点和免征额等方式。战时增加税种的方式，是运用战时税收政策筹集战争经费最普遍的方式。第二次世界大战时期，德国增加了公司所得税战时附加、居民所得税战时附加、烟草和酒类售价战时附加等税种；苏联增加了战时税。提高税率也是非常重要的方式。第二次世界大战时期，英国曾屡次提高糖、烟草、茶叶和酒类等消费品的消费税税率。另外，降低免征点、取消减免优待和扩大征税对象等方法也经常被使用。第二次世界大战时期，英国把所得税免征点由 125 英镑降低到 110 英镑，并且不仅降低单身纳税者的免征点，而且还降低了有家庭负担纳税者的免征点。

在具体的增加新税种、提高或降低税率、扩大征税范围等措施的使用上，需要统筹规划建立系统合理的科学体系。不同的税收方式，对国民经济影响是不同的，税收政策在实施中会产生很大的负面影响。采用

① 陈德第、李轴、库桂生主编：《国防经济大辞典》，军事科学出版社 2001 年版，第 818 页。

增税的方式会导致民间可支配资金减少，投资收益率下降，加重国民的经济负担，影响战时经济的发展。长期的高税率将意味着企业因留利减少而导致再生产能力的削弱，更意味因收入减少从而导致劳动力再生产的萎缩，这将阻碍战时经济的发展，最终使税源减少，甚至枯竭。投资需求会由于政府通过税法对投资的鼓励或抑制而改变。例如，假如政府增加个人所得税，并用额外的税收为那些投资于新资本的人提供税收优惠。这种税法会不利于为各类企业营造公平竞争的税收环境，不利于国民经济的均衡协调发展。因此，在调整战时税收政策时，需要兼顾战争需要和纳税人的利益，战时调整税收的程度应根据战争需求与国民经济的实际情况而定。

从筹措战争经费的速度和时效上讲，增加税收动员财力存在速度较为缓慢的特点，这一特点使税收调节手段更适合于在大规模长时期的战争中运用，与现代战争的快节奏往往不相适应，但不会产生像发行战时公债那样，在战后给财政带来沉重的负担。

4. 发行战时公债

战时公债是国家为保障战争需要而举借的各项债务的统称。发行战时公债是战时国家以信用为基础，进行财政分配的特殊形式，是世界一些国家战时筹措战争所需财力而采取的一种行之有效的方式。国家公债在战时财力供应中占有重要的地位，一般50%—70%的战费是靠公债的办法来弥补的。① 日本在1937年到1945年的战费总额为2519亿日元，其中就有53%是靠发行战时公债来筹集的。

战时发行公债筹措战时财力有许多优点。首先，能够迅速筹集到大量财力，便于采取强制措施实施购买。战时财力需求迅速扩大，不仅数量增加快，而且在时间上要求急，发行公债能在短时期内筹措到巨额财力。其次，发行公债容易被国民接受，有偿性可弱化经济主体对动员的反感。公债是以国家信用做担保，战后不仅要还本而且还支付利息，其

① 陈德第、李轴、库桂生主编：《国防经济大辞典》，军事科学出版社2001年版，第825页。

信用形式容易得到认可。再次，发行战时公债还可以不增加货币发行量，有利于缓解战时通货膨胀的压力。战时国民经济往往遭到很大破坏，加之必要的货币超量发行，极易造成巨大的通货膨胀。发行公债能够减少货币流通量，从而缓解通货膨胀压力。最后，发债也有利于抑制战时富裕阶层可能的过度消费，而且战时债券偿还期限往往较长，可减轻政府还债压力。

战时公债按发行地域分包括国内公债和国外公债。国内公债，即在国内发行的公债，其债权人多为本国公民，具有一定的强制性。战时，由于企业部门的投资大大超过自身的储蓄，不足部分尚由信贷资金弥补，因此一般企业不作为战时债券发行、动员的对象。居民储蓄由于暂时不用于支出，其主体部分属于预防性储蓄，而且存量规模巨大，因此是战争时期进行社会资金动员的主要对象。

发行国内公债，必须考虑规模适度、国家战后经济能力等因素。公债并不能减轻国民的负担，它只不过是当时战争经济负担的时间推移，其还本付息将给战后的财政带来沉重包袱。只有规模适度才能保证财政安全，防止由财政风险引发的金融风险。另外适当地增加国家债务，虽然有利于吸收社会闲散财力，直接为战争提供大量资金，促进各项经济事业发展，安定社会秩序和稳定民心的作用，但是战后的还本付息，如果远远超过财政经济能力，这就需要增发货币或举借新债还旧债，从而导致财政金融的恶性循环。因此，发行战时公债，要依据现有的社会财富、战后的还本付息能力以及战后经济重建等客观情况，综合考虑，合理确定，既要充分发挥战时公债的积极作用，又要力避战时公债的消极因素。

衡量国债规模的基本指标主要包括国债依存度、负担率和偿债率。国债依存度是指当年债务收入与财政支出的比例，它反应一个国家财政支出中有多少是依靠发行国债来筹措的。当公债发行量过大，依存度过高时，表现出财政支出过分依赖债务收入，财政处于脆弱状态，并对财政的未来发展构成潜在的威胁。负担率是指当年国债余额与当年 GDP 的比值，反映国家所承受债务的压力。偿债率是指一年内国债还本付息额与财政收入的比例关系。

国外公债，也就是向他国借债。它也是世界各国战时动员、筹措战争财力普遍使用的方法。国家间的相互拆借，是在双方平等互利原则下的经济援助，债权国通过提供货币贷款或实物贷款的形式，帮助债务国克服财政困难和摆脱战时财力不足的困境，增强战争支付能力。但是，战争是政治的继续，海外发行债券容易使自己的战略意图受到外国的牵制，削弱自己的主动权，因此使用这种方法时需要注意发行时间和发行范围。

5. 实施储蓄动员

实施储蓄动员的实质是延付消费者的部分个人所得，而将消费者的剩余货币收入进行储蓄，延缓支付期限。社会总储蓄，即广义上的储蓄，主要包括居民或其家庭储蓄、企业储蓄、政府储蓄三部分。由于金融动员在很大程度上是设法引导金融体系资金向紧急扩张的财力需求流动，所以社会总储蓄往往成为金融动员潜力的直接源泉。

一定程度上说，总储蓄在国内生产总值中所占的比例即总储蓄率越高，则财源越充实。社会总储蓄率主要取决于经济发展水平即人均GDP，以及消费水平、政府负债率以及金融发展水平等。此外，社会经济制度和文化传统等也对总储蓄率有较强的影响，在国家紧急需求情况下，这种影响尤为突出。经济发展水平不高，人均 GDP 没有增长或增长较少，总储蓄率就难以上升，纵然有所提高，其程度也很有限，甚至有某种程度下降的可能。由于总储蓄率的变化还受政府负债率的制约，政府负债表现为财政赤字，在经济发展水平既定，国家财政处于赤字的情形下，总储蓄主要决定于企业储蓄和家庭的私人储蓄。

储蓄与消费密切相联，无论就居民收入或国民收入来看，二者都是互为消长的。总储蓄率一般在消费水平上升较慢时上升，而在消费水平提高较快时下降。在提高经济发展水平的同时，压低消费水平，将可能提高总储蓄率，从而总储蓄规模将可得到扩张，也就意味着金融动员获得较可靠的财源。为了保障战争胜利所需的巨额资金，战时国家往往采取宣传鼓动等手段，动员社会节制消费，节约开支，把多余资金储存到银行。国家金融部门往往采取提高储蓄利率、倡导义务储蓄、对特定对象摊派强制储蓄等方式扩大储蓄。在既定的国内生产总值下，消费与储蓄存在着一个弹性区间，弹性区间的存在使真实的消费与储蓄比例可能因许多因素而改变。

就强制性而言，储蓄动员类似于税收政策；而就最终需要偿还而言，储蓄动员又类似于发行战时公债。相对于税收来说，储蓄动员简便易行；相对于举债来说，储蓄动员可以避免物价上涨，是一种比较好的金融动员措施。随着经济的增长，我国城乡居民收入快速增加，城乡居民储蓄也呈现持续高增长，这为战时储蓄动员奠定了坚实的财力基础。

6. 超额发行货币

超额发行货币，即扩张银行信用，是指政府通过其控制的中央银行及其垄断的货币发行权，有意识地“注入”超过客观经济需要的货币量，也就是平时所说的“增发货币”“印票子”。历史上，扩张银行信用是各国遭遇大规模战争时期，财力紧张，通过增税、举债等方式动员仍无法弥补资金缺口的情况下，进行筹措财力采用的最普遍的方式。

两次世界大战中的纸币发行

第一次世界大战中，德国流通中的纸币量从 1914 年的 87 亿马克增加到 1918 年的 331 亿马克。纸币发行约占战费总额的 15%左右。英国在第二次世界大战时期通过银行券的发行，流通中的纸币量由 1939 年的 5. 5 亿英镑增加到 1945 年的 13. 25 亿英镑，增加了 1. 4 倍。美国在第二次世界大战时期利用联邦储备银行发行银行债券，流通中的纸币量由 1939 年的 75. 98 亿美元增加到 1945 年的 278. 26 亿美元，有力地促进了美国战时财力的顺利筹集。

增发货币最大的好处是可以解决战争急需，迅速筹集到部分财力，具有速度快，方法简便、量大等特点。它比税收、发放公债、举借外债都来得快，但是其危害也十分明显。超发货币没有与之对应的商品参与流通，没有相应的物质生产做保障，这会导致纸币贬值，出现通货膨胀，从而直接影响社会经济、生活的稳定，对保持经济稳定发展不利。

通货膨胀的社会成本主要有生活成本、资源配置中的微观经济无效率、税收扭曲等。未预期到的通货膨胀会损害债权人的利益而有益于债务人，伤害靠固定养老金生活的人。通常经济学家认为，温和的通货膨胀的社会成本很小，如果超量增加货币流通量，在货币流通的乘数效应作用下会出现超速或恶性的通货膨胀率。这会迫使企业经理和居民把大部分时间与精力用于现金管理，把这种时间和精力从生产和投资决策中抽出来，从而使经济陷入低效率。而且，由于通货膨胀和金融安全之间具有高度联动性，这势必加重金融风险不利于金融安全。因此，尽管扩张银行信用这种金融动员方式满足国家战争需求简便、快速、有效，但并不能无限制地随意使用，应当格外注意此项政策手段的应用。它与战时物价政策、社会稳定政策紧密结合，需要慎重使用这种方式：一是一定要注意适量，最大限度地控制货币发行量；二是不宜长期使用，只能作为应急措施。不能只注重战争需求，而忽视社会稳定和经济运行对战争的影响，而把其作为国家财力动员的主要动员手段。

财力动员手段主要有上述六种，另外有些专家还把发动群众募捐、向股票市场募集资金等作为财力动员手段。

战争期间，战争成败往往事关国家安危、民族存亡，直接关系到人民群众的生命财产安全。人民的爱国热情往往会大大高涨，动员国民捐献资财，是筹措战争经费的一种途径。动员群众募捐筹集战争经费，一般由政府发动，采取自愿的原则。向股票市场募集资金，这也是一种筹资的手段。其中，最主要的方式是国家出售国有股份。历史上很少有国家直接通过从股市里筹集资金来筹措战争经费的，而且出售国有股份不容易协调各方面的利益，很可能导致股市萎靡不振，对经济影响很大，往往无法起到筹集资金的作用。

（二）财力动员手段选择的原则

现代战争中，财力动员的手段是多种多样的，各种手段各有利弊得失。前面，通过调整预算支出、调整税收政策、动用国防应急储备基金财力动员手段，取得财力属于财政性资金；通过发行战时债券、实施储蓄动员和发动群众募捐取得的财力属于社会资金；超额发行货币则属于动员金融性资金的范畴。显然，这对保障战争需要和国民经济影响各异，那么如何筹措战争财力，采取什么手段，一般必须坚持三个原则。

1. 满足战争需求

“一切为了前线”“一切为了战争的胜利”，过去是，现在仍然是我国财力动员的最高原则。战争的双方都是为各自的根本利益而进行战斗，并以军事上的胜利为目的。确保战争的胜利，是包括战争经费保障在内的各项保障工作的最高原则和最终目标。在未来的高技术局部战争中，为了国家和人民的利益，必须确保有足够的经费投入，战争经费必须充足。高技术战争中日均消耗惊人，往往超过战争决策者的预期，如果不做好经费的准备，必将影响战争的进程。据部分学者估算，1973年的第四次中东战争日均耗资 5.5 亿美元，海湾战争的日均耗费水平近 14.2 亿美元，远远超过 20 世纪两次世界大战日均消耗水平。实践证明，人们对现代战争的消耗问题往往认识不足，如海湾战争中的美国对战争经费的测算与实际消耗就相差甚远。美国国防部在打响海湾战争前曾预计解决海湾危机需花 110 亿美元，后来又追加预算为 150 亿美元，可到战争结束后，实际耗资达 611 亿美元，增加了 3 倍多。

2. 确保经济安全

经济安全原则，即财力动员尽量减少对国民经济正常发展的冲击。国家一定时期的财力资源潜力是既定的，通过动员将一部分财力资源用于战争，必然会影响到其他方面对财力的需求，对经济发展造成负面影响。确保“打得赢”虽然是首要任务，但财力动员在保证战争需要的同时应尽量避免对国民经济建设全局造成过度的冲击和破坏。

基于综合安全观，财力动员的安全原则是指动员的财力应以保证国家经济安全为前提，军事安全必须与政治安全、经济安全、社会文化安全、环境安全等相结合。要根据各种动员方式的特点，统筹考虑财力动员方式的选择和动员规模、结构，尽可能选择对国民经济影响较小的动员方式组合。如果战争经费支出超出了国家经济承受范围的“临界值”，会增加其他安全领域的成本，造成国家实力的过度消耗，逐渐丧失国家安全的经济保障。没有国家经济安全，战争经费就会失去来源。

3. 注重提高效率

注重效率原则，就是财力动员必须注重速度和时效。财力动员规模必须与战争规模、战争经费保障需要相适应，与战争中的装备、物资和人员的配备相适应，与战争的进展相适应。现代战争突发性强，节奏加快，使动员可利用的时间越来越短。第一次世界大战中，各参战国军队从宣战到完成动员的时间一般为 5—21 天；第二次世界大战中，法国军队完成动员的时间，第一批步兵师为 2—3 天。1991 年海湾战争中，美国军队开赴战区的时间一般用 2—4 天。其中，陆军先头部队接到总统命令后两天内就抵达沙特阿拉伯；空军两个中队在下令 24 小时后，全部升空，15 小时后抵达沙特；海军两个航母编队在受命当天就驶向海湾水域。

战争动员速度加快要求财力动员以快应快，快速启动运行，提高财力动员效率。具体来说，一是平时必须要有一定规模的国防应急储备基金，遇有战争和突发事件能够迅速启用；二是筹措战争经费时要注重提高效率，因此经费来源和筹措方式的确定要以快速、简便、高效为原则；三是和平时期编制和完善战争经费筹措的应急预案，战时启动和修正预案并以此作为财力动员的基本依据，以大大提高财力动员的效率。

三、财力可动员量

财力动员受制于经济规模总量、可利用国外资源等因素制约，财力可动员量也不是一个固定的量，而是一个可量化的变动区间。要实现财力精准动员，需要对财力可动员量进行深入分析。

（一）财力可动员量区间

国民经济可动员量，包含于国民经济总量，受制于国民经济的可持续发展、社会秩序的稳定和全社会人民生活基本需求的满足等诸要素。可动员量取决于国民经济总量基数的大小。国民经济规模是进行战争和赢得战争的重要物质基础，对战争进程有着重要的制约作用。财力动员作为经济动员的价值形态，其动员量受制于国家经济规模总量。在其他条件不变的情况下，随着国家经济实力的增强，国家在战时可用于战争的经费总量也会随之增加。

财力可动员量具有区间性。它不是一个固定的量，而是一个可量化的区间。其最大值由“国民经济仍能持续运行，人们生活仍能维持”这一前提决定；最小值则由解决战时或特殊事件的最小消耗量决定。因此，一般把国家可动员财力总量的上限规定为：

$$\text{Max}[Y] = GDP + E + F - L - D$$

式中，Y为动员财力总量；GDP为国内生产总值；E为现存国民财富；F为可利用的国外资源；L为维持国民基本生存需要；D为国防建设的维持性开支。

其中，维持国民基本生存需要L是指，国家处于战争时期采用全面动员的方式，对经济实行管制，民品生产只限于满足居民基本生存需要，而把其他的资源全部用于战争需要。按照西方经济学的分类，整个社会的经济活动主体可分为三个部分，居民、企业和政府。根据这个思路，它主要包括三个部分：居民基本生存需要，企业维持简单再生产需要，国家和地方机关的行政费用。

国民财富 E 是国家在特定时间内所拥有的物质资料的总和。经济动员理论界认为，它包括一切积累的劳动产品（生产资料和消费资料）和用于生产过程的自然资源（如土地、矿藏、森林、水源）。我们认为国民财富中金融性质的资产才能用作战争经费。战时，物质产品和自然资源不能出售和折现，因此不能算作战争经费，只能算作满足战争需要的物质承担者。

国外资源 F 包括国家和私人在国外的投资、国家外汇储备等，其总量在本国的国外净资产中占绝大部分，因此这里使用国外净资产数据作为可利用的国外资源。

维持性的国防建设开支 D 是国家财政已经用于国防的支出，因此应排除在动员财力之外。

国家可动员财力总量的下限为：

动员财力总量的下限 = 战争所需经费 - 国防建设的维持性开支

即：

$$\mathrm{Min}\ [Y] = BM - D$$

式中，Y 为动员财力总量；BM 为战争所需经费；D 为国防建设的维持性开支。

战争所需经费取决于战争参战人员的数量、战争的种类与样式、战争持续时间的长短等制约因素。参战人员的多寡，决定着所需装备及生活保障费的多少；不同种类与样式的战争，军事消费的内容和方式就有差异，耗费资源的多寡也就有异；战争持续时间的长短更与战争需求直接正相关。高技术局部战争，由于其战争强度高，战争的摧毁性和破坏性空前增大，因而，即使只是范围相对有限、持续时间较短的局部战争，物资消耗也是特别巨大，远不是过去的常规战争所能比的。

（二）财力可动员量的分类解析

如果以前面介绍的四种不同来源途径，作为分析实际可动员资金的构架，则可动员的资金总量为：

$$Y = G + F + S + E$$

其中，Y 为可动员资金总量；G 为财政性资金；F 为金融性资金；S 为社会资金；E 为国外可动员资金。

1. 财政性资金可动员量

财政性资金可动员量是指一个国家通过运用调整预算支出、调整税收政策、动用国防应急储备基金等财政性动员手段，能够动员起来满足战争等需要的最大资金量。它包括两个部分：中央财政可动员资金和地方财政可动员资金。测算财政性资金可动员量，可分三个层次进行。

第一层次，国家财政在基本不改变现行分配格局的条件下，可以将多少财政收入作为战争的消耗财力。所谓不改变财政分配格局，指国家财政支出的原有规模（上年规模）得以维持，而运用盈余财政收入用于战争的可能性。这部分资金表现为：一是对财政盈余的运用；二是对全局影响不大的财政支出的削减；三是国家财政收入的增长导致的预算能动安排的可能性；四是财政支出节约的可能性导致的支出的能动安排。

第二层次，中央财政进行财政支出替代，解决战争经费消耗的需要。财政支出替代包括：中央政府转移支出与中央本级支出的替代和中央政府各支出项目之间的替代。这里，中央补助地方支出的规模越大、比例越高，则中央财政减少对地方财政的转移支付增加自身财力的幅度就越大，中央和地方财政的可替代能力越强，从而通过这一层次资金使用的调整可为战争筹集的资金就越多。

中央本级支出项目的替代性是不一样的。一般，确定替代性的原则是：与战争需要关联度小的支出替代度大；新增项目支出替代度大；对经济全局影响小的支出的替代度大；增长幅度大的替代度大。

国家财政支出按功能性质分为五个部分：经济建设费、社会文教费、国防费、行政管理费和其他支出。这五个部分支出的可动员比例是大不一样的。由于经济建设费中相当一部分是新建项目的资金，可以暂时用作动员财力，战后恢复建设，压缩比例可按照总支出的100%动员。社会文教费和行政管理费的主体是人员生活费用，不宜挪作动员财力，压缩比例相对小，一般只能按照总支出的10%动员。行政管理费、文教事业费等属于维持性经费，由于缺少这部分经费国家机器将无法运转，一般不宜作为动员财力，因此理论界认为，在高技术局部战争情况下，此三项费用可动员比例确定为10%比较合适。按照统计年鉴上国家财政主要支出项目的分类，各项支出可动员比例如下表。

表6—1　国家财政主要项目支出动员比例表

资金和比例支出项目	动员比例
基本建设支出	100%
增拨企业流动资金	10%
挖潜改造资金和科技三项费用	100%
地质勘探费	10%
工、交、商业部门事业费	10%
支援农村生产和各项农业事业费	支援农村生产的费用按100%动员 各项农业事业费按10%动员
文教、科学、卫生事业费	10%
行政管理费	10%
对外援助支出	100%
支援不发达地区支出	100%
其他部门的事业费	10%
其他支出	10%
中央预备费	100%
地方预备费	100%

第三层次，压缩地方财政开支，提高中央财政占国家财政的比重，进而为战争筹集财力。财力动员是为了获得国家安全，是用来提供纯公共产品，加上地方财政微观层次的支出压缩比中央财政宏观层次的支出调整对经济运行的负作用小得多，所以，通过采取压缩地方开支，增加中央财政实力进而动员战争经费的措施是合理的。一般认为，通过压缩地方财政支出而获得的财政资金可直接等量地用于保障战争的经费需求。

2. 金融性资金可动员量

金融性资金可动员量是指一个国家金融体系中能够动员起来满足战争等特定需要的最大资金量。金融性资金采用扩张银行信用的方式筹集。

不同的经济金融环境决定了不同的扩张银行信用的潜力，扩张银行信用的潜力随着经济中通货膨胀率的变化而变化，一国扩张银行信用潜力的大小应根据具体条件做具体分析。当经济中通货膨胀率较低而且稳定，则扩张银行信用的潜力相对较大；如果经济中的通货膨胀率已经超过两位数且有加剧之势，那么银行信用将不便扩张；如果经济中已经出现恶性通货膨胀，战时就只有收缩银行信用了；当然，如果经济中存在负的通货膨胀或者说通货紧缩，这种不利于经济增长的现象，则为扩张银行信用提供了充足的空间，即扩张银行信用潜力较大。

货币流通量的变动与通货膨胀率高度相关。货币供给增长决定着通货膨胀率。货币有三种职能：价值储藏、计价单位以及交换媒介。货币×货币流通速度=价格×产出，即 $MV=PY$。在假定货币流通速度不变的情况下，货币数量 M 的变动会引起名义 GDP（PY）的同比例变动，货币量决定经济产出的货币价值。当货币大量增发时，很容易导致通货膨胀。而且通货膨胀率与物价水平变动的百分比的关系直接相关。用公式表示为：

M 变动百分比 + V 变动百分比 = P 变动百分比 + Y 变动百分比①

P 变动百分比 = Y 变动百分比 - M 变动百分比 - V 变动百分比

这里，M 是货币供给，V 是货币流通速度，P 是物价水平，Y 是产出。其中，物价水平 P 变动百分比就是通货膨胀率，产出 Y 变动的百分比取决于生产要素的增加和技术进步。

根据相关研究，货币超过经济需求每增长 1 个百分点，通货膨胀率就增加 0.721 个百分点。超速通货膨胀通常定义为每月超过 50%，每天超过 1% 的通货膨胀。在许多个月的综合作用之后，这种通货膨胀率会使物价水平极大地上升。每月 50% 的通货膨胀率意味着一年内物价上升 100 多倍。

一些国民经济动员理论专家认为：筹措战争经费增发流通货币应控制在 5% 以内，通货膨胀率必须控制在 10% 以内，经济稳定运行才有保障。这样，基于现实经济中已经存在的通胀率和 10% 之间的距离就是扩张银行信用的潜力。

3. 社会资金可动员量

动员社会资金，实质是消费者将暂时放弃一部分收入的消费权利，延缓到战后行使。由于国债发行量与储蓄动员量密切相关，因此，测算社会资金可动员量可以分别通过测算国债可动员资金量和储蓄可动员资金量来间接进行。

国债可动员资金量。衡量国债规模的基本约束指标主要包括国债依存度、负担率和偿债率。按照国际标准，国债依存度应不大于 20%，国债负担率应低于 45%，偿债率应在 10% 以内。国债规模的各项国际标准是债券融资动员潜力的约束条件。其中，反映国家债务压力的国债负担率是国债动员的直接约束条件，其标准也就可以作为债券可动员量的测算依据，并由此推算这一可动员量的数值。国债依存度和偿债率与财政收支关系密切，主要为防止财政风险的发生，因此这两个指标可作

① ［美］N. 格里高利·曼昆著，梁小民译：《宏观经济学》，中国人民大学出版社 2000 年版，第 150 页。

为辅助衡量标准修正潜力值。据此，用 B 表示债券可动员资金量，用 X 表示某国某年国债负担率，则国债可动员量公式为：

$$B = (45\% - X) \times GDP$$

就目前我国情况而言，国债负担率 45% 的标准并不适合。因为，国际经验表明，发达国家国债余额占 GDP 的比重一般在 45% 左右，但是发达国家财政收入占 GDP 的比重一般都在 40%—50% 之间，而我国预算内收入与预算外收入加在一起约占 GDP 的 20% 左右。依此推断，我国国债余额占 GDP 的比重应不超过 20%①。据此，其公式修正为：

$$B = (20\% - X) \times GDP$$

储蓄可动员资金量。动员储蓄主要包括居民储蓄和企业储蓄。就储蓄可动员资金量而言，经济动员理论界部分专家认为，由于企业部门的投资大大超过自身的储蓄，不足部分尚由信贷资金弥补，因此不作为动员的对象。而居民储蓄暂时不用于支出，其主体部分属于预防性储蓄，而且存量规模巨大，是战争时期进行社会资金动员的主要对象。根据历次战争的经验数据，居民储蓄余额的动员比例最大可达到储蓄总量的 12%。

4. 国外资金可动员量

战时动员外资、借助别国财力解本国资金之困历来倍受各国青睐。尤其是在经济全球化日益深入的今天，国家之间具有越来越紧密的利益联系，一国经济与社会的重大变故带给相关国家的冲击或者利益将更为突出，规避这种冲击或者将潜在利益变为现实往往会促成其他国家对当事国的帮助。国外可动员资金主要来源于四部分：一是动用国家国际储备，包括外汇储备和黄金储备；二是向其他国家借债；三是出售本国在海外资产；四是国外无偿援助。

国外可动员资金的主体是国家黄金储备和外汇储备。黄金储备与外汇储备动员潜力基本代表一国国际储备的可动员量。黄金作为一种储备

① 傅志华：《国家财政安全论》，人民出版社 2002 年版，第 85 页。

资产因其是可靠的保值手段和不受其他任何国家制约的超国界的交换媒介，不受国家或金融机构的信用和偿付能力的影响，而成为最受世界各国青睐的国际储备资产，黄金储备对于战时的对外支付和金融安全的作用十分突出。

外汇储备是国家面临战争时购买国外武器装备和生产生活资料以弥补国内不足的重要工具。外汇储备可动员量不仅受其规模制约，也将受其资产结构的限制。考虑到政治、军事、外交等多种因素，外汇可动员率一般确定为50%。

向国外借债的可动员量。向国外借债需要考虑的因素非常多，其可动员量具有很大的不确定性。除了考虑与债权国的关系、债权国经济实力之外，还需要考虑贷款利息的高低和贷款期限的长短，及本国偿还能力等条件，必须兼顾“还得起”和“借得着”两个条件。

所谓“还得起”，就是政府要有能力承担进一步举借外债的压力。政府是否具备这一能力，要看国家外债风险和外债期限结构状况。国际上通用的衡量外债风险的指标主要有三个：负债率、偿债率和债务率。其中，负债率是一项综合指标，全面反映本国偿债能力与外债规模的对应关系；而债务率和偿债率则是衡量外债负担的专项指标，反映本国实际偿债的可能性。按照国际惯例，有关外债风险指标的国际公认安全线是：偿债率为20%，负债率为25%，债务率为100%。[①] 如果一国外债三项风险指标都在安全线以内，国家将可能具备较好的外债动员潜力；如果国家外债各项指标都已超出安全线，外债动员潜力也就基本不存在了，如果此时政府仍依赖举借外债筹集战争资金，则只能以财政金融安全的巨大压力为代价。

国家外债期限结构对于外债融资动员潜力的影响不容忽视。一般而言，中长期外债所占比例高，则国家面对的还债压力相对较轻，战时利用外债融资的空间较大；如果短期外债所占比例高，则国家面对的还债压力相对较重，战时利用外债融资的空间较小。

---

① 陈共主编：《财政学》，九州出版社2001年版，第178页。

尽管外债风险三项指标状况都影响外债融资动员潜力的大小，但由于外债负债率是最主要的指标，为了简化，一般只用外债负债率与其国际安全标准的比较得出国家向外借债的可动员量。即：

$$F = (25\% - X) \times GDP$$

其中，X 为国家外债负债率，GDP 为相应年份的国内生产总值。

这样，如果仅考虑“还得起”因素，一国外债融资动员潜力可通过上述公式得出大体数值。当然，这一数值还应根据外债期限结构状况加以修正。

国际社会是否提供资金将取决于政治、经济等多重利益标准，国家能否“借得着”，取决于具体国家的国际关系状态、战争性质、国家信用水平等条件。如果一国国际关系处理得不好，战争的正义性为主要国家所质疑，国家信用水平又较低，那么，在“还得起”条件下推算出的外债动员潜力就可能化为乌有。

通过出售本国在境外的资产，也可以筹集到部分战争财力，但是这不仅会给本国企业本身造成巨大的损失，而且对那些国家试图培育国际跨国公司，实行“走出去”战略的，也会带来比较大的负面影响。加之，战时其他国家可能会采取冻结本国在国外资产的做法，因此一般国家是不把其作为战争经费来源的。

就国外无偿援助而言，其数量往往取决于受援国的国际关系状况、战争性质，并且受制于援助国的经济实力等因素。

（三）财力动员量与经济承受力

财力动员实际上是对国家现有经济资源运用价值形态手段进行重新配置和利用。通常，根据可动员经费用于满足战争需求的多少，可把动员资金占该项资金可动员总量的比例划分为以下几个层次：轻度动员，其比例为 0—40%；适度动员，其比例为 40%—60%；深度动员，其比例为 60%—90%；极限动员，其比例为 90%—100%。

国民经济是一个综合平衡的整体，过度利用某一项资金将造成局部经济的深度动荡，从而对国民经济产生很大影响。尤其是在深度和极限动员情况下，往往会超过国民经济的承受力，最终导致社会经济发展的全面停滞。因此，在确定财力动员规模时必须遵循财力动员的基本原则，在战争需要、经济安全以及动员效率三者中统筹规划。谋划各项资金动员的次序，兼顾各项资金动员比例、结构和具体动员程度，考虑该项资金在国民经济活动中的作用，避免安排失误、竭泽而渔，因过度挪用某项资金作为战争财力，从而使其丧失原有职能和作用的发挥，进而超过国民经济承受力。尤其是在局部战争条件下，战争胜负观绝不能仅仅着眼于军事上的胜利，而要全面考虑国家利益的需要；不能仅仅考虑眼前利益，而要兼顾国家的长远利益。

不同来源的资金在战时对国民经济的影响程度和面临的风险是不一样的。

就财政性资金而言，财政实行极限动员对国民经济发展具有极大的收敛作用。对于政府主导的市场经济体制，政府的经济活动在国民经济中占有很大的比重，国家投资是国民经济增长的主要推动力的条件下，如果减少投资会导致国民经济发展速度急剧下降，对经济发展产生相当广泛的负面影响。而且，当战争需求瞬时膨胀而财政和金融资金不能满足时，容易造成巨额财政赤字，使财政背上沉重的包袱，加重国家财政负担。同时，也有可能使政府丧失对战时国民经济活动的调控能力，提升政府丧失管理经济职能的风险。

就金融性资金而言，深度和极度动员金融资金除了动用黄金储备外，主要是增发货币，这种方式对于国家来说最为方便。通过所控制的金融机构和货币垄断发行权，国家超经济发行货币，短时间里可以以极低的成本筹集大量资金。但是，在没有实行价格管制的条件下，超额发行货币容易引起国民经济活动的通货膨胀，甚至恶性的通货膨胀。此外，由于重点保障战争需要，日常生活消费资料以及非战争需求领域的生产资料急剧减少，军事工业和重工业的原材料需求急剧扩大，有可能引发结构型通货膨胀，两者叠加，国民经济极容易走向崩溃的边缘。

就社会资金动员而言，动员民间资金能尽量利用闲散财力，它可避免物价上涨，且简便易行。但是由于战争对作战地域造成破坏，加上产品生产以满足战争需求为目标，民间消费和投资将会大幅度萎缩，经济发展水平迅速降低。而且，社会资金属于私人和企业所有，国家在动员时除了进行国防教育外，只能依靠行政命令，而行政命令必须要有相应的法律保证，一旦缺乏法律的保证，或者政府职能越位太多，加之社会通货膨胀的存在，就会超过国民的社会心理承受力，进而造成社会不安定，增加社会失序的风险。

就国外资金动员而言，动员国外资金容易受到其他因素的干扰，尤其是大规模的动员国外资金将对汇率产生一定的影响。出售本国在境外的资产，会给本国企业、对外发展战略带来比较大的负面影响。向海外发行国债是世界各国面临战争时，动员战争经费普遍使用的方法。但是战争是政治的继续，海外发行债券容易使自己的战略意图受到外国的牵制，反过来削弱了自己国家的主动权。

综上所述，可以看出，战争财力动员量必须与国家安全需求和国家经济承受力相适应，既不能过小，也不能过大。如果规模过小，就会影响国家安全利益的实现；如果规模过大，会削弱扩大再生产的基础，影响居民消费水平的提高，影响国家发展利益的实现。为此，必须统筹兼顾国家安全利益和发展利益的需要，科学合理地确定战争财力动员的规模和结构，根据国民经济各种资金的特点，把战争经费分摊到各项资金里，延长负担期，减轻负担压力。国家作为动员战争经费的组织者，必须充分考虑战争经费的科学分担，合理地转嫁战争成本。

思考题：

1. 财力动员手段有哪些？战时进行财力动员必须坚持什么原则？

2. 请运用财力动员有关理论，分析一下未来一段时期内，假设一国在发生信息化条件下局部战争，如何进行财力动员更有效？

第七章
物资动员

物资动员是国民经济动员的重要组成部分，是经济动员发展历程中最早涉及的动员领域之一，在国民经济动员活动中处于重要地位。

一、物资动员内涵

物资动员，是国家为了维护国家安全，应对战争及其他重大突发事件需要，依法进行筹集、调配各类物资的一系列活动。物资动员是政府作为动员主体的国家行为。随着战争对物资依赖程度的提高，物资动员对战争的胜负日益具有举足轻重的制约和影响；和平时期，物资动员在应对自然灾害等重大突发事件方面的作用也日趋凸显。

（一）物资动员的功能

物资动员作为国家为了维护国家安全，应对战争和重大突发事件需要，对社会拥有的物质资源进行重新配置的一系列活动。其主要功能体现在“战时应战”“急时应急”和“平时服务”三方面，即维护国家安全、维护社会稳定、调节经济运行。

1. 战时应战：维护国家安全

在古代，战争爆发前后，交战国通常要筹措粮秣，征集马匹，准备战时所需物资。中国早在先秦时期就有物资储备和军粮补给的措施，并建有“仓储”制度；汉朝提倡屯田，以解决军粮不足。这些准备活动可以看作是古代的物资动员。随着生产力的发展、科学技术的进步、战争规模的扩大、物资消耗的增加，战争对物资的依赖性越来越大。第一次世界大战期间，主要交战国在战争初期就将战前储备的物资几乎消耗殆尽，在战争中不得不采取紧急措施进行物资动员。动员的物资数量大，品种多。粮秣、钢铁、石油、煤炭、机械、电子设备、维修器材和运输工具等一切与战争相关的生产资料和生活资料，均成为动员的对象。到第二次世界大战时期，物资动员又有了进一步的发展。德国为了发动侵略战争，在战前就制定了有关物资动员的法令，采取了一系列动员措施，到 1939 年 9 月就储备了 18—24 个月的谷物、30 个月的钴、19 个月的铝、9 个月的铅、7 个月的铜等大量物资，在主要物资方面基本上完成了战前准备。日本在发动侵华战争时就制订了详细的“物资动员计划”（简称“物动”）。利用“物动”预先估算出每个年度各种重要物资的供给状况，再按此决定分配计划。铁矿石的 52%、铁矾石的 100%、生橡胶的 100%、重油的 80%、棉花和羊毛的 100%，都被列入“物动”计划。日本人认为军需产业用的重要原材料的进口依赖程度很高，所以在战时经济运行中，“物”的分配比“钱”的分配重为重要。美国在第二次世界大战中，采取紧急增产措施，动员的物资仅通过大西洋运出的就达 2 亿多吨。海湾战争中，美国也开发了有效的物资动员，陆军器材司令部同 1500 多家承包商签订了 2.3 万余项合同，价值近 40 亿美元，以加速生产弹药、给水系统、修理零配件、防化与环保系统和发电机等关键物资。可见，物资动员的好坏直接影响着国家安全和战争进程，一旦动员失策，对本国安全将产生致命打击。

2. 急时应急：维持社会稳定

公共突发事件都具有爆发突然、演变迅速、不确定性高、非程序化等特点，这些特点对国民经济动员管理人员和应急管理人员提出了更高要求，而一般管理人员的特点是有限理性和决策结论的“可满足性”，于是危机状态下的应急决策显得极为复杂和困难，决策的后果又直接关系到社会和组织的安危。物资动员不足，直接影响到应急响应效果；物资动员过渡，又会造成不必要的浪费，影响到国民经济的正常运行，过渡挤压居民平时正常消费需求，超过国民经济承受能力的动员，会导致国民经济运行结构的严重扭曲，甚至会引发社会不满和动荡。地震灾害救援中的“黄金救援时间：72 小时”法则，对物资快速动员提出了新挑战。历次重大灾难的救援统计数据显示，灾难后的第 1 天，从瓦砾堆中救出来的人的存活率高达 90%，第 2—3 天的存活率还有 70%—80%，但第 3 天以后，存活率就骤减。这些都要求国民经济动员能在最短的时间内，有效地组织和动员社会经济资源，最大限度的满足应急救援需要。美国经济和国家安全委员会执行主席韦利安姆 · C. 莫特指出：“像原子弹爆炸的蘑菇云，战略物资短缺可能从这一工业部门延伸到那一工业部门和最终覆盖我们工业部门的每一角落，危及我们的生活标准和我们各个社会层次本身。”可见，现代社会对重要物资的依赖程度不断加重，石油、粮食等重要物资已经成为经济发展、社会稳定的基本保障条件。

3. 平时服务：调节经济运行

物资动员不仅具有维护国家安全、满足战争和应急需要，维持社会稳定的功能，还对国民经济的均衡发展具有宏观调控作用。物资动员中的物资储备就具有调节市场供求和市场价格，保障国民经济持续、稳定、协调发展的功能。美国著名经济学家本杰明 · 格雷厄姆认为，促使政府经常性地通过建立储备制度，而不是财政字来调节经济。① 他论证了通过储备商品生产和最终消费可以创造出超过当期需求的需求，进而带来两大好处：减少失业和为满足国内和国际需求积累有形商品。按照

① ［美］本杰明 · 格雷厄姆著，储祥银译：《储备与稳定》，海南出版社 1999 年版。

格雷厄姆的设计，无论何时出现过剩生产，小麦和棉花、铜和锡、橡胶和其他构成货币单位的商品进入库存，相应量的货币将被释放出来。如果库存太多，一定量的购买力释放将会刺激消费，并再将吸纳剩余。如此获得了一种新型的弹性——货币随着生产的扩张和收缩而扩充或紧缩。价格总体水平因而保持稳定。格雷厄姆的思想对充分发挥物资动员在宏观经济政策调控中的作用有一定借鉴意义。

（二）物资动员的作用原理

从物资供应与物资需求的角度，可以进一步分析紧急状态下物资动员的作用机理。虽然导致战争与重大突发事件的成因不同，但是就这些危机事件对国民经济造成的影响以及应对这些危机事件所需的资源来看，存在着短期内使物资供需偏离平时平衡状态的特点。大规模的物资动员在短期内会对国民经济带来一定冲击，影响到国民经济的正常运行，甚至会使社会物资需求与供给远离平衡状态。从物资供需均衡状态转移角度来看，物资动员是将物资供需由平时均衡状态转向急时均衡状态的过程。

正常情况下，市场机制对资源配置起基础性作用，产品供需由市场均衡来决定，供给曲线 S 表示在不同的价格水平下企业使用稀缺资源所能提供的产品数量，需求曲线 D 表示了在不同的价格水平下由消费者的偏好所决定的产品数量需求，两条曲线的交点 A 就是市场出清的均衡点，对应于正常产量 q_1 和价格 p_1。当战争或重大突发事件发生时，某些类型物资的需求在短时间急剧膨胀，这些需求是刚性的，在经济上是没有弹性的。假设这种没有弹性的需求量为 q_2，新的需求曲线与供给曲线相交于 B。B 点一方面表明了供需缺口 q_2-q_1，也就是需要动员的物资数量，另一方面也表明由于供给小于需求，导致市场价格由 p_1 提升到 p_2。由于价格效应和时滞效应的存在，单纯依靠市场机制不可能满足急剧膨胀的社会需求，反而会引起市场价格上涨，给整个社会福利造成严重损失，需要借助于物资动员行政手段来有计划调节供需平衡。当战争或重大突发事件过去之后，需求曲线会恢复正常，但是，企业仍然会根据已经表现出来的、高昂的市场价格来组织生产，因此，企业的产量将停留在 q_2 水平上，而在这样的价格水平下，需求量只有 q_3，于是又形成了供大于求的缺口 q_2-q_3，这是由市场的过度反应造成的。这也会对社会福利造成损失。这时，需要借助于物资动员复员，有目的对市场价格进行干预，调控市场物资供需恢复新的平衡状态。建立物资动员体制的最根本目的在于最大限度地满足战争或应急需求，同时，最大限度地减小应急需求对国民经济的冲击，最大限度地满足人民群众日常生活正常需求。

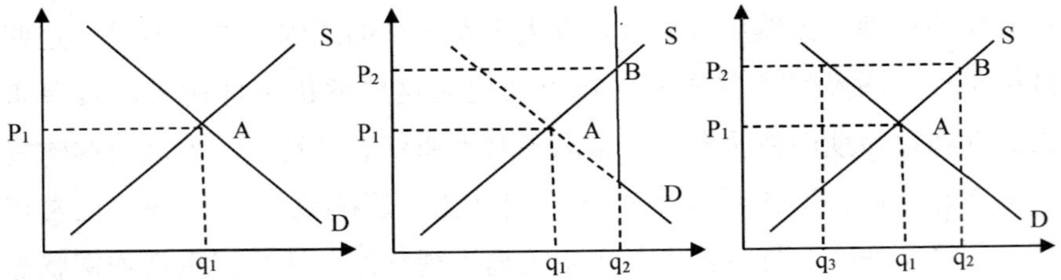

图 7—1　物资动员作用机理示意图

二、物资动员需求

需求是物资动员的前提。动员物资需求不同于一般商业物资需求，它具有突发性、不确定性和强时效性特点。这就要求在组织实施物资动员时，必须遵循物资动员需求的特点规律。

（一）动员物资的需求特点

动员物资是指为满足战争及其他突发事件需求，通过筹集、调配等动员活动所提供的各类物资的总称。动员物资需求是指国家有效应对战争或公共突发事件时的最低物资需要。在不考虑物资具体品种类型时，动员物资需求通常包括物资数量需求、质量需求和结构需求。由于动员物资是应战、应急物资，因此动员物资需求呈现出不同于一般商业物资需求的突出特点。

1. 动员物资需求的突发性

战争及其他突发事件的一个显著特点是其爆发的突然性，由此引致应战、应急的物资需求在短时间内急剧上升，造成物资供需间的严重失衡。由于这种供需失衡时点难以把握，而失衡程度又往往极为猛烈，使物资动员在尽可能短的时间内实现供需平衡面临严峻挑战。

2. 动员物资需求的不确定性

对战争及其他突发事件的物资需求的规模结构，很难在事前准确地测算评估；甚至在战争及其他突发事件爆发后的一段时间内，由于相关信息的不充分、不及时、不全面，仍难以立即做出准确判断；由此可见，动员物资需求的突出特点之一是具有高度的不确定性。

3. 动员物资需求的强时效性

由于应对战争及其他突发事件成败的关键因素之一是时间，在许多情况下对物资供给的时效性要求甚至超过对规模结构的要求，未遵时限要求的物资供给其效用大打折扣，以致变为无效供给，因此应战、应急的物资需求必须在尽可能短的时间内得到充分供给。动员物资需求的强时效性，要求物资动员做到快速、及时、准确。

动员物资需求不同于一般商业物资需求的突出特点，使物资动员要处理好动员运行系统的独立性与相融性、运行机制的计划性与市场性、动员预案的精确性与模糊性等方面的关系，要依据时代发展、技术进步、体制变迁等大环境的演进，不断进行优化调整，以更好地适应动员物资需求的突发性、不确定性和强时效性等特点。

（二）动员物资需求预测

战争或突发事件发生后，首先要对动员物资需求进行预测，包括物资需求的数量、质量和结构需求等，以便为后续动员组织实施提供前提。动员物资需求预测就是要运用科学预测方法，预估物资需求。

1. 动员物资需求定性预测

定性预测是指预测人员根据相关的历史数据和对预测对象的理解，凭借自身主观分析、实践经验和直觉判断，推测计算未来应对战争或突发事件的物资需求水平。主要用于对未来物资需求进行中长期预测，为物资动员规划或制订物资动员预案提供帮助。定性预测信息通常是非量化、模糊和主观的，不确定程度较高。定性预测的优点是不需要选择预测模型和进行复杂的计算，对数据完备性要求低，操作简单方便。定性预测的不足在于，由于预测时间较长，不确定性因素多和历史数据少等原因，一般预测精度相对较低，预测结果受主观因素影响较大。常用的动员物资需求定性预测方法有：专家调查法和比较类推法。

（1）专家调查法

专家调查法又称德尔菲法（Delphi Method），是通过对多位动员管理专家互不见面的匿名征询方式进行预测的一种定性预测方法，最早由20世纪50年代美国兰德公司创立，其预测过程如图7—2所示。专家调查法具有匿名性、反馈性和收敛性的特点。在选择专家时要考虑专家的代表性和广泛性。所选专家的人数一般在15人至50人之间，人数太少不具代表性，人数太多会增大工作量和经费开支。在设计调查表时，表中所列问题力求简化、简单、明了、清晰，以使填表者便于回答和乐于回答。一轮调查完毕后，需要对专家意见进行统计整理，然后分析评价、统计整理结果。无原则分歧时，统计调查结果就是最终的调查结果。否则，还需进行下一轮调查。为此，应归纳总结专家们有几种不同的观点，并分别列出持这些观点的理由及所依据的资料，连同第二轮调查表一起发送给专家们，进行下一轮调查。这样往返多次，直至意见统一为止。一般经 3—4 轮调查即可。

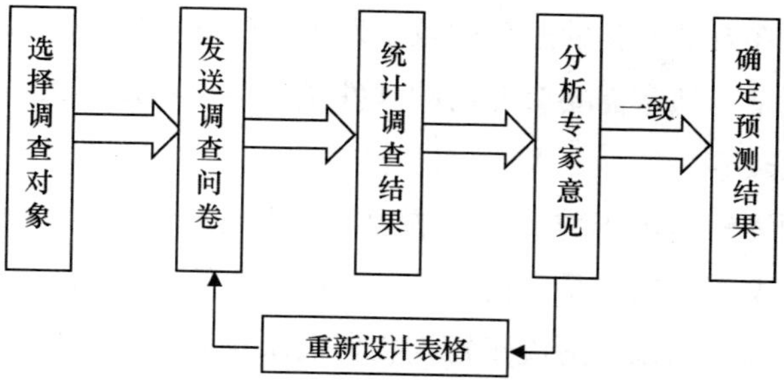

图 7—2　专家调查法示意图

（2）比较类推法

比较类推法（Analogy Method）又称为类比预测法，其根据动员管理专家的经验判断和比较类推，得出预测结论。可分为纵向比较类推预测和横向比较类推预测两种方法。所谓纵向比较类推预测方法是指将战争或突发事件发生后的需求状况与历史上曾发生过的类似情况进行比较，凭经验判断预测未来物资需求发展趋势和需求规模、结构，得出预测结果。所谓横向比较类推预测方法是指在同一时期内对局部区域的物资需求情况与其他区域内的物资需求情况进行横向分析和比较，借助其他区域预测结果推测该区域未来物资需求状况。比较类推预测运用的是事物之间的相关性和相似性原理。由于绝对相同的事物是不存在的，两类事物某种属性的相同并不能保证它们其他的属性也相同。为了尽可能避免错误，提高预测的正确率，在运用比较类推预测时力求做到：类比的前提与结论之间要有内在的联系，不可机构类比；类比的事物应是同类事物或者按照同一依据进行类比；尽可能多的找到类比对象的共同属性，从两类事物的本质上去比较。

2. 动员物资需求定量预测

定量预测是根据已掌握的数据资料，运用统计方法和数学模型，对未来动员物资的需求水平进行推算。定量预测方法具有预测方法逻辑严密、结构严谨、预测结果较为准确的优点。但是，定量预测对适用条件要求也较高，如历史统计数据比较完备准确、需求发展变化的客观情况比较稳定、在发展变化的过程中较少发生质的突变等。另外，定量预测计算过程复杂，通常需要有专门的软件做支撑，对预测人员数学和计算水平要求也较高。

定量预测较适用于物资需求的短期预测分析中，如物资库存计划、运输调配决策等，它容易取得较为完备的历史统计数据，而且能够得到比较精确的预测结果。适应于短期物资需求预测的方法较多，较为代表性的有：指数平滑法、灰色模型预测法、回归分析法和组合预测法等预测方法。

（1）指数平滑法

指数平滑法是一种加权移动平均的预测方法。它的原理是，当已知 t 时点的实际值 X_1 后，由 X_1 和（$t-1$）点的期望值 S_2 求出 t 时点的期望值 S_1，然后用这个期望值 S_1 预测未来。根据应用目的不同，指数平滑法可分为一次指数平滑法、二次指数平滑法和三次指数平滑法。

A. 一次指数平滑法

设 X_t 为时间序列中时间点 t 的观测值，则 t 点的数据平滑值 S_t 为：

$$S_t = aX_t + (1-a)S_{t-1} \tag{7.1}$$

式中：a 为平滑常数，即加权系数。当 a 接近零时，对过去的实际值做最大的加权。当 a 接近于 1 时，对现在的实际值做最大的加权。总之是在 0—1 的范围内确定适应时间序列 X_i 特点的 a 值。通常，当需求稳定时，实际值的变动仅受偶然变动的影响，则取小的 a 加权值。如果需求不稳定，实际值的变动还受到偶然变动以外的变动（趋势变动、周期变动）的影响，则可取较大的 a 值加权。

B. 二次指数平滑法

二次指数平滑法适用于具有线性趋势的需求预测，因此，能用它对具有一定增长趋势的物资或具有一定下降趋势的物资进行需求预测。二次指数平滑是在相同的平滑系数 a，在一次指数平滑数列 S_t^1 的基础上，再进行一次指数平滑，构成时间序列的二次指数数列 S_t^2。

$$S_t^1 = aX_t + (1-a)S_{t-1}^1 \tag{7.2}$$
$$S_t^2 = aS_t^1 + (1-a)S_{t-1}^2$$

C. 三次指数平滑法

三次指数平滑法可用于对急剧上升或连续下降的物资需求进行预测。它是在二次指数平滑的基础上对时间序列进行三次指数平滑。

$$S_t^1 = aX_t + (1-a)S_{t-1}^1$$
$$S_t^2 = aS_t^1 + (1-a)S_{t-1}^2 \tag{7.3}$$
$$S_t^3 = aS_t^2 + (1-a)S_{t-1}^3$$

（2）回归分析法

回归通常用来表明一种现象由于另一种现象的变化而发生变化。根据某一个自变量（X）的变动，来推测另一个因变量（Y）变动的方向和程度，被称为回归预测。回归预测包括一元回归预测和多元回归预测。

A. 一元回归预测

影响事物变动的因素是多方面的，如果其中一个因素起基本的、决定性作用，而且自变量与因变量之间的数据分布呈现线性趋势，这时就可以运用一元线性回归方程进行预测。一元回归预测模型如下：

$$y = \beta_0 + \beta_1 x + \varepsilon \tag{7.4}$$

其中 β_0、β_1 为未知参数，也称为回归系数，x 为自变量或可控的随机变量，ε 为不可观测随机因素的总和。这些随机因素的总和应满足：

$$E(\varepsilon)=0,\ D(\varepsilon)=\sigma^2<\infty \tag{7.5}$$

利用一组观测值 $X=\{x_1, x_2, \cdots, x_n\}$, $Y=\{y_1, y_2, \cdots, y_n\}$ 做 β_0、β_1 的估计值 $\hat{\beta}_0$、$\hat{\beta}_1$，得到：

$$\hat{y} = \hat{\beta}_0 + \hat{\beta}_1 x \tag{7.6}$$

式中，$\hat{y}$ 表示 $\hat{\beta}_0$、$\hat{\beta}_1$ 确定后对于给定的 x 相应的 y 的预测值。通常使用最小二乘法对 β_0、β_1 进行估计，计算公式为：

$$\hat{\beta}_1 = \frac{\sum_{i=1}^{n} x_i y_i - \frac{\sum_{i=1}^{n} x_i \sum_{i=1}^{n} y_i}{n}}{\sum_{i=1}^{n} x_i^2 - \frac{(\sum_{i=1}^{n} x_i)^2}{n}} \tag{7.7}$$

$$\hat{\beta}_0 = \frac{\sum_{i=1}^{n} y_i}{n} - \hat{\beta}_1 \frac{\sum_{i=1}^{n} x_i}{n}$$

剩余方差$\hat{\sigma}_e^2$作为衡量回归方程估计值$\hat{y}_i$与实际值y_i之间的差异程度，其计算公式为：

$$\hat{\sigma}_e^2 = \frac{\sum_{i=1}^{n} (y_i - \hat{y}_i)^2}{n-2} \tag{7.8}$$

在求得回归方程之后，必须用相关系数法或 F 检验法来检验回归方程线性关系的显著性。用 t 检验法来检验每个自变量与因变量之间是否存在着线性相关关系，也就是等价检验每个自变量的系数 b^i 是否等于零。

B. 多元回归预测

当影响事物变动的因素是多个时，各种因素之间相互独立，则可用多元线性回归分析对因变量做预测。多元回归预测模型如下：

$$y = \beta_0 + \beta_1 x + \cdots + \beta_m x_m + \varepsilon \tag{7.9}$$

其中，x_m 为可观测随机变量，$\beta_0, \beta_1, \cdots, \beta_m$为未知参数，$\varepsilon$ 为不可观测的随机误差项，满足 E（ε） $=0$，D（ε） $=\sigma^2 < \infty$，建立多元线性回归预测模型为：

$$\hat{y} = \hat{\beta}_0 + \hat{\beta}_1 x + \cdots + \hat{\beta}_m x_m \tag{7.10}$$

仍用最小二乘法对参数$\beta_0, \beta_1, \cdots, \beta_m$进行估计。

设：观测到 n 组统计数据 $\begin{bmatrix} y_1 & x_{11} & x_{12} & \cdots & x_{1m} \\ y_2 & x_{21} & x_{22} & \cdots & x_{2m} \\ \vdots & & & & \vdots \\ y_n & x_{n1} & x_{n2} & \cdots & x_{nm} \end{bmatrix}$

令：$Y=\begin{bmatrix} y_1 \\ y_2 \\ \vdots \\ y_n \end{bmatrix}$，$\beta=\begin{bmatrix} \beta_1 \\ \beta_2 \\ \vdots \\ \beta_n \end{bmatrix}$，$X=\begin{bmatrix} 1 & x_{11} & x_{12} & \cdots & x_{1m} \\ 1 & x_{21} & x_{22} & \cdots & x_{2m} \\ \vdots & & & & \vdots \\ 1 & x_{n1} & x_{n2} & \cdots & x_{nm} \end{bmatrix}$

利用最小二乘法得：

$$\hat{Y}=X\hat{B}$$

令：$\widetilde{X}=\begin{bmatrix} x_{11}-\overline{x}_1 & x_{12}-\overline{x}_2 & \cdots & x_{1m}-\overline{x}_m \\ x_{21}-\overline{x}_1 & x_{22}-\overline{x}_2 & \cdots & x_{2m}-\overline{x}_m \\ \vdots & & & \vdots \\ x_{n1}-\overline{x}_1 & x_{n2}-\overline{x}_2 & \cdots & x_{nm}-\overline{x}_m \end{bmatrix}$，$\widetilde{Y}=\begin{bmatrix} y_1-\overline{y} \\ y_2-\overline{y} \\ \vdots \\ y_n-\overline{y} \end{bmatrix}$，$\hat{\beta}=\begin{bmatrix} \beta_1 \\ \beta_2 \\ \vdots \\ \beta_m \end{bmatrix}$

可得：

$$\begin{cases} \hat{\beta}=(\widetilde{X}\widetilde{X})^{-1}\widetilde{X}\widetilde{Y} \\ \beta_0=\overline{y}-\overline{x}_1\hat{\beta}_1-\overline{x}_2\hat{\beta}_2-\cdots\overline{x}_m\hat{\beta}_m \end{cases} \tag{7.11}$$

其中：

$$\overline{x}_i=\frac{1}{n}\sum_{i=1}^{n}x_i$$

$$\overline{y}_i=\frac{1}{n}\sum_{i=1}^{n}y_i$$

多元线性回归具有方差最小、线性等特征，当对回归方程做出估计和检验后，可以用建立的回归方程进行点预测和区间预测等预测分析。

C. 灰色模型预测法

灰色模型预测法是指由于历史数据不全面和不充分，或某些变量尚不清楚和不确定，使预测处于一种半明半暗的状态，随着事件的发展，数据的逐步积累，一些不确定的因素逐步明确，其预测将逐渐由暗变明。灰色模型预测法通过建立灰色预测模型来进行预测，该模型也被简称为 GM 模型。GM 模型的基本原理如下：

设原始时间数列$x^0=\{x^0(1),x^0(2),\cdots,x^0(n)\}$，对其做一次累加生成运算，即令：

$$x^1(k)=\sum_{i=1}^{k}x^0(i),k=1,2,\cdots,n \tag{7.12}$$

从而生成新数列 $x^1=\{x^1(1),x^1(2),\cdots,x^1(n)\}$，将新生成的数列进行白化：

$$\frac{dx^1}{dt}+ax^1=b \qquad (7.13)$$

其中 a，b 为辨识参数。

为了估计参数 a，b，将式（7.13）进行离散化处理得：

$$\Delta(x^1(k+1))+ax^1(k+1)=b,\ k=1,2,\cdots,n-1$$

$x^1(k+1)$为$\frac{dx^1}{dt}$在第$k+1$时刻的背景值，一般取其均值生成，即：

$$x^1(k+1)=\frac{1}{2}\left[x^1(k)+x^1(k+1)\right]$$

从而有：

$$\begin{cases} x^0(2)=a[-\frac{1}{2}(x^1(1)+x^1(2))]+b \\ x^0(3)=a[-\frac{1}{2}(x^1(2)+x^1(3))]+b \\ \cdots \\ x^0(n)=a[-\frac{1}{2}(x^1(n-1)+x^1(n))]+b \end{cases}$$

令$B=\begin{bmatrix} -\frac{1}{2}(x^1(1)+x^1(2) & -\frac{1}{2}(x^1(2)+x^1(3) & \cdots & -\frac{1}{2}(x^1(n-1)+x^1(n) \\ 1 & 1 & \cdots & 1 \end{bmatrix}^T$

$$Y=(x^0(2)\quad x^0(3)\quad \cdots\quad x^0(n))^T,\ a=(a\,b)^T \qquad (7.14)$$

则式（7.14）可简化为如下线性模型：

$$Y=Ba$$

由最小二乘估计法得：

$$a=(B^TB)^{-1}B^TY \qquad (7.15)$$

将（7.15）式估计出来的参数代入到（7.13）的白化形式，从而有：

$$\hat{x}^1(t)=(x^0(1)-\frac{b}{a})e^{-a(t-t_0)}+\frac{b}{a} \qquad (7.16)$$

式（7.16）为 GM（1，1）模型的时间响应函数形式，将其离散化得：

$$\hat{x}^1(k+1)=(x^0(1)-\frac{b}{a})e^{-ak}+\frac{b}{a} \qquad (7.17)$$

对序列$\hat{x}^1(k+1)$再做累加，可进行预测，即：

$$\hat{x}^0(k+1)=\hat{x}^1(k+1)-\hat{x}^1(k) \tag{7.18}$$

D. 组合预测法

由于物资需求预测总是在不确定并且往往不稳定的环境下进行的。单项预测方法受其方法和应用条件的限制，有时不能得到精确的预测结果。为了提高预测的精度，降低预测风险，可以采用组合预测方法。按组合预测与各单项预测方法的函数关系，组合预测可以分成线性组合预测与非线性组合预测。

设预测对象存在 m 个单项预测方法，利用这 m 个单项预测方法得到的第 i 个单项预测方法的预测值为f_i，$i=1, 2, \cdots, m$。

组合预测值$f=l_1f_1+l_2f_2+\cdots l_mf_m$，其中$l_1$，$l_2$，$\cdots$，$l_m$为各种预测方法的线性加权系数，并且$\sum_{i=1}^{m}l_i=1,\ l_i\geq 0,\ i=1, 2, \cdots, m$。

若组合预测值f满足$f=\phi(f_1, f_2, \cdots, f_m)$，其中 ϕ 为非线性函数，则可用非线性组合预测。

常见的非线性组合预测形式为：

$$f=\prod_{i=1}^{m}f_i^{l_i} \tag{7.19}$$

也称为加权几何平均组合预测模型。

三、物资动员需求分级

当战争或突发事件发生后，国民经济动员管理人员需要在物资需求预测的基础上，对需求预测中的物资进行分级，分级的目的是确定下一步物资动员的级别，级别高的物资优先动员保障，级别低的物资随后动员保障。特别是当可动员资源有限的情况下，这种分级动员的管理思想和方式极为重要。

（一）物资动员需求分级指标

科学的物资需求分级指标体系是对物资需求进行分级评判的前提。通常把物资的重要性、时效性和稀缺性作为物资需求分级的主要指标，建立物资需求分级指标体系，如图7—3所示。

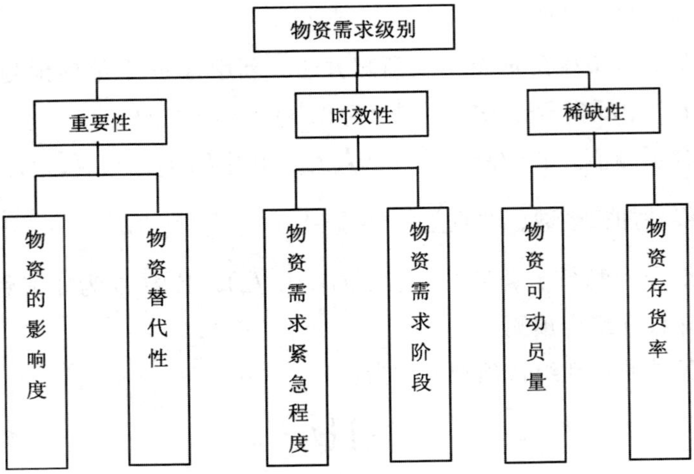

图7—3　应急物资需求分级指标体系

1. 物资重要性

物资重要性反映了某类物资在应急过程中的作用和地位。通常情况下，与人们的生命息息相关的物资是比较重要的物资，如药品、救生器材等，它们是第一时间内必需的物资。物资重要性包含两个分指标：物资影响度和物资的替代性。

物资的影响度指物资本身对于应战应急效果的影响程度，尤其是对人员救助的影响程度，影响程度越大的物资其重要程度也就越高。

物资的替代性指是否存在可替代的物资，该指标反映了物资是否具有唯一性，不可替代性越高的物资其重要程度也就越高。

2. 物资时效性

物资时效性反映了物资需求的时间紧迫性。通常情况下，在战时或急时物资作用的发挥有着其内在的时间要求，错过了最佳应用时机，物资将不再发挥作用。国际上通常的救助黄金时间为 72 小时，这段时间是抢救灾民的最佳“窗口时间”。这段时间也是对紧急物资需求的高峰期。物资时效性包含两个分指标：物资需求紧急程度和物资需求阶段。

物资需求紧急程度反映了用时间维衡量的物资效用变化情况，物资需求紧急程度越高的物资时效性越强。例如：在火灾求助中，如果在火灾发生后最短的时间内，消防能力能有效地控制火势，则火灾损失会大大减少。火灾损失与扑救延时之间存在着近似线性增函数，即：

$$L=\begin{cases}0 & T<15\\ a(T-15) & 15\le T\le T_{\max}\\ L_{\max} & T>T_{\max}\end{cases} \tag{7.20}$$

式中：L 为火灾损失值；T 为扑救前的火灾延时；a 为损失随扑救延时的增益系数；$T_{\max}$为火灾最大持续时间，即当消防不成功，可燃物燃尽而自灭的时间；$L_{\max}$为消防不成功时的最大损失值。

物资需求阶段在一定程度上也反映了物资的时效性，需求阶段越靠前的物资其需求时效性也就越强。

3. 物资稀缺性

物资稀缺性是指需要的物资与当地物资存量之间的比例，反映了物资的可动员情况，也反映了动员潜力转化为动员实力的可能。物资稀缺性包含有两个指标：物资可动员量和物资存货率。

物资可动员量是物资需求量减去维持日常最低需求量之后的物资余量，是物资流量的反映，物资可动员量越大，其相对稀缺性就越小。物资可动员量受采购、调运难易程度等多种因素影响。

物资存货率是指当地对该类物资的储备情况，储备越充足，物资的稀缺性越低。

目前，一般将动员物资需求划分为四级，级别从高到低依次为：一级（特急需求），对应颜色为红色；二级（紧急需求），对应颜色为橙色；三级（较急需求），对应颜色为黄色；四级（一般需求），对应颜色为蓝色。

（二）动员物资需求分级方法

目前，常用的分级分类方法有聚类分析法、模糊综合评判法和层次分析法。这些方法也同样适用于动员物资需求分级中。

1. 聚类分析法

聚类分析是一种研究分类问题的数据分析方法，它一般有两种类型，即按样品聚类或按变量（指标）聚类，其基本思想是通过定义样品或变量间“接近程度”的度量，在此基础上，将“相近”的样品或变量归为一类，使得同一个组内的数据对象具有较高的相似度，而不同组之间的数据对象相似度却很小。通常利用各对象间的距离来进行描述相似程度。彼此相似的一组对象构成的集合称为一个类或一个簇。不同类中的对象通常是不相似的，在许多应用中，一个类中所有对象常常被当作一个对象来进行处理分析。聚类分析的数学模型如下：

已知模式样本集 $\{X\}$ 有 n 个样本和 K 个模式分类 $\{s_j=j,\ 1,\ 2,\ \cdots,\ K\}$ $\{s_j,\ j=1,\ 2,\ \cdots,\ K\}$，每个样本有 d 个特征指标，由此得到一个样本矩阵 X 如下：

$$X=\begin{bmatrix} X_{11} & X_{12} & \cdots & X_{1d} \\ X_{21} & X_{22} & & X_{2d} \\ \vdots & \vdots & & \vdots \\ X_{n1} & X_{n2} & \cdots & X_{nd} \end{bmatrix} \tag{7.21}$$

矩阵 X 中，每一行为一个样本，$X_{i1},X_{i2},\cdots,X_{id}$为第 i 个样本的 d 个特征指标，以每个模式样本到各自聚类中心距离之和达到最小为标准，其目标函数为：

$$T=\min\sum_{j=1}^{K}\sum_{X\in S_i}\left\|X-m_j\right\| \tag{7.22}$$

其K为聚类数目，m_j表示第j类样本（S_j）的均值向量，$\sum_{i=1}^{n} y_{ij}=1$，表示模式样本i只能分配给一个聚类中心。其设置规则为：若模式样本i分配第j聚类中心，则$y_{ij}=1$，否则$y_{ij}=0$。

2. 模糊综合评判法

模糊综合评判是借助于模糊数学的一些概念，对实际的综合评价问题提供一些评价的方法，也就是对具有多种属性的事物，或者说其总体优劣受多种因素影响的事物，做出一个能合理地综合这些属性或因素的总体评判。多数情况下，评判涉及模糊因素，用模糊数学的方法进行评判是一条可行的也是一条较好的途径。模糊综合评判作为模糊数学的一种具体应用，最早是由我国学者汪培庄提出的。它克服了传统数学方法结果单一性的特点，可对涉及模糊因素的对象系统进行综合评价，结果包含的信息丰富，较好地综合了决策者的主观判断，非常适合用于对判断的模糊性和不确定性问题进行分析。

模糊综合评判法的具体评价步骤为：

第一步：确定评语集。

评语集是以评判者对被评价对象可能做出的各种评判结果的集合，通常用V表示，即：

$$V=(v_1,v_2,\cdots,v_m) \tag{7.23}$$

其中，v_i表示各种可能的评判结果，共有m个。模糊综合评判就是要在考虑所有影响因素的基础上，从评语集中得出对被评价对象的最佳评判结果。

第二步：建立因素集。

因素集是以影响评判对象的各种因素为元素组成的集合，用U表示，即：

$$U=(u_1,u_2,\cdots,u_n) \tag{7.24}$$

其中，u_i代表影响因素，共有n个影响因素。通常情况下，这些因素都具有某种程度的模糊性，其模糊性用隶属函数来表示。

第三步：分配权重向量。

一般情况下，各个因素的重要程度不一样。为了反映各因素的重要程度，对各个因素 u_i 赋予相应的权重系数 w_i，它反映了各个因素的相对重要程度，由各因素的权重组成的集合称为因素权重集 W，也称为权重向量。

$$W=(w_1,w_2,\cdots,w_n) \tag{7.25}$$

w_i 表示各评价因素在综合评判中的重要性比重。同时，各权重因子还应满足归一化条件和非负条件，即：

$$\sum_{i=1}^{n} w_i=1, w_i\in[0,1],\ w_i\geq 0 \tag{7.26}$$

第四步：单因素模糊评判。

模糊综合评判利用首先对单因素进行评判，然后再对单因素评判结果进行综合，得到最终的综合评判结果。设评判对象按因素集中第 i 个因素 u_i（$i=1，2，\cdots，n$）进行评判时，对评语集中第 j 个元素 ν_j 的隶属度为 r_{ij}（$j=1，2，\cdots，m$），则按第 i 个因素 u_i 评判的结果可用模糊集合表示为 R_i：

$$R_i=(r_{i1},r_{i2},\cdots,r_{im}) \tag{7.27}$$

它是评语集 V 上的一个模糊集合。将 n 个因素的评判集组成一个总的评价矩阵：

$$R=\begin{bmatrix} R_1 \\ R_2 \\ \vdots \\ R_n \end{bmatrix}=\begin{bmatrix} r_{11} & r_{12} & \cdots & r_{1m} \\ r_{21} & r_{22} & \cdots & r_{2m} \\ \vdots & \vdots & \vdots & \vdots \\ r_{n1} & r_{n2} & \cdots & r_{nm} \end{bmatrix} \tag{7.28}$$

单因素评判矩阵 $R=(r_{ij})$，r_{ij}表示评判对象的第 i 个因素隶属于评语 ν_j 的程度。

第五步：综合评判结果。

由单因素评判矩阵 R 可知，R 的第 i 行，反映了第 i 个因素影响评判对象隶属于各个评语集的程度；R 的第 j 列，反映了所有因素影响评判对象隶属于第 j 个评语集元素的程度。当权重 W 和单因素评判矩阵 R 为已知时，便可通过模糊变换来进行综合评判。

令 $B=$（b_1，b_2，$\cdots$，b_n），其中 b_j 表示评判对象隶属于评语的综

合评判结果。b_j 可由下式表示：

$$b_j = M_m(r_{1j}, r_{2j}, \cdots, r_{mj}),\ j=1, 2, \cdots, n \tag{7.29}$$

其中：M_m 为权重向量的综合函数。

故综合评判结果：

$$B=(M_m(r_{11}, r_{12}, \cdots, r_{m1}), \cdots, M_m(r_{1m}, r_{2m}, \cdots, r_{mn}) \tag{7.30}$$

经过模糊合成后，求得模糊综合评判矩阵为：

$$\begin{aligned} B &= (b1, b2, \cdots, bn) = W \circ R \\ &= [w_1, w_2, \cdots, w_n] \circ \begin{bmatrix} r_{11} & r_{12} & \cdots & r_{1m} \\ r_{21} & r_{22} & \cdots & r_{2m} \\ \vdots & \vdots & \vdots & \vdots \\ r_{n1} & r_{n2} & \cdots & r_{nm} \end{bmatrix} \\ &= (b_1, b_2, \cdots, b_m) \end{aligned} \tag{7.31}$$

式中，“。”表示合成运算，B 为模糊综合评判集，$b_j(j=1,2,\cdots,m)$为模糊综合评判指标。

3. 层次分析法

层次分析法（AHP）是美国著名运筹学家萨蒂（T. L. Saaty）于 20 世纪 70 年代末提出的一种定性与定量分析相结合的系统分析方法。AHP 把复杂问题分解成各个组成因素，又将这些因素按支配关系分组形成递阶层次结构。通过两两比较的方式确定层次中诸因素的相对重要性。然后综合决策者的判断，确定决定方案相对重要性的总的排序。整个过程体现了人的决策思维的基本特征，即分解、综合判断。AHP 将人的主观判断用数量形式进行表达和处理，是一种有效的定性与定量相结合的决策分析方法，大大提高了决策的有效性、可靠性和可行性。一般来说，运用 AHP 方法进行决策时，大体包含下列四个步骤：

（1）建立目标层次结构

首先明确问题的范围，所包含的因素，各因素之间的相互关系。然后，将问题所含的因素进行分组，把每一组作为一个层次，按照目标层、准则层以及方案层的形式排列起来。这种层次结构常用结构图来表示，如图 7—4。

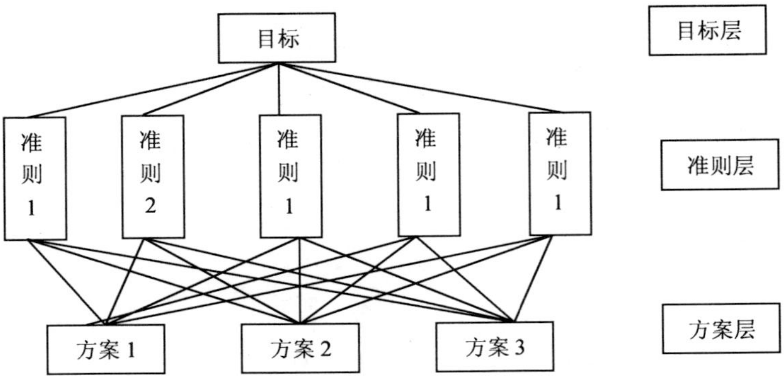

图 7—4　目标层次结构图

（2）构造判断矩阵

针对上一层次中的某元素，构造该层次中各有关元素相对重要性的比较情况，比较判断矩阵形式如下：

$$B=\begin{bmatrix} b_{11} & b_{12} & \cdots & b_{1d} \\ b_{21} & b_{22} & & b_{2d} \\ \vdots & \vdots & & \vdots \\ b_{n1} & b_{n2} & \cdots & b_{nd} \end{bmatrix} \tag{7.32}$$

其中，b_{ij}表示对于上一层次元素 A_k 而言，下层次元素 B_i 对 B_j 的相对重要性的判断值。通常 b_{ij}取 1、3、5、7、9 等 5 个等级标度。判断矩阵的数值是根据数据资料、专家意见和分析者的认识，加以平衡后给出。

（3）层次单排序

层次单排序的目的在于确定本层次与之有联系的元素重要性次序的权重值。可通过计算判断矩阵的特征根和特征向量求得，计算满足下列等式的特征根和特征向量：

$$BW=\lambda_{\max}W \tag{7.33}$$

$\lambda_{\max}$为 B 的最大特征根，W 为对应于$\lambda_{\max}$的正规化特征向量，W 的分量 W_i 即为对应元素单排序的权重值。

为了检验判断矩阵的一致性，需要计算它的一致性指标：

$$CI=\frac{\lambda_{\max}-n}{n-1} \tag{7.34}$$

当 $CI=0$ 时，判断矩阵具有完全一致性；反之，CI 越大，则判断矩阵的一致性就越差。一般地，当 $CI=\frac{\lambda_{\max}-n}{n-1}<0.1$ 时，就认为判断矩阵具有令人满意的一致性；否则，当 $CI\geq 0$ 时，就需要调整判断矩阵，直到满意为止。

（4）层次总排序

利用同一层次中所有元素单排序的结果，就可以计算出针对上一层次而言的本层次所有元素的重要性权重值。

假设上一层次所有元素 A_1，A_2，…，A_m 的层次总排序已经完成，得到的权重值分别为 a_1，a_2，…，a_m。同时与 A_j 对应的本层次元素 B_1，B_2，…，B_n 的层次单排序结果为 b_1^j，b_2^j，…，b_n^j。那么，得到层次总排序如表 7—1。

表 7—1　层次总排序表

A 层 / B 层	A_1	A_2	…	A_m	B 层次的总排序
	a_1	a_2	…	a_m	
B_1	b_1^1	b_1^2	…	b_1^m	$\sum_{j=1}^{m} a_j b_1^j$
B_2	b_2^1	b_2^2	…	b_2^m	$\sum_{j=1}^{m} a_j b_2^j$
…	…	…	…	…	…
B_n	b_n^1	b_n^2	…	b_n^m	$\sum_{j=1}^{m} a_j b_n^j$

为了评价层次总排序的计算结果的一致性，类似于层次单排序，也需要进行一致性检验。

四、动员物资筹集

动员物资筹集是指国家在紧急状态下依法对应战或应急所需物资的紧急筹措。一切与战争或突发事件相关的生产资料和生活资料都可能变为筹集的内容，如弹药、药品、粮食、石油、设备、维修器材、运输工具等。物资筹集是国民经济动员中的一个重要组成部分，是继物资需求预测和分级后一个重要环节，筹集方案的优劣直接决定着物资动员的效果。

（一）物资动员筹集方式

物资动员筹集作为国民经济动员活动中的一项重要内容，具有一定的强制性和社会性。随着社会主义市场经济的逐步完善，非公有制经济在国民经济中所占的比重越来越大，要求国民经济动员的手段、方式要具有灵活性与多样性，综合利用行政、法律、经济等筹集方式和手段。概括起来紧急状态下物资筹集方式主要有以下几种。

1. 动用储备

直接调用战略储备物资是应急物资筹集的首选，可以缩短物资筹集的时间，而且不对人民群众的正常生活和经济秩序造成过大的负面影响。

2. 市场采购

在平时潜力数据调查的基础上，对调用储备、征收征用不能满足需求的物资，实行政府紧急采购。在采购的过程中可以引入竞争机制，尽可能直接向物资供应商进行采购，减少流通环节，加快物资筹集速度。

3. 征收征用

依照相关法律对一些生产流通企业生产、经销的物资进行紧急征收征用，以满足战争或突发事件对物资的需求，动员结束后，按照所征收征用物资的品种、规格、数量、市场平价以及征用时间等对物资供应商进行一定的补偿。

4. 紧急扩产

由于突发事件具有一定的不确定性和未知性，有些物资需要组织突击研制、生产，在已有生产线的基础上，快速进行转产、扩产，以确保国民经济动员潜力尽快转变为实力，最大限度地满足战争或突发事件对物资的需求。

（二）动员点及动员量选择

当战争或重大突发事件发生以后，国民经济动员管理人员需要在已有经济动员潜力数据的基础上，快速制订出物资筹集方案。设 S_1，S_2，…，S_n 为 n 个可供选择的物资动员点，S_i 点的物资可动员量为 b_i（$b_i>0$），$i=1$，2，…，n，这些数据来源于平时已知的动员潜力调查数据，D 为物资需求点，D 上的物资需求量为 d，且 $\sum_{i=1}^{n} b_i \geq d$，从 S_i 到 D 需要的时间为 t_i（$t_i>0$），从 S_i 动员单位物资到 D 所需的动员成本为 c_i，要求制订出一个最优的物资筹集方案，既从 n 个可供选择的动员点中确定出 m（$m \leq n$）个动员点参与此次动员活动，并且确定相应的动员量 x_i（$x_i \geq 0$），当 $x_i=0$ 时表示对应的 i 点未被选中，筹集决策目标是满足物资需求的条件下，使动员时间最短，动员费用最小。经过抽象以后的物资筹集决策问题示意图，见图 7—5。

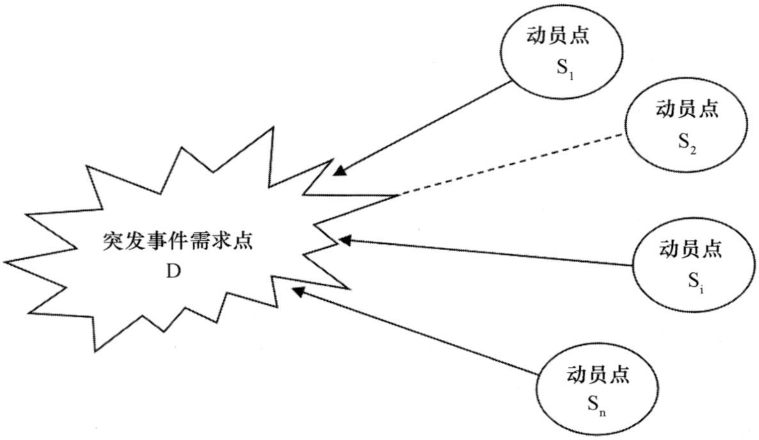

图 7—5　应急物资筹集决策问题

设物资筹集方案的形式为 ϕ，则任一方案 ϕ 可表示为$\varphi=\{(S_1,x_1),(S_2,x_2),\cdots,(S_n,x_n)\}$，其中$0\le x_i\le b_i$，$\sum_{i=1}^{n}x_i=d$。

在制订物资动员筹集方案，选择动员点和动员量时，如果动员的物资时效性很强，也就是错过了“黄金窗口期”，物资的使用效果将大大下降，这时应该把动员时间最短做为决策的主要指标；如果动员的物资时效性不是特别强，这时可以把动员成本做为决策的主要指标；通常情况下，需要综合衡量动员时间与动员成本，选择两者最优的物资筹集方案。因为，单纯追求最短时间，有可能无形之中提高动员成本。

五、物资动员调配

物资动员调配是指在最短的时间内把物资由动员点运送到需求点。物资调配是物资动员活动中的一个重要环节，调配方案的优劣直接决定着动员的效果。物资调配决策问题的关键在于对调配路径的选择，也就是动员点到需求点之间的最短路。

（一）物资动员调配方式

物资动员的调配方式根据调配工具不同，可分为公路调运、铁路调运、航空调运、水路调运等。

1. 公路调运

公路运输比较适宜于内陆地区运输短途的物资，可以与铁路、水路、空运实行联运。优点是运输速度快，机动灵活，适应性强，运输时间有保证，适用于短距离运输，运输费用比较小。缺点是运输能力小，不适宜运输大宗和长距离的物资，运输中能耗比较高，安全性不高。

2. 铁路调运

铁路运送的货物固定于铁路网上，具有运输速度快、不受自然条件限制、载运量大、运输成本低等优点，铁路运输比较适用于大批量、规模化的物资的调运，在中长途运输中具有其他运输方式不可比拟的优点。主要缺点是灵活性差，只能在既有的铁路线上进行运输，通常需要与其他短途运输方式相结合使用。

3. 航空调运

航空调运适用于远距离，大批量货物的快速调运。主要优点是运输速度快，运量比较大，能够保证运输准时的要求。缺点是运输费用和成本比较高，受机场、航道等硬件设施的限制，易受自然条件的影响。

4. 水路调运

水运比较适用于运距长、运量大、时间性不太强的大宗货物。优点是运输能力大，在四种运输方式中，水运的能力是最大的，世界上最大油船的运载能力已超过 50 万吨；通用性强，可运送各种货物，尤其是大件货物；平均运距比较长，适用于大件和大批量运输。缺点是运输速度比较慢，运输时间难以保证精确，受自然条件影响比较大。

另外，根据物资的形态不同，还可能采用管道运输等调运方式，现实中对动员物资的调运通常是多种调运方式混合使用。本书在研究过程中，不对具体的调运方式进行研究，借用图论中的思想，把物资调运网络抽象为一张赋权有向图，不同的调运方式只会影响到图中弧对应的调运时间和单位物资动员成本。

（二）物资动员调配路径

物资动员活动可以看作是在物资动员网络体系中进行的物资紧急筹集与调配活动。仓库、储备中心、工厂、企业等为动员对象，也是应急物资的供应点；铁路、公路、水路、航线、管网等是连接网络实体的纽带，是实现物资流动的桥梁；战争或突发事件发生地是物资的需求者。整个网络体系中物资的配置是在国民经济动员办公室的协调下有目的、有计划进行的，经济动员办公室可以看成是整个网络体系的指挥者和管理者，是物资动员调配方案的制定者。

借用图论的思想，可以把物资动员网络抽象为一个有向图 $D=(V,E)$，各个参与动员活动的实体位于图的节点 ν 上，各种交通线路构成了图的边 e，边的权值 $w(e)$ 表示相邻两节点间的调运时间。设 P 是 D 中从动员点 ν_s 到需求点 ν_t 的一条路，定义路 P 中的权是 P 中所有边权之和，记为 $w(p)$。物资调配决策问题就是从 ν_s 到 ν_t 的所有路中，求一条权最小的路，即求一条从 ν_s 到 ν_t 的路 P_0，使得：

$$w(P_0)=\min_{p} w(P) \tag{7.35}$$

式（7.35）中对 D 中所有从 ν_s 到 ν_t 的路 P 取最小，也称 P_0 是从 ν_s 到 ν_t 的最短路，路 P_0 的权称为从 ν_s 到 ν_t 的距离，记为 $d(\nu_s,\nu_t)$。

最短路问题是运筹学研究中的一个经典问题，对于边值为确定数值的研究已有较为成熟的算法，目前，最短路算法已经有 10 余种之多，但是 Dijkstra 算法和 For – Bellman 算法被认为是最有效的方法。目前对路径算法问题的研究主要集中在两个方面：一方面是以上述两种算法为基础，从数据结构和编程实现的角度来减少对数据的访问量和计算时间，提高算法的效率；另一方面是研究由基本算法派生出的许多变形问题，如多权网络路径、随机网络和模糊网络路径等。

当所有的 $w(e) \geq 0$ 时，目前公认的最好的方法是迪斯科彻（Dijkstra）于 1959 年提出的算法，称为 Dijkstra 算法，也称为标号算法，它的优点是计算点对点的最短路径时效率较高，特别是对于近距离点对点最短路径计算。算法简单明了，易于学习和掌握，而且计算步骤十分直观。该算法的基本思想是从 ν_s 出发，逐步地向外探寻最短路。执行过程中，与每个点对应，记录下一个数（称为这个点的标号），它或者表示从 ν_s 到该点的最短路权（称为 P 标号），或者是从 ν_s 到该点的最短路权的上界（称为 T 标号），方法的每一步是去修改 T 标号，并且把每一个具 T 标号的点改变为具 P 标号的点，从而使 D 中具 P 标号的顶点数多一个，这样，至多经过 $P-1$ 步，就可以求出从 ν_s 到各点的最短路。

在 Dijkstra 方法的具体步骤中，用 P，T 分别表示某个点的 P 标号、T 标号，S_i 表示第 i 步时，具 P 标号点的集合，$\lambda(v)=m$ 表示在从 ν_s 到 ν 的最短路上，ν 的前一个点是 ν_m，如果 $\lambda(v)=M$，表示 D 中不含从 ν_s 到 ν 的路，$\lambda(\nu)=0$ 表示 $\nu=\nu_s$。

Dijkstra 算法的具体步骤如下：

开始$(i=0)$，令 $S_0=\{v_s\}$，$P(v_s)=0$，$\lambda(v_s)=0$，对于每个 $v \neq v_s$，令 $T(v)=+\infty$，$\lambda(v)=M$，令 $k=s$。

STEP1：如果 $S_i=V$，算法终止，这时，对每个 $v \in S_i$，$d(v_s,v)=P(v)$；否则转入 STEP2。

STEP2：对于每个使 $(v_k,v_j)\in A$ 且 $v_j \notin S_i$ 的点 v_j，如果 $T(v_j)>P(v_k)+w_{kj}$，则把 $T(v_j)$ 修改为 $P(v_k)+w_{kj}$，把 $\lambda(v_j)$ 修改为 k；否则转入 STEP3。

STEP3：令 $T(\nu_{ji}) = \min\limits_{\nu_j \notin S_i} \{t(\nu_j)\}$

如果 $T(\nu_{ji})<+\infty$，则把 ν_{ji} 的 T 标号变为 P 标号 $P(\nu_{ji})=T(\nu_{ji})$，令 $S_{i+1}=S_i \cup \{\nu_{ji}\}$，$k=j_i$ 把 i 换成 $i+1$，转入 STEP 1；否则终止，这时对

每一个$v \in S_i$，$d(v_s,v)=P(v)$，而对每一个$v \notin S_i$，$d(v_s,v)=T(v)$。

六、物资动员储备

物资储备是物资动员的重要内容之一，物资储备决策包括储备仓库的布局、修建数量和容量，储备物资的种类、方式、储备物资的数量规模，储备物资的合理维护和有效管理，以及与物资储备相关的政策法规等。

（一）物资储备方式

物资的储备按照不同的分类标准有不同的储备方式：按照储备的形态可分为有形储备和无形储备；按储备的主体可分为国家储备、地方储备、军队储备、社会储备和家庭储备；按照储备的所有权可分为政府实物储备、协议企业合同储备和协议企业生产能力储备。

1. 国家实物储备

国家实物储备指国家及各级地方政府为了应对战争或重大突发事件的需要，对一些事关国计民生和国家安全的重要物资在各级应急储备库进行储备的活动。政府储备可分为中央储备和地方储备。政府储备是动员物资筹集的首选方式，是动员物资最主要、最直接、最可靠的来源。政府储备具有物资供应迅速、保障能力强、可靠度高的特点。但是，国家储备成本较高，且不利于物资轮换。受到库存容量和储备资金的限制，动员物资不可能全部来源于政府储备，因此，需要结合应战与应急的现实需求，合理确定政府储备的规模和结构，提高政府储备的针对性和使用效率。

2. 协议企业合同储备

这是指国家及各级政府在实物储备以外，通过与相关企业签订储备合同，将一部分应急物资交由企业储备管理，以保证紧急状态下对物资的应急需求。我国《突发事件应对法》中明确规定："县级以上地方各级人民政府应当根据本地区的实际情况，与有关企业签订协议，保障应急救援物资、生活必需品和应急处置装备的生产、供给。"地方政府通常与辖区内的几家大型生产企业和商贸流通企业签订储备协议，进行食品类、生活用品类物资及部分救生器材的储备，以满足紧急状态下应急使用。

3. 生产力储备

生产力储备是指政府确定具有一定生产能力的企业作为储备企业，在发生重大突发事件时，迅速生产应急物资。在实践中实现的方式也多种多样，可以利用签订紧急供货协议的方式，也可以利用紧急征用合同的形式。生产力储备可以弥补动员物资实物储备过少影响应急救援或者过多增加成本的现象，对于突发事件的处置非常有利。但是物资生产需要一定的时间，因此其保障能力较弱，不适用于时效性强的动员物资的储备。生产力储备主要适用于不易长期储存，或储存需要太多空间，并且转产时间短、生产不需要很长周期的物资。

生产力储备的物资主要有下几类：一是医药、食物等时效性较强的物资，不易做实物储备；二是物资需求量少，本国资源相对丰富，获取容易的物资；三是物资生产周期短，扩大生产容易的物资。政府管理部门通常通过与企业签订储备协议、给予相应的财政补贴、定期或不定期到储备企业实地检查，及核查储备企业上报储备品种生产数据等方式，保障生产力储备的可靠执行。

（二）物资储备规模

物资储备规模是在选择储备类型的基础上，确定合理的储备数量，解决“储多少”的问题。准确计算物资储备数量需要对国内外形势做科学分析和判断，是一件比较困难的事情。在确定物资储备规模时，既要考虑满足预期应战或应急需要，同时还要在保证有效需求的情况下，使储备的数量最小，以保证储备的成本最低。

1. 影响物资储备规模的主要因素

美国国防部每年要向国会提交一份储备物资需求量报告，该报告主要利用“三阶段分析法”来确定储备物资需求量，并给出储备建议。储备建议中通常要考虑紧急状态的期限和严重程度，拟动员的军力规模，敌军行动造成的损失，支援国家紧急状态所需的军事、工业和民用物资，从国外获得战略和应急物资供应的情况，紧缩民用开支等。苏联在确定物资储备规模时主要依据为：一是国内平时生产少，战时需要多的物资要多存；二是不仅要储备用于战备的物资，还要储备用于防范天灾人祸需要的物资。基于这种考虑，苏联确定了各类物资的储备规模，如：煤、拖拉机、汽车用油、柴油等要保证1—3个月的储备量；粮食储量要保障一年的需求量；炮弹钢、子弹铜、钢轨等要满足3—6个月的使用量。从对美国和苏联的分析可以看出，在确定物资储备规模时主要考虑的因素有以下几个方面：一是该类物资在国民经济和社会生活中的地位；二是该类物资的供需均衡状况；三是该类物资的对外依存度；四是该类物资的生产周期；五是该类物资的可替代性；六是该类物资的成本和收益；七是该类物资的市场价格。物资适当储量（RE）通常是由V、S、D、E、Pt、R、C、I、P等变量来综合决定的，可以写成RE = F（V、S、D、E、Pt、R、C、I、P），如表7—2所示。

表7—2　影响物资储备规模的主要因素

变量	因素	作用
V	某类物资在国民经济和社会生活中的地位、作用	通过对国民经济投入产出分析，或者利用线性回归测出该类物资需求与GDP规模的关联度，据此确定该类物资的重要性

续表

变量	因素	作用
S、D	某类物资的供需均衡状况	需求大于供给的物资应储备，缺口越大储备越多
E	某类物资对外依存度	进口数量越大、来源国集中度越高、进口风险越高的物资应多储备
Pt	某类物资的生产周期	生产周期越长的物资，储备规模应加大
R	某类物资的可替代性	可替代性越小的物资，储备规模应越大
C、I	某类物资储备的成本和收益	寻求储备成本 C 与储备收益 R 之间的最佳均衡点
P	某类物资价格	受市场价格剧烈波动的物资，应保持适当规模储备

2. 确定物资储备规模常用方法

目前，在确定物资储备规模时常用的方法有三种。一是成本收益分析法。该方法把成本收益分析的思想引入到对物资储备量的优化中，其方法的基本思想是储备物资的总成本没有超过因储备存在而避免的潜在经济损失，储备的规模就是合理的，即最优经济储备量为储备总成本等于潜在经济损失量。二是经济福利分析法。利用该方法可以计算某种已储备或应储备物资对国家的净效益，以及所储备物资对国内受影响部门的效益和成本，还可以为物资的采购和处置时间提供依据。三是需求与供给分析法。通过分析一定时期内物资的供求关系，来测算该类物资的最优储备规模。另外，还有多目标规划方法，通过对多个储备目标的权衡分析，确定最优的储备规模。

（1）成本收益分析法

理论上讲，一国持有的储备数量 Q 越多，由此形成的收益总量也越大。若以 TB 表示效益总量，则 TB 和 Q 两者的关系可由图 7—6 表示。在图中可以看出，收益总量曲线（TB）随着储备数量 Q 的增加，具有向上倾斜的特点。也就是说，持有储备的总量效益与储备数量是正相关的。但是，由于储备总量收益存在边际效益递减的规律，收益总量曲线又呈下凹的图形，物资储备的边际收益有趋于0的递减趋势，但不会出现负数。

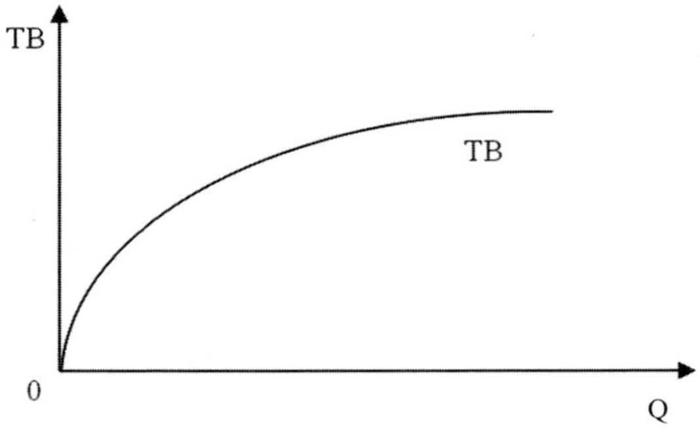

图7—6　储备总收益曲线

持有储备总成本（*TC*）会随着储备数量的增加而增加，储备总成本也为向上倾斜的曲线。也就是说储备成本总量与储备数量正相关。与收益总量曲线不同的是，成本总量曲线是向上凹的。随着储备总量的增加，储备总成本成边际递增趋势。如图7—7所示：

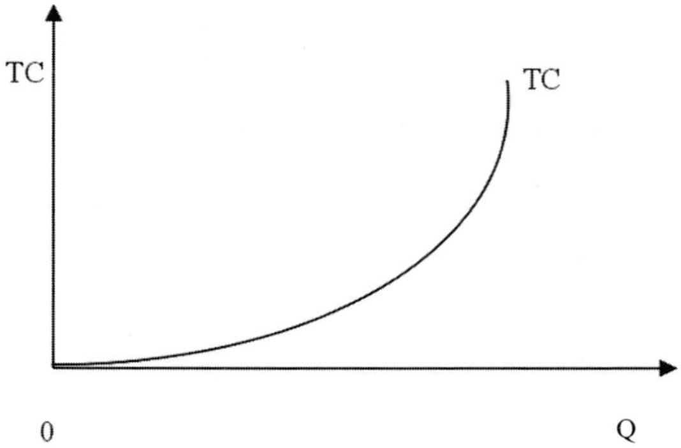

图7—7　储备总成本曲线

如果将上述两图结合在一起，将说明成本总量和收益总量对储备需求和储备规模的最优决定。从图7—8可以看出，当储备总收益大于储备总成本时，会形成对储备的总需求 0 到 Q_c；当储备总量大于 Q_c 时，储备的总成本会大于总收益；当储备数量等于 Q_c 时，储备总收益等于总成本，Q_c 可以看作是储备需求的临界点。根据成本总量曲线和收益总量曲线各自的特点及其相互关系，利用收益净值极大化的方法，可以确定储备的最优水平。在图 7—8 中，表现为收益总量曲线与成本总量曲线的离差为最大时的储备量，即 Q_0。

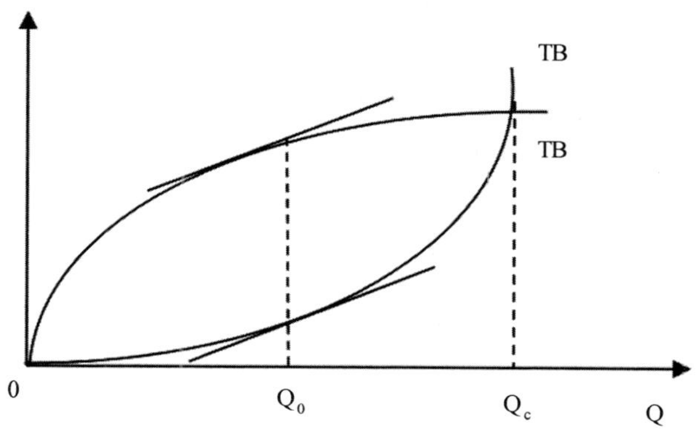

图 7—8　储备总成本与总收益曲线

当 $Q < Q_0$ 时，储备边际收益大于储备边际成本，因而增加储备量仍可增加储备收益净值；当 $Q_0 < Q < Q_c$ 时，储备边际收益小于边际成本，若继续增加储备则收益净值转为负数。因此，在 Q_0 点，储备边际收益等于边际成本，*TB* 曲线与 *TC* 曲线的斜率相等，故储备净收益值达到最大。因此，Q_0 为最优储备量。

在应用成本收益法确定物资最优储备量时，需要把不同的物资储备按照单位储备成本和在应对重大突发事件时所能取得的收益量化后具体分析。物资储备成本通常包括直接成本和间接成本，直接成本如采购成本、储备设施费用等，间接成本包括机会成本、运行费用等。物资储备收益用该单位物资的储备可以避免的潜在经济损失来衡量。

（2）经济福利分析法

市场经济理论认为，市场可以依靠价格机制调节暂时的物资短缺和价格波动，从而实现资源配置的帕累托效率。但在市场失灵的情况下，需要通过某种政策进行福利转移和补偿，实现帕累托改进，从而达到社会福利最大化的帕累托效率。短期内某些人的福利可能会受到损失，从长期来看所有人的境况都会由于社会生产效率的提高而“自然而然”地获得补偿，这便是卡尔多—希克斯补偿检验理论。按照这种思想，假定政策 A（不建立储备）时为原状态，引入政策 B（建立储备）并实施后为新状态。如果政策 B 的实施使社会净收益大于实施政策 A 时的原有状态所获得的社会净收益，受益者可以将其增加的福利转移给福利损失者一部分用以补偿其损失，就可以认为是一次实际的帕累托改进。如在政策 B 的实施中没有实现福利转移，称为潜在的一次帕累托改进。不管是潜在的改进，还是实际的改进，都使资源的配置得到进一步优化，经济效率得到明显提高。

假设在正常自由贸易条件下，物资的供应、进口和消费供需均衡模型如图 7—9 所示：

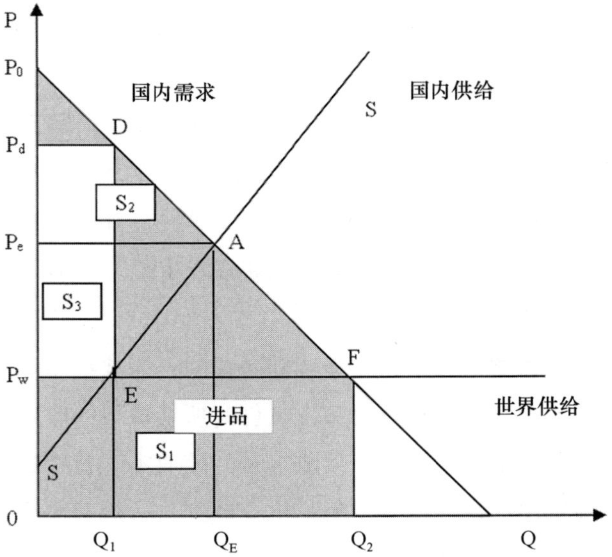

图 7—9　物资生产、进口和消费供需均衡分析模型

正常自由贸易条件下，国内消费商以 P_w 的价格购买到 OQ_2 数量（其中 Q_1Q_2 数量为进口量）的物资，采购成本为 $P_w \times OQ_2$，即长方形 OQ_2FP_w 的面积，用 S_1 表示。境外优质低价物资的进口，可以为国内消费商带来采购成本的节约，节约的采购成本为三角形 P_wFP_o 的面积，即 $[(P_0-P_w) \times P_wF]/2$，用 S_2 表示，称为消费者剩余。受供给成本的影响，国内供应商只能以 P_w 的价格供给 OQ_1 数量的物资，无法索取 P_d 高价格，机会损失为长方形 P_wEDP_d 的面积，用 S_3 表示。显然，消费商进口 Q_1Q_2 数量物资弥补了 EF 供需缺口，节约了采购成本，带来 S_2 的消费者剩余，完全能弥补供应商 S_3 的机会损失，$S_2>S_3$，产生三角形 P_dDP_o 和三角形 EFD 的净收益，从而实现帕累托效率和社会福利最大化。然而，在战争或非常时期，境外物资进口中断，短期内国内市场供需失衡，供给缺口的存在和供需缺乏弹性，国内物资价格将会从 P_w 飞涨到 P_d。虽然供应商挽回了 S_3 的机会损失，但消费商则承受梯形 P_wFDP_d 面积的损失而无法得到补偿，净损失三角形 EFD 面积的收益，使社会福利最大化的帕累托效率无法实现。

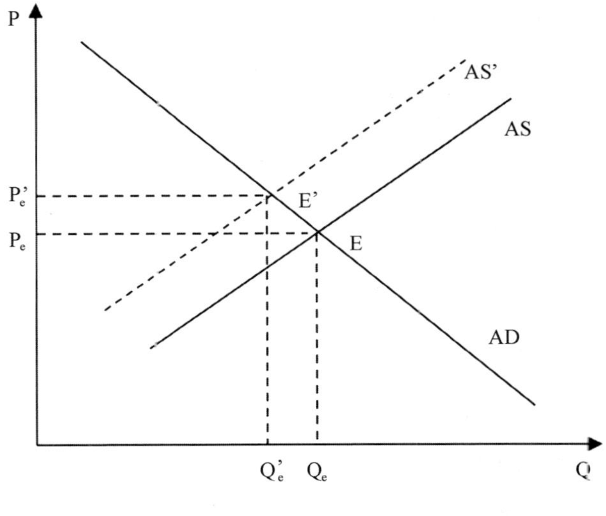

图 7—10　产量和价格的宏观经济分析模型

从中长期来看，在境外供给中断发生情况下，供给短缺和价格冲击将对相关产业造成负面影响。这种负面影响可以用宏观经济学总产量和价格分析模型进行解释（如图 7—10 所示）。一方面由于物资供给短缺和价格冲击，提高了消费商经营成本，原料成本较高，使供给曲线 AS 向上移动至 AS' 的位置，相关行业实际产出由原来均衡点 E 所决定的产量 Q 下降为 Q'，商品价格由 Pe 上升至 Pe'。显然，供给短缺和价格冲击对相关产业造成的负面影响是相关产业产出下降、价格上升。若要使国内相关行业因境外物资供给中断造成的净损失得到弥补，确保国民经济不受影响和冲击，一个可能的政策选择就是建立物资储备替代进口。

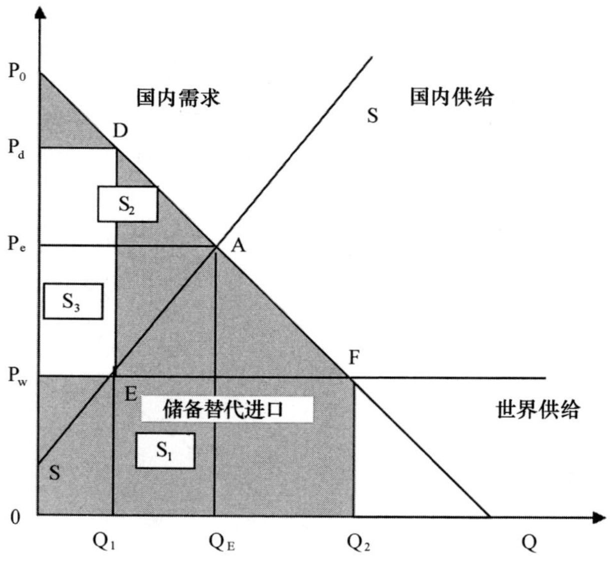

图 7—11 储备替代进口使供需恢复均衡分析模型

假定在价格为 P_w 时，购买到 Q_1Q_2 数量的物资进行储备，在境外供应中断情况下替代进口，所有储备仍然以 P_w 的价格抛售，就可以使国内供需重新恢复均衡，如图 7—11 所示。储备将会使国内供应商、消费商以及储备部门（代表国家）等三方受到直接影响。储备部门在不考虑储运和销售成本的情况下，既不受益，也未受损；消费商作为直接受益者，仍可以 P_w 的价格购买到 OQ_2 数量的物资，并节约用 S_2 表示的原料采购成本，即三角形 P_wFP_o 的面积，实现消费者剩余。国内供应商由于储备物资的抛售，产生 S_3 的价格损失，二者相抵后，消费商仍然实现了三角形 P_dDP_o 和三角形 EFD 的净利益，从而实现社会福利最大化。

由此可见，通过建立物资储备，能够带来消费者净剩余，进而能够减轻和消除因供给短缺造成的价格上涨对相关行业生产所造成的冲击。按照卡尔多—希克斯补偿检验理论，只要建立储备的成本小于其收益，就可以实现社会净收益增加。

经济福利模型计算可分为以下三步。

第一步：计算储备的成本。

经济储备的成本在采购、储存和处置等阶段，即整个管理期间内都会发生。采购成本指采购物资和启动储备造成的成本；持有成本指储存、管理物资以及利息成本；处置成本指处置物资发生的释放成本。

A. 采购成本

采购成本取决于储备规模和物资采购的单位成本，故：

$$AC = C \times Q \tag{7.36}$$

其中：AC 为采购成本，C 为单位物资采购成本，Q 为储备规模。

考虑到启动物资储备需要购置储存设施、建立或增设储存管理机构以及实施储备活动监管制度。初始成本可能随储备规模而变化，所以：

$$IC = C_F + C_iQ \tag{7.37}$$

其中：IC 为初始成本，C_F 为固定初始成本，C_i 为可变初始单位成本，Q 为储备规模。

假设短期内被采购物资的供应曲线不具有无限弹性，累积库存行为会增加某类物资的市场需求，引起该物资的市场需求曲线向右上方移动，此时该类物资的平均价格出现上涨，如图 7—12 所示。价格上涨将产生两种新成本，一是消费者剩余的净损失，也就是消费者被迫付出了更高的代价且支付了未由生产者得到的那一部分损失。二是外部成本，即消费者剩余净损失，导致消费者减少购买从而使企业减少产量并解雇工人。如果这些工人找不到其他就业机会，且如果其他生产要素也闲置，这样全社会就发生了上述直接损失之外的另外一种附加成本。

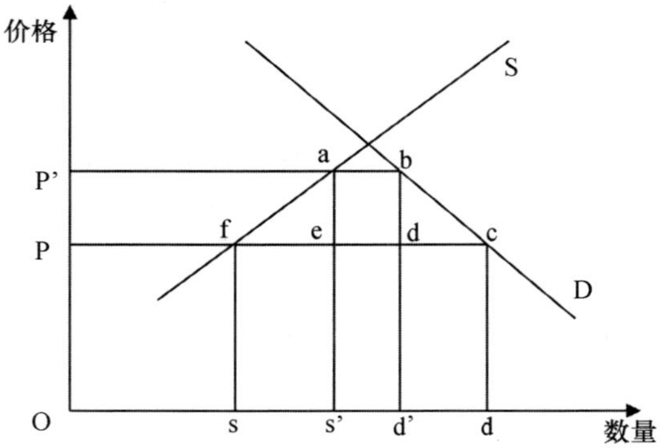

图 7—12　采购行为对市场的影响

消费者净损失可以通过消费者赢余和生产者赢余的增加来计算，故：

$$LEW = CL - PG \tag{7.38}$$

其中：LEW 为经济福利的净损失；CL 为消费者赢余的损失；PG 为生产者赢余的增加。

在图 7—12 中，可通过下式推导：

$$CL = d'(P' - P) + 1/2(d - d')(P' - P)$$

$$PG = s'(P' - P) - 1/2(s' - s)(P' - P)$$

得出：

$$LEW = 1/2(s' - s)(P' - P) + 1/2(d - d')(P' - P) + (d' - s')(P' - P) \tag{7.39}$$

B. 持有阶段成本

持有阶段的成本包括利息成本、储存和管理成本及库存品损毁的损失。一种物资的持有成本会随所储备规模和储存物资的单位价值而变化。

假设持有阶段成本与储备规模呈线性变化，故：

$$HC = (s + d + i)\ Q \tag{7.40}$$

其中：HC 为持有成本；s 为贮存和管理单位物资成本；d 为库存损失数量比；i 为利率；Q 为储备规模。

C. 处置阶段成本

处置成本取决于处置物量以及处置工作的费用。故：

$$DC = CQ \tag{7.41}$$

其中：DC 为处置成本；C 为单位处置成本；Q 为处置数量。

由此可得，经济福利模型的成本函数表达式为：

$$C = IC + LEW + EC + HC + DC \tag{7.42}$$

第二步：计算储备的经济收益。

储备的收益函数会因储备政策的目标不同而有所不同。一般而言，经济储备的收益等于通过物资储备而抵消或转移的预期损失，其中包括正常物资供应中断或价格变动可能造成的损失乘以这种中断发生的概率。

第三步：计算储备的净经济效益。

储备产生的净经济效益等于收益与成本之差，即：

$$ENB = B - C \tag{7.43}$$

其中，B 为收益函数计算得出的收益；C 为成本函数计算得出的成本。经济福利法可以为物资储备提供三个方面的决策依据：一是可以计算出储备特定物资给国家带来的净收益；二是可以为这种物资的采购和处置时机提供依据；三是可以确定储备物资对国内相关部门的收益和成本。

（3）需求与供给分析法

该方法从需求与供给的角度来确定储备量。其基本思路认为：储备量 = 预期总需求量 - 预期总供给量。分别从国防、重要民用和一般民用三个层次来分析物资供需差额。首先考虑国防层次，如果估计的需求大于供给，此差额就是应储备的数量；其次估算重要民用层次和一般民用层次的储备数量。这三个层次储备数量的总和，就是国家应该储备的数量。需求与供给分析法的基本步骤如下：

第一步：测算预期的总需求量。

假设：总需求量可以用目前常态下的需求量与危机可能持续的时间来表示。即：

预期总需求量 = 目前单位时间正常需求量 × 危机可能持续时间

这里的“危机”指可能出现的“供给中断”或“非正常价格波动”时期。这种“供给中断”或“非正常价格波动”持续的时间，就是“危机可能持续时间”。危机持续时间通常受到生产周期、生产潜力转化为实力的难易程度及所需时间、替代品的可替代程度、国际制裁等多种因素的影响。

第二步：测算预期最坏情况下总供给量。

假设：储备考虑的是较坏甚至最坏时的情况，所以用接近或者最差年份时的供给量作为总供给量测算依据。即：

最坏情况下的总供给量 = 危机可能持续期间最低产量 + 期间以正常价格可获得的进口总量 + 危机持续期间可使用的替代品 × 替代度 + 期间利用该物资潜在生产能力 + 替代品潜在生产能力可获得的最大产量

需求与供给分析法只要从预期总需求与总供给的“缺口”来测算物资储备量，该方法需要预测出未来的需求量，在预测的过程中需要用到危机可能持续时间，往往危机事件具有不可重复性和非例行性特点，这在一定程度上限制了该方法的使用范围和准确性。

思考题：

1. 物资动员需求具有哪些特点？
2. 如何实现对物资需求的科学预测与分类分级？
3. 如何在物资动员中实现科学调配？
4. 如何在物资动员中做到精准储备？

第八章
信息动员

20世纪80年代末90年代初以来，世界军事领域兴起了一场以信息化为核心的新军事革命。随着信息技术的快速发展和信息化战争的出现，信息动员逐渐成为国民经济动员的新兴领域，并且在整个国民经济动员中发挥着先导性、基础性作用。

一、信息动员的内涵与特点

信息动员作为国民经济动员的新兴领域，有着其特定的内涵，与其他领域动员相比，有着鲜明特点。

（一）信息动员的内涵

1. 信息动员的基本含义

目前，很多专家学者对信息动员的概念进行了定义。刘传祥认为："所谓信息动员，是指为维护国家安全和适应现代战争需要，平时依托国家的信息产业，在地方信息资源、信息技术开发、信息技术人才培养、信息装备生产、信息基础设施建设上满足军事需求，以提高信息领域平战转换和信息攻防作战能力所进行的一系列活动。”[①] 张义银认为：“信息动员，是指国家根据战争或形势需要，调动、运用和控制社会各领域的信息资源所采取的必要措施，主要包括信息网络、信息技术人才、信息物资和信息技术等方面的动员。”[②] 顾建一认为：“信息动员，是指国家采取紧急措施，运用行政、法律、经济和技术手段，统一调动战争所需要的各种信息资源，加以充分利用，为保障战争需要服务的动员活动。”[③]《中国战争动员百科全书》对信息动员的定义为：国家或政治集团为实施战争或应对其他军事危机，征用和调配信息资源的活动。又称信息资源动员。内容涉及信息在获取、传递、存储、处理过程中所需的人力、物力资源和电磁频谱资源等。

上述定义表述不完全相同，对信息动员的主体、客体、方式、目的等方面有所侧重，综合起来，我们认为信息动员是国家为应对战争或其他重大公共突发事件，由国家战争动员指挥机构信息领域相关部门为主，组织从平时状态转入战时或紧密状态，实施统一征用和调配信息资源的活动。其内涵理解主要包括以下几个要点。

第一，信息动员的主体。信息动员的主体是国家和军队，反映的是国家和政治集团的意志和目的。全国性的信息动员，除了政府之外，谁都无法担此重任。至于某些局部地区的动员，虽然由各行政区域的信息动员组织领导机构负责，也是国家行使职权的一种具体形式。另外，作为信息动员的主要推动者，军队也是信息动员的一大主体。

第二，信息动员的对象。信息动员的对象是信息资源，是指以数字技术为嵌入的物化和非物化的、有形的和无形的资源集合体的总和。主要包括信息网络资源、信息技术人才资源、信息技术资源、信息情报侦察资源、信息安全防护资源、信息基础设施等等，其中信息人力资源是重点。

---

① 刘传祥：《加强信息动员建设》，《国防》，2002 年第 1 期。

② 张义银：《明确信息动员的主要任务》，《国防》，2003 年第 2 期。

③ 顾建一：《信息动员、信息产业动员和国民经济动员信息化的辨析》，《国防》，2005 年第 4 期。

第三，信息动员的手段。信息动员方式主要包括法制手段、行政命令、政治宣传和经济补偿等。

第四，信息动员的本质。信息动员本质是将信息潜力转化为信息实力，满足夺取战争“制信息权”的需要。主要任务是整合各种信息资源、加强信息技术开发、研制信息化武器装备、开展信息战。

第五，信息动员的时机。信息动员时机既包括战时，也包括急时，以战时动员为主。

第六，信息动员的保障。信息动员的组织体制和运行机制，以及与之相配套的法规制度是开展信息动员活动的重要保障。所谓信息动员的组织体制与运行机制，是国家为增强信息动员潜力和能力，达成信息动员目标，对信息动员主体和客体行为进行调整与规范而建立起来的组织体制、运行机制、实施方法及相关法规制度等的总称。

2. 信息动员相关概念辨析

信息动员与信息产业动员、国民经济动员信息化等都是随着信息化时代、信息化战争的到来而产生的新概念，三者之间既有区别，又有联系，科学界定和把握这些概念，既具有理论意义也具有现实意义。

信息产业动员，是指国家将信息产业及相应的体制有组织、有计划地从平时状态转入战时状态所进行的动员活动。信息产业动员是随着信息技术的产业化及其在军事领域的广泛应用而形成和发展起来的。

信息产业动员的对象是信息产业，其主要任务是：扩大与战争相关的信息技术设备生产规模，提高相关软件开发速度，为国防相关部门和军队提供信息技术、人力和设备支持。信息产业有广义和狭义之分，狭义的信息产业是指电子计算机以及与电子计算机有直接关联的产业群，也就是信息处理产业，包括电子计算机的研究、制造以及为电子计算机提供服务的行业。广义的信息产业是指生产、流通和销售信息以及利用信息提高服务的产业群，甚至把新闻、广播、通信、广告等也归入信息产业。因此，信息产业动员相应地也就有狭义和广义之分。信息产业动员是新兴的产业动员领域，对于保障国防建设和战时需要具有十分重要的作用。随着未来信息化战场上制信息权斗争的日趋激烈，通过发展信息产业，提高信息产业动员能力，将成为国防建设迫切需要研究与解决的重大问题。

国民经济动员信息化是指在国民经济动员过程中广泛应用信息技术所达到的程度和水平。要理解国民经济动员信息化的内涵，必须首先把信息化这个概念搞清楚。所谓信息化应该分两个关键词来理解："信息"和"化"。"信息"在此应该包括信息技术和信息资源两层含义。而"化"通常是指在社会发展到某一特定的转变阶段，是在人类社会生产生活中发生的全面的、深刻的变革过程。从这个意义上讲，"信息化"就是指通过信息技术的应用与渗透，信息资源的开发与利用，而带动整个社会变革的过程，是人类社会由工业化向信息化转变的过程。而国民经济动员信息化则是指在国民经济动员的过程中，运用信息技术、信息系统获取战争所需的各种信息资源所达到的水平或程度。

国民经济动员信息化可以从经济动员机构的信息量、信息装备率、通信生产水平和信息系数等方面来衡量，其主要标志是形成完备的国民经济动员数字化信息平台。主要包括：一是国民经济动员指挥管理系统自动化。主要是逐步建立与作战指挥自动化网相联通、覆盖多层次、沟通全方位的动员指挥自动化网，以及电子化办公等现代指挥管理体系，以缩短信息收集、传输和处理的时间，极大提高国民经济动员的效率。二是建立可视化的国民经济资产系统。依托国家信息基础设施，综合运用计算机及网络技术、通信技术和自动识别技术，能够实时、准确、全时获取对战争所需要的人员、物资、装备和服务的需求信息，并准确地运用动员能力。三是动态化的国民经济潜力调查系统。依托信息系统，广泛运用信息技术，准确、实时获取军品生产潜力、交通潜力、通信潜力、卫生潜力、人口潜力、金融财政潜力等情况。四是模拟化的国民经济动员演练系统。建立国民经济动员演练模拟系统，从动员准备到实施全过程，可对保障战争所需的人员、装备、技术、物资可能出现的情况进行演练，全面提高国民经济动员能力。

信息动员、信息产业动员和国民经济动员信息化之间的联系表现在以下方面：一是信息动员包括信息产业动员，信息产业动员是信息动员的重要组成部分，两者是包容与被包容的关系。二是国民经济动员信息化是信息产业动员、信息动员功能充分发挥，在整个国民经济动员过程的地位作用日益凸显的过程。即国民经济动员信息化是充分运用信息技术和信息系统，通过充分发挥信息资源的作用，达到战时对整个国民经济资源要素的科学整合和优化配置，形成国民经济动员系统综合集成能力，提高平战转换速度和效率。

（二）信息动员的特点

信息动员是一个全新的动员领域，与其他动员相比，具有以下几个主要特点。

1. 信息动员对象的军民界限模糊

信息动员对象具有军民界限模糊的特点。信息技术所特有的“可共享性”“非排他性”以及其在任何领域内都具有的“亲和力”和“结构力”，导致了军事系统与民用系统之间不断融合。许多在工业社会里通常由军队和军事部门独立完成的工作，如军事科研项目的开发与研制、军用物资和设施的生产和建设等，已经越来越多地交由地方来完成。任何一个平民，只要有一台计算机、一条电话线和一定的信息技术知识，就有可能加入到网络战的行列中去，成为信息化战争的直接参与者。

2. 信息动员的时效性强

信息技术的发展及其在军事领域的应用，使各种反应灵敏、速度奇快、杀伤力高的武器装备充斥着未来信息战的战场，作战节奏空前加快，作战指挥系统反应灵敏，武装部队和武器装备的机动能力大大加强，战争表现为速战速决。同信息化战争的特点和要求相适应，信息动员必须具有快速反应和灵活应变的能力。即信息动员的动员机构和组织体系要能根据战争情况快速反应、实施动员，能随时根据战争的进程与变化灵活应变，实施相应的动员。

3. 信息动员效费比高

由于信息资源的可复制性、非独占性，信息资源由潜在战争资源转化为实际战争资源并不需要大量的消耗，且信息资源产生的战争效益巨大，因而相对于兵员动员、装备动员、财力动员等，信息动员的消费比更高。

4. 信息动员专业要求高

信息动员涉及信息通信、网络安全、无线电频管、气象水文、广播电视、导航定位、观通声呐、信息安全等众多信息专业领域、专业性强、系统复杂、组织协调专业化要求高。

5. 信息动员效果具有“双刃性”

与传统经济动员的动员效果相比，信息化战争经济动员是一把“双刃剑”。在信息化战争经济动员中，信息资源、信息技术、信息产业的动员和信息系统的建成具有特殊的重要地位，它们可以为打赢信息化战争做好经济准备，在信息化战场上起着“力量倍增器”作用；但如果对其运用不当，它的积极作用就难以发挥出来，有时甚至还会对战争进程产生致命性的影响。这是由信息系统对环境难适应性、脆弱性、易毁性和易误导性的特点所决定的。首先，由于信息系统具有对环境难适应性的特点，信息系统对环境的适应性比较差，其对周围环境的温度、湿度都有较高要求，对电子器件及电源的依赖程度也较大，这些对于信息系统的生存能力与可靠性都提出了较大挑战。其次，由于信息系统具有脆弱性、易毁性的特点，如果没有对信息系统进行较好的防护，我方信息系统就很容易被敌方火力所摧毁，即使没有遭到敌方火力的破坏，也容易时刻遭到来自敌方甚至不明方向的计算机病毒的侵袭，造成整个指挥系统的瘫痪，从而使我方陷入被动的局面。再次，由于信息系统具有易误导性的特点，信息系统对信息真伪的辨别能力有限，敌方的一些虚假信息、恶意信息都可能以各种方式混入我方信息系统中，使得我方受到敌人的误导，做出错误决策，从而对我方造成不可挽回的巨大损失。这就要求我们在进行信息动员过程中，必须采取有效措施加强对信息系统的安全防护，确保我方信息动员不被破坏和误导。

二、信息动员准备

信息动员准备是平时信息动员的主要工作，只有把平时的信息动员准备工作做扎实，战时才能将各种信息资源快速地转化为战争服务的有效信息。信息动员准备的任务，一是充分掌握有效的信息资源，二是做好将信息资源转化为战争信息的准备。围绕两项任务，信息动员准备主要开展以下活动。

（一）信息资源潜力调查

1. 信息资源潜力调查的目的

信息资源潜力调查的目的是摸清国内外有哪些信息将来可以为战争服务，这些资源能在多大程度上用于战争，分布在什么地方，以何种方式存在，动员的难度、速度如何等情况，以便出现战争征候迅速启用这些资源。

2. 信息资源潜力调查的对象

（1）国家信息基础设施

国家信息基础设施是以光纤、电缆、电磁波等多种媒质为信道，以交换机、路由器等交换设备为节点，将处于不同地理位置的具有独立功能的各类通信及信息处理设备连接起来的能够开展多种信息服务的大平台。国家信息基础设施是信息传递的载体，是信息情报资源开发利用和信息技术应用的基础，也是信息化战争中传递信息的重要依托。信息化战争所依托的系统离不开国家信息基础设施的有力支撑。在信息化战争中，任何一个国家，其国家信息基础设施都有可能转变成国防信息设施，成为国防信息系统中的重要组成部分。美国国防部提供的数据表明，美军95%的军事信息需要通过民用设施进行传输，15万台以上的军用计算机通过民用网进行联络，甚至军晌与工资发放系统也和商业银行系统相连。美国在建设国防信息设施和国防全球栅格通信网时，也都充分利用了现有国家信息基础设施，即用国家信息基础设施主干网作为国防信息设施的通信主干网。调查国家信息基础设施就是要全面掌握其当前详细技术数据及建设发展情况，了解其军民兼容水平、战时抗毁能力及对信息化战争的支撑能力。

（2）信息情报资源

信息情报资源是指活跃在信息网络和社会各领域中的表征事物状态的信号、数据、指令、程序和情报，是国民经济和社会发展的战略资源，也是打赢信息化战争的重要条件。国民经济各领域建立的各类信息情报资源库，如交通信息数据库、地理测绘信息数据库、自然资源信息数据库、气象资料信息数据库、企业信息数据库等，在信息化战争中都是军队作战系统获取信息情报的重要来源。随着社会信息化步伐的推进，各类信息情报资源库的数量有了很大发展。调查信息情报资源就是掌握和了解其主要类别、功能、分布状况、技术标准、存储形式、大小、使用方法、与军队作战系统的兼容能力等情况，了解其对信息化战争提供信息保障的能力。

（3）信息技术人才资源

信息技术人才是指涉及信息化研究、开发、生产、应用等方面的人员，是打赢信息化战争的关键因素。随着人类社会信息化的发展，蕴藏在各类部门的信息技术人才的数量和水平有了很大提高，在信息化战争中的作用也越来越重要。调查信息技术人才资源主要掌握各类部门中信息专家型人才、技能型人才的规模与数量、专业及水平、政治素质、身体状况等基本信息，并按要求对其进行划分和预编。

（4）信息技术

信息技术是研究开发信息的获取、传输、处理、存储、调用、安全等方面的技术。信息化战争的信息技术保障范围广、任务重、速度快、要求高、难度大，对信息技术的依赖程度高。在信息时代，军用信息技术与民用信息技术的界限比较模糊，用于作战的信息技术也不再是军队所独有，大都可能来自民间，而且占优势的往往还可能是民用技术。例如，军用信息技术与民用信息设施的许多技术是通用的，包括 ATM 技术、网络技术、信息管理技术、接人技术、操作系统技术、保密保安技术、编程技术和计算机技术，甚至系统的主要元器件技术等都是可以通用的。这些民用信息技术不仅成本低、技术稳定性好，而且具有技术更新速度快等特点。调查信息技术主要是掌握国内外信息技术的现状与发展动态、应用领域、分布状况及民转军的能力等情况。

（5）信息产业

信息产业是信息社会的主导产业，具有较强的军地互用性。信息产业包括信息设备制造业和信息服务业。

信息设备制造业包括计算机系统、通信设备、集成电路等制造行业。在信息化战争中，由于与战争胜败有重大关系的重要装备，如计算机、通信设备等有不少是在民间开发和生产的，因此在和平时期就要特别关注信息设备制造业的状况，调查了解清楚国内外信息产业的规模、分布、生产能力、产品种类及质量、技术标准等方面的信息。

信息服务业是指从事信息情报资源开发和利用的行业。信息服务业涉及的网络服务、广电、出版等，对于组织信息情报资源生产并夺取战争制新闻权，从而赢得战争主动权、争取民心、鼓舞士气具有重要作用。调查信息服务业就是掌握了解其行业规模、分布、从业单位及人员、经营状况、资产设备、效益及影响等方面的情况。

3. 信息资源潜力调查的方法

信息资源潜力调查应作为信息动员的一项例行工作，每年至少组织一次，由各级信息动员机构会同相关单位，采取查阅资料、实地调查、军地核查等方法实施。

（1）查阅资料

查阅资料就是通过查阅互联网以及政府相关业务部门档案材料，收集信息资源情况。采取该方法获取的信息具有全面详实、可信度高，定性、定量结合等特点。操作过程中需注意信息资料的可靠性、时效性。

（2）实地调查

在经费充足的条件下，可采取实地调查的方法，即派人直接到信息资源相关单位获取资源信息。该方法费用高，但其结果客观、准确、明了、针对性强，是对查阅资料的有力补充。实地调查之前，要认真筛选调查对象，以起到以点带面的作用。

（3）军地核查

军地核查是对已有信息资源资料的审核。采用该方法需要军地之间密切配合。

（二）信息资源储备

1. 信息资源储备的目的

在和平时期，民间信息资源一般不用作军事，既使对那些具有军民通用性质的信息资源，民间的信息资源拥有者通常不会主动地开发其军用功能。信息资源储备的目的就是开发民间信息资源的军用功能，将其列入潜在战争资源，或直接将部分信息资源储存起来，待战时启用。

2. 信息资源储备的内容与方法

（1）国家信息基础设施储备

国家信息基础设施建设要充分考虑信息动员的需要，能同期建设的应尽量一并建设。民用通信设施建设，要注重通信枢纽、基站建设布局的合理性，建有预备设施，在通路建设上应形成环路。

（2）信息情报资源储备

建立信息情报资源军民共享的机制，统一技术标准。军方开发获取、管理和使用有效信息资源的软件，建立起与民用资源链接的技术途径。

（3）信息技术人才储备

在信息资源潜力调查的基础上，根据未来信息化战争需求，将信息技术人才建立分类档案，纳入信息技术人才库管理和培训。

（4）信息产业储备

关注高新信息技术产业，做强军工信息产业；建立起信息产业民转军用机制，定期组织平战转换演练。

（5）信息技术储备

一方面大力开展军用及军民通用高新技术开发；另一方面关注民用信息技术，建立征用制度，明确征用对象。

（6）信息技术装备储备

由于信息技术装备更新换代较快，通过购置、库存实物装备进行储备效费比低，所以应尽可能减少实物储备，在做好信息技术装备军用功能的开发和维护的基础上，建立信息技术装备动员征用制度等措施，进行信息技术装备储备。

（三）建立信息动员网络数据库系统

1. 建立信息动员网络数据库系统的目的

建立信息动员网络数据库的目的是充分利用计算机系统强大的数据信息处理能力，对信息资源进行入库管理，实现信息资源实时更新和共享。

2. 建立信息动员网络数据库系统的内容

建立信息动员网络数据库要做好硬件和软件两方面的建设。

(1) 信息动员网络数据库硬件建设

信息动员网络数据库硬件建设，一是分别为各级各类动员机构搭建起管理和使用信息资源的局域网；二是建立起军地互联、覆盖全国的信息资源的广域网。为此，需要配置数据库服务器、网络节点及联接设备、网络安全设备等，进行网络布线设计、施工和系统调试等。

(2) 信息动员网络数据库软件建设

信息动员网络数据库软件建设主要是研制开发信息动员网络数据库管理系统。

3. 建立信息动员网络数据库系统的方法和要求

建立信息动员网络数据库系统是一项复杂的系统工程，必须做好顶层设计、按照工程化方法组织实施。

(1) 做好顶层设计

对信息动员网络数据库的总体功能和结构进行设计，列出信息动员网络数据库的功能结构，明确信息动员网络数据库的业务流程。

(2) 按工程化方法组织实施

信息动员网络数据库系统设计与开发涉及多部门协调和各要素集成，必须按照模块化、工程化方法组织实施。

(3) 充分利用现有软、硬件资源

信息动员网络数据库系统主要是通过信息技术实现对军地不同信息数据库的集成应用，因此，在建设过程中，必须充分利用现有软、硬件资源。

(4) 高度重视网络安全

信息动员网络数据库系统涉及军地信息资源分布、动员潜力、动员方案等敏感信息资源，而且在战时极易成为敌方攻击和打击对象，因此必须高度重视网络安全。

（四）拟制信息动员方案

1. 拟制信息动员方案的目的

信息动员方案，是对信息动员进程、内容、方法的设想，是本级和下属职能部门开展信息动员的基本依据。制订信息动员方案的目的是为了指导平时信息动员准备工作顺利展开，保证战时信息动员快速、协调、积极、有效地进行。

2. 信息动员方案的内容

信息动员方案通常要明确行政区划内信息资源基本情况、敌情设想、我情、任务区分、方法步骤和组织领导等内容。

（1）基本情况

基本情况是对制订信息动员方案者所在行政区划内信息资源总体状况的概要说明，要点包括：本级行政区划在战争中的战略地位，总体信息资源数据、分布及概况，开展信息动员的有利条件和不利因素等。

（2）敌情设想

敌情设想要点包括：对战争规模、作战样式、作战对象的估计；作战对象的企图、作战能力、编成与部署、作战方法；作战对象拥有的信息资源及其破坏我信息动员的能力和方法等。

（3）我情

我情的要点包括：可能实施信息动员的时机，上级意图与决心，友邻动员任务及与本级间的关系，本级的动员任务和决心，本级动员结构与动员准备，动员的原则与范围。

（4）任务区分

主要对动员任务按以下区分明确：征用并补入部队的信息技术人员、设备及技术成果；支前保障的信息技术人员、设备及技术成果；后方防卫的信息技术人员、设备及技术成果；对民转军企事业单位的加强和补充；信息资源管理单位的平战转换任务。上述各项任务都需明确完成时限。

（5）方法步骤

用于说明实施信息动员时所采取的具体流程和方法。通常分为战时准备、实施与交接三个阶段，按照以下步骤组织实施：第一步，了解任务；第二步，下达预先号令，组织信息资源核查；第三步，建立信息动员战时领导机构；第四步，传达和部署任务，发出动员令；第五步，组织征用信息技术人才、设备、技术成果转让；第六步，组织信息资源向部队移交。

（6）组织领导

明确信息动员组织领导机构、执行机构及各时节临时指挥所的编成、开设时机、地点及时限。

3. 拟制信息动员方案的方法和要求

信息动员方案涉及面广、综合性强，需要多个部门合作。首先，做好充分的调研论证工作。熟悉国际形势及国家的军事战略；准确预测本区域在未来战争中可能担负的信息保障任务；切实摸清本区域信息资源底数；认真分析未来作战对信息资源的需求。对上述情况认真分析和综合，形成文字性结论，作为拟制信息动员方案的依据。其次，制订信息动员方案拟制计划，分工拟制，集体论证。由本级信息动员综合部门组织草拟信息动员方案纲目，按专业分工确定每一部分撰写单位、人员及完成时限，分头撰写。待方案形成后，组织有关人员集体论证和修改完善。再次，严格审定，报批备案。信息动员方案是战时组织实施信息动员的依据，需进行严格审定，妥善备案。信息动员主管部门要协调组织本级政府和部队相关业务部门人员，评审信息动员方案；评审通过并修改完善后，报本级政府与党委领导审批；批准后的方案报请上一级人民政府、军事机关备案；其中规模较大、战略性强的方案，要报请上两级备案。同时，方案中部分内容，以指令性文件的形式下达到相关任务单位。最后，在实践演练中修改完善方案。本级政府和军事机关要根据方案组织局部范围的检验性演练，在演练中发现方案中存在的问题并及时修改完善。

（五）组织信息动员演练

1. 组织信息动员演练的目的

信息动员演练是按照战时要求和信息动员方案，在想定情况诱导下，组织实施的全过程或阶段性演习。演练的目的：一是检验信息动员准备情况，发现和纠正存在的问题，以便改进和完善；二是使参演单位及人员熟悉战时信息动员职责、工作程序和方法，提高其快速反应能力；三是强化各级各类人员信息动员观念。

2. 信息动员演练的组织实施方法

信息动员演练的形式，可以结合执行非战争任务进行，也可在平时组织例行演练；可作为综合性国防动员演练的组成部分，也可组织信息动员专项演练；可进行信息动员全过程演练，也可进行某个专题演练；可组织检验性演练，也可根据实际需要组织示范性演练或实验性演练。

各种形式的演练一般都按准备、实施和结束三个阶段组织实施。

（1）信息动员演练准备

信息动员演练准备工作主要包括以下三个方面：

一是拟制演练计划。演练计划通常包括总体计划和实施计划。总体计划是对演练活动的总体构想与安排，是组织实施信息动员演练的基本依据。主要包括五个方面的内容：演练的指导思想、目的、代号；演练的规模、参演单位与人员；演练课题；演练的时间、地点、地域、方式方法；演练的组织领导、各种保障与要求。总体计划通常在上级党委、政府和军事机关指导下，本级党委、政府和军事机关组织信息动员办公室及军事机关相关业务部门共同拟制。实施计划是对演练过程的详细安排，是组织实施演练的基本文书，内容通常包括：演练课题、演练内容、演练时间、战时情况的假定与设想、导调方法、情况显示、信号规定、任务区分、协同方法等。实施计划通常由信息动员主管部门及军事机关相关业务部门会同参演单位拟制。

二是筹措物资经费。物资经费是保障信息动员演练顺利进行的必要条件。例行性演练一般可按计划和预算请领。非例行演练需要临机筹措。

三是建立导调机构。导调机构是演练的指挥协调机构，总导演和执行导演应由主要领导或权威专家担负，抽调业务骨干担负调理员。

（2）信息动员演练实施

信息动员演练实施中导调机构与参演单位人员要各司其责，密切配合。导调机构主要做好以下工作：一是向演练人员提供必要的作业条件，诱导其按规定程序作业；二是及时收集演练进展情况，协调控制演练进程；三是适时修改演练方案，活导活演；四是按演练要求做好各项保障。参演单位要依据导调机构提供的条件，组织实施信息动员工作，包括：下达预先号令，传达部署任务，建立组织领导机构，组织收拢集结人员和征用物资，组织人员、物资运输及转隶、交接，组织相关信息单位进行平战转换等。

（3）信息动员演练结束

演练结束后，要围绕演练的主要目标、内容、实施等进行总结讲评。着重于演练的特点、收获、不足、改进建议和对策等；要发动参演单位和人员认真思考，对信息动员方案提出修改建议；要表彰先进，鞭策落后；演练总结要形成文字材料上报；使用的涉密资料要认真清理；征用的装备物资要及时归位；动用的装备器材要进行保养、封存。

三、信息动员实施

信息动员组织实施，是平时信息动员准备付诸实战、动员方案由设想变为实际行动的过程。实施信息动员要以国家发布的战争动员令和上级下达的信息动员专项命令、指示为依据，在国家国防动员委员会统一领导下，按战时要求开展工作。通常按以下程序组织实施。

（一）先期动员

先期动员是指在接到上级预先号令后，为了适应信息动员的需要而先期采取的一系列措施。先期动员的主要工作是：

1. 下达预告号令

在正式动员命令下达之前，为争取时间，使下级在精神、物资和组织上进行必要准备，提前进入战备状态，动员机构要根据上级预先号令发出预告号令。信息动员预告号令通常作为国防动员预先动员的组成部分，由国防动员委员会统一下达；也可根据实际情况，以国防动员委员会的名义单独下达。信息动员预告号令的主要内容包括：简要敌情，明确信息动员准备工作的重点和要求；完成信息动员准备的时限；其他需要明确的事项等。

2. 动员机构平战转换准备

由于平时信息动员机构不能满足战时要求，需要调整充实。首先，要充实信息动员领导机构。建立起由地方政府主要领导及相关职能部门领导组成的领导机构，明确其职责，确保其将主要精力投入到动员工作中。其次，要充实信息动员执行机构。采取由兼职改为专职，或把相关部门由政府职能为主调整为以动员职能为主等方式，将信息动员办公室按战时要求转实。再次，完善信息动员工作机制。按战时要求建立健全各项制度，明确工作职责，建立起战时工作关系。

3. 核查信息资源

核查信息资源是有重点地对平时掌握的信息资源进行检查核实，以便于准确掌握真实情况，为信息动员决策和实施提供重要依据。由于信息资源内容多、涉及面广，在短期内不可能全面核查，必须及早展开，突出重点，周密组织。首先，按照上级下达的预告号令，确定信息资源保障的范围和重点，从而确定信息资源核查的范围和重点；其次，根据允许的时间、工作量及可能动用的核查力量，统筹安排，拟制出核查方案和计划；最后，组织力量实施信息资源核查。

（二）形成动员方案

各级动员机构在接到上级信息动员命令或任务后，要在分析判断情况的基础上，形成本级信息动员决心和方案。动员方案的主要内容包括：动员意图、任务区分、保障措施、指挥机构设置、动员展开和完成时限等。定下动员决心后要上报本级政府及军事首长审批，待批准后以动员令的形式下达。

（三）全面展开动员

信息动员组织指挥机构在下达动员令后，要组织有关单位全面开展以下信息动员工作。

1. 征召信息技术人员

地方政府根据动员令，采用适当的方式和手段向相关单位和应征入伍的信息技术人员下达征召计划和通知。征召计划和通知具有法律效力。被征召人员收到通知后，应迅速移交工作，按时赶赴集结点报到。对无正当理由拒绝和逃避征召者，执法部门应依据有关法规对其进行严肃处理。

信息动员组织机构应选择交通方便、位置适中的地点开设信息技术人员报到站。做报到人员登记、身体检查、政治审查、服装发放、组织输送和生活保障等工作。信息技术人员报到站可以作为兵员报到站的组成部分一起开设，也可单独开设。

信息动员组织机构应组织信息技术人员自下而上逐级集结。各级政府及兵役机关要组织督促信息技术人员利用各种交通工具按时到指定地点集结。

2. 征用信息技术设备和成果

在下达征召信息技术人员的计划和通知的同时，地方政府还要下达征用信息技术设备和成果的计划和通知。征用计划和通知同样具有法律效力，被征用的单位接到通知后，应立即对被征设备进行修理和检查，对被征成果进行整理。信息动员组织机构应预先安排信息技术设备安放场所，被征用单位要在规定时限内将设备运抵指定地点并安装调试完毕。整理好的信息技术成果，要按保密要求送交接收单位，并提供成果使用的技术保障工作。

3. 组织信息产业平战转换

信息动员令应下达至与动员相关的信息企事业单位。受领到动员令后，各单位要立即按预案组织平战转换。包括停止人员休假，招回外出人员；按战时编制建立组织机构；按战时要求安排生产；加强保密及防护工作等。信息动员办公室及军地指挥机关要以派驻或巡回等方式对各单位平战转换工作进行指导、督查，确保平战转换工作按预案实施。

四、健全完善信息动员组织体制与运行机制

信息动员属于国民经济动员中的新兴领域，随着战争形态演变和动员实践发展需要，信息动员逐渐从国民经济动员体系中凸显出来，迫切需要与之相对应的信息动员组织体制与运行机制。过去一段时间，我国在建立信息动员管理体制方面做了一些实践探索，采用“上军下民、兼

职挂靠”等方式初步建立了信息动员组织体制，但是也还存在着“弱”“虚”“散”问题。所谓“弱”，即信息动员组织机构的职权较弱；所谓“虚”，即信息动员的工作职能虚位；所谓“散”，即信息动员的业务关系分散。

（一）信息动员组织体制与运行机制的基本含义

信息动员的组织体制与运行机制是国家为增强信息动员潜力和能力，达成信息动员目标，对信息动员主体和客体行为进行调整与规范而建立起来的组织体制、运行程序、实施方法及相关法规制度等的总称。其中，组织体制指信息动员的机构设置、职权划分、隶属关系等方面构成的组织系统。运行机制是组织规范信息动员准备和实施活动，保障信息动员组织体制有效发挥功能的程序、方法和相应的法规制度。

战争需求和信息成为独立的动员客体是信息动员产生的客观物质基础，但这仅是信息动员产生的必要条件，具备这些条件仍不能保障信息动员能够实施。只有信息动员体制与运行机制建立起来以后，进行信息动员才有了充要条件。合理的信息动员组织体制和运行机制能使现有的信息资源得到充分发挥，形成强大的作战信息保障能力。反之，一个国家无论有多么丰富的信息资源，也无法发挥支持战争的作用。

（二）信息动员组织体制与运行机制设计的基本原则

设计信息动员的组织体制与运行机制应坚持军民结合、平战结合，系统筹划、突出重点，先急后缓、分步实施，稳步启动、打牢基础的原则，建立起上下贯通、反应快速，平时应急、战时应战的信息动员组织体制，形成顺畅高效的信息动员运行机制，不断完善信息动员政策法规，提高信息动员平战转换、快速动员和持续支援保障能力。具体来说，信息动员组织体制与运行机制设计应坚持以下基本原则。

1. 依托母体、满足需求

信息动员是国防经济动员的组成部分，信息动员组织体制和运行机制应以现有国防经济动员组织体制和运行机制为母体。根据系统论原理，信息动员组织体制与国民经济动员组织体制之间是子系统与系统的关系。“依托现有”主要解决子系统与系统间的协调问题；“满足需求”主要解决子系统功能完善的问题。贯彻这一原则，就要以信息动员需求为牵引，设计信息动员机构的组成要素；通过在现有国民经济动员组织机构中增加信息动员职能分支的方式，建立信息动员的组织机构；以国民经济动员实施程序为主线，设计信息动员的组织程序；以国民经济动员子法规的形式发布信息动员法规。

2. 平战结合、军民兼容

信息化条件下局部战争呈现出首战即决战特点，对信息动员的速度和效能提出了更高要求。因此，设计信息动员组织体制和运行机制需要考虑到平时向战时转换的高度灵活性和快速性。从信息动员组织实施过程来看，平战转换需要有一个过程，其长短主要取决于动员体制和运行机制的平战结合情况。在和平时期，由于国力所限，任何国家都不能、也不需要按战时规模建立信息动员组织机构。军民兼容是实现信息动员组织体制和运行机制平战结合的有效保证。贯彻这一原则，就是针对信息资源的共享性、军民通用性以及民间资源的丰富性等特点，建立以大量民用信息管理、服务组织为基础，以军用信息动员机构为骨干的组织管理体系，平时在服务于社会经济建设的同时，进行信息资源潜力调查、信息动员预案与计划拟制等，战时根据战争任务，将民用部分快速转化成战时保障能力。

3. 集中统一、分工负责

信息资源分布广、种类多，而且部分信息资源需要进行认证和融合，需要进行集中统一管理；同时，信息动员专业性强，需要分工负责。集中统一，就是从体制上保障全国信息资源的统一调度、使用和指挥，解决多头领导、标准不一的问题；分工负责则是为了发挥各级各类动员机构的主观能动性，借助专业分工优势，高效完成各类信息要素的动员。贯彻这一原则，一方面在纵向上，要保证上级信息动员机构对下级机构的权威；另一方面在横向上，要明确同一层机构间职责、权限明确。

4. 精干高效、运转灵活

精干高效、运转灵活是设计任何组织体制、运行机制都应遵循的原则，信息动员对这一原则要求更高，这是由信息动员时效性强的特点决定的。贯彻这一原则，一是要高层信息动员机构必须组织精干；二是基层信息动员组织必须健全；三是简化机构层次，减少中间环节；四是职能划分适当，没有职能交叉、重叠、冲突问题。

5. 法规完备、系统配套

完善的法规制度是依法实施信息动员的基本依据，是有效进行信息动员的重要保证。信息动员内容十分丰富，涉及领域广泛，组织工作极为复杂。在和平时期，在我国当前市场机制作用下，没有法制作为强制手段，信息动员无法真正开展。即使有法可依，但法规不完善、不配套、可操作性不强，同样会严重影响信息动员成效。贯彻这一原则，一是要注意法规的全面性，尽可能覆盖信息动员的各个领域；二是要注意信息动员法规内部的协调性，要确保各领域法规之间、上级法规与下级法规之间无冲突，且在“有法可依、有法必依、执法必严、违法必纠”的措施上要系统配套；三是要注意与外部法规间的协调性，与兵员动员、人防动员、经济动员、武装力量动员、装备动员等法规协调配套。

6. 基本稳定、适时调整

信息动员组织体制和运行机制对于信息动员具有“牵一发而动全

身”的重大意义，一旦建立，需要稳定一个时期。其稳定性也是相对的，在战争对信息动员的需求发生重大变化，或信息动员对象发生重大变化，或国家、军队相关编制、体制发生重大变化时，需要适时调整信息动员组织体制和运行机制。贯彻这一原则，要求在设计和调整信息动员组织体制和运行机制时，必须持慎重态度，考虑要周全，论证要充分，程序要严格，特别是要有一定的预见性，要注重现实需要和可能发展的统一，近期与长远的平稳过渡。

（三）信息动员组织运行机制设计要点

信息动员组织运行机制设计主要包括对决策启动机制、目标形成机制、需求传导机制、平战转换机制、供需对接机制、要素整合机制、平衡协调机制、行为约束机制、工作激励机制和评估反馈机制进行设计。

1. 决策启动机制

信息动员决策启动机制，是在正确分析和把握国内外战略态势的基础上，对信息动员的启动时机、动员等级等重大问题做出决策，并决定发布动员令的机制。

信息动员决策启动机制的形成，主要取决于以下因素：一是信息动员决策领导主体的确定；二是信息动员决策领导权限的界定；三是信息动员决策领导程序的规范；四是信息动员决策领导方式的明确；五是信息动员决策领导内容和手段的有效使用等。其中，明确信息动员决策领导主体是构建信息动员决策启动机制的核心环节，也是信息动员能否顺利进行的基本前提。

2. 目标形成机制

信息动员形成机制，是在对信息动员需求、信息动员潜力和信息动员能力等因素做出正确判断的基础上，对信息动员目标确立的权限、程序、内容和要求等做出规范的机制。

信息动员目标的形成是国家行为，确立信息动员目标通常需要综合考虑以下几个方面的因素：一是国家总体战略、军事战略和经济社会发展战略的要求；二是国家信息动员决策领导体制的状况；三是国家应对战争、突发事件和紧急状态的需求状况；四是国家信息动员潜力和信息动员能力的状况。信息动员目标机制的形成，是上述几方面因素综合作用的结果。

3. 需求传导机制

信息动员需求传导机制，是国家信息动员需求部门在准确分析、预测和汇总信息动员需求的基础上，向国家信息动员决策领导机构提出信息动员需求的分类、结构、规模和时序等方面的要求，经过批准后再传递到信息动员执行机构和信息动员监督协调机构的机制。

信息动员需求传导机制的形成，主要取决于以下几方面的因素：一是信息动员需求部门，主要是军事部门，提出信息动员需求权限的划分和相应的工作职责；二是信息动员需求部门提出信息动员需求的程序；三是信息动员需求部门提出信息动员需求的内容和重点；四是信息动员决策领导机构批准信息动员需求的权限和程序等；五是经过批准的信息动员需求，传递到信息动员执行机构和信息动员监督协调机构的途径、方式和方法等。

4. 平战转换机制

平战转换机制，包括国家信息动员组织体制由平时状态向战时状态转换和由战时状态向平时状态转换两个方面的机制。

信息动员平战转换机制的形成，主要取决于以下几方面的因素：一是信息动员组织体制在平时与战时两种不同状态的职责区分；二是两种转换的程序；三是两种转换的启动时机和条件；四是在战时状态，党政有关部门使用信息动员有关特别手段或者措施的法律授权；五是军民两用技术、兼容设施、通用设备和两用人才等物质技术条件的准备情况，等等。

5. 供需对接机制

信息动员供需对接机制，是信息动员供给与信息动员需求相互对接、协调联动和动态平衡的机制。

信息动员供需对接机制的形成，主要取决于以下几方面的因素：一是信息动员计划的编制和执行情况；二是信息动员预案的编制和完善情况；三是信息动员体制的建立健全情况；四是信息动员潜力中军民两用技术、兼容设施、通用设备和两用人才等物质技术条件的准备情况；五是信息动员能力建设的状况，等等。

6. 要素整合机制

信息动员要素整合机制是信息动员在组织、协调、控制、整合、配置信息动员要素中所表现出来的机制。良好的信息动员要素整合机制，可以起到“整体大于局部之和”的效果。

信息动员要素整合机制的形成，主要取决于以下两方面的因素：一是信息动员基础、信息动员潜力的数量、规模、结构、布局及其动态变化情况；二是信息动员决策领导、管理监督和执行机构的建设状况，以及由此形成的信息动员要素整合能力的大小。

7. 平衡协调机制

信息动员平衡协调机制是为了保障各项信息动员活动的有序进行，纠正所发生的各种偏差，提高资源的配置效率，保障实现信息动员目标，运用各种有效手段和措施，对信息动员活动进行调整、平衡、协调的机制。

信息动员平衡协调机制的形成，主要取决于以下几方面的因素：一是信息动员计划手段的完善状况；二是信息动员行政手段的完善状况；三是信息动员经济手段的完善状况；四是信息动员法律手段的完善状况；五是信息动员物资技术手段的完善状况；六是所有各类信息动员手段的协调运用状况。

8. 行为约束机制

信息动员行为约束机制是为了确保信息动员目标的顺利实现，而对信息动员决策领导主体、管理监督主体和执行主体，对作为信息动员对象的所有公民和组织，以及对信息动员主体和信息动员对象之间的作用方式等，进行行为规范和约束的机制。主要包括法律约束机制、行政约束机制、经济约束机制、道德约束机制等。

信息动员行为约束机制的形成，主要取决于以下几方面的因素：一是信息动员决策领导机构的建立健全情况；二是信息动员管理监督机构的建立健全情况；三是信息动员执行机构的完善状况；四是信息动员法规制度的完善状况；五是信息动员经济措施的完善状况；六是国防教育和公民道德教育的状况。

9. 工作激励机制

信息动员工作激励机制是为了保障实现信息动员目标而对信息动员活动的全部参与者进行物质和精神激励的机制。其核心是如何采取有效的信息动员措施和手段，以解决信息动员的动力问题。

信息动员工作激励机制的形成，主要取决于以下几方面的因素：一是信息动员奖励制度的建立和完善状况；二是信息动员征收征用补偿制度的建立和完善状况等。

10. 评估反馈机制

信息动员评估反馈机制是对信息动员活动的进行过程和实际效果进行动态监控、分析评估和灵活反馈的机制。其基本作用方式，是把信息动员系统的输出信息返送到输入端，与输入信息进行评估比较，并对二者的偏差进行调整控制。

信息动员评估反馈机制的形成，主要取决于以下几方面的因素：一是信息动员决策咨询和评估体系的建立健全状况；二是信息动员信息化建设，包括国防信息潜力调查、信息动员资源监测体系的建设状况；三是信息动员决策领导、管理监督和执行工作责任制的建立和完善状况。

思考题：

1. 信息动员具有哪些特点？
2. 信息动员的准备与实施具有哪些内容？
3. 如何健全完善信息动员组织体制与运行机制？

第九章
交通运输动员

交通运输动员是国民经济动员的重要组成，在国民经济动员中发挥着重要作用。交通运输动员是部队实施机动和作战的重要保障，交通运输动员能力大小直接制约着整个战争的进程。英军能取得马岛战争的胜利，很大程度上在于英国完整的民用运力动员计划；美军在海湾战争中短时间内达到战略目的，很大程度上归功于快速高效的交通运输动员；伊拉克战争中美军的快速推进和投送能力，更显示出现代战争中交通动员举足轻重的作用。

一、交通运输动员的内涵和特点

交通动员作为国民经济动员的重要领域，既有国民经济动员的一般特点，同时又有其领域自身具有的特点。

（一）交通运输动员的内涵

人们早已经习惯使用多种词汇从多种角度来反映与“交通运输动员”相关的活动，如“运输动员”“运力动员”“国防交通动员”“国防运输动员”等。目前，人们对“交通运输动员”的概念还存在多种定义，理解和表达也不尽相同。《中国军事百科全书》为“交通动员”

下的定义是："国家在战时编制各种交通运输线、设施和载运工具，保障人员、物资、装备运输的措施。"《国防经济大辞典》中为"交通运输动员"下的定义是："战时国家对各种交通线路、设施和运输工具实施统制，保障人员、物资和武器装备运输高效、畅通的活动。"戴凤秀著的《国防动员战略与对策》中认为："国防交通动员是指在全国或部分地区调集交通力量，全力保障局部战争和处置突发事件需要的应急行动。"武希志著的《国防动员概论》中认为："交通动员指为了国防需要，国家平时进行国防交通建设和战时利用各种交通设施和工具，组织人员、物资、装备输送的活动。"这些概念的表述虽不完全相同，但对"交通运输动员"的内涵和外延的基本界定却是相近的，普遍认为交通动员是一种特殊的经济动员活动，带有由平时状态转入战时状态的特征。

对以上概念进行综合分析，可以看出，交通运输动员概念中至少应该包含四个方面的要素：一是交通运输动员的主体，通常指国家（或政治集团）。交通运输动员是国家行为，是国家（或政治集团）意志和利益的体现，具有特殊的政治目的。二是交通运输动员对象，主要指交通设施、交通工具和相关的技术保障部门。三是交通运输动员机制，是国家（或政治集团）采取紧急措施，由平时转入战时体制，统一调动交通运输资源。四是交通运输动员的目的，是为了维护国家安全，应对战争或突发事件的需要。

交通运输动员，亦称为交通动员，是国家为了维护国家安全，应对战争或其他突发事件的需要，采取紧急措施，使交通系统由平时状态转为战时状态，并统一调动交通设施、运载工具及相关的人力、物力资源的一系列活动。交通运输动员的任务是国家集中和使用各种交通运输力量，组织和利用各种交通运输线路、设备和工具，输送人员、物资、装备，保障战争的活动。交通运输动员具体任务包括：军队机动、集中和展开的运输；人员、装备、物资的前送以及伤病员的后送；保障经济正常运行和人员出行的交通运输；重要交通线路、交通设施的抢修和恢复；城市居民和灾区居民的疏散；为部队机动临时开辟道路等。

（二）交通运输动员的特点

交通动员作为国防动员的一种特殊动员领域，与其他动员领域相比，受交通运输行业特征的影响，具有一些突出的特点；在信息化局部战争成为主要作战样式的时代环境中，也呈现出一些新的发展趋势。

一是从动员属性看，交通运输动员是服务型产品的动员。交通动员过程并不改变物质的性质和形态，不生产新的物质产品。交通运输动员是对服务型产品的动员。交通动员的最终产品具有同质性，其最终产品都是实现人和物空间位置的移动。运输产品的生产过程和消费过程同时完成，即随着运输对象（客、货）到达目的地，运输产品的生产与消费也随之结束。它不像其他工农业产品那样可以运送、储存和调配。交通动员中的调配和储存只是运输工具装载能力，利用的是交通运输服务，根据运输产品的这个特点，在加强交通动员潜力建设时，主要是加强运输工具装载能力储备，加强运输线建设，提高运输线路通过能力。

二是从动员时机看，交通运输动员实施更需先行。交通动员是战争动员的重要组成部分，具有保障战争运输需要和国民经济正常运行的双重任务。交通动员作为平时交通运行状态向战时状态转化的桥梁，是战争动员其他各方面动员得以实现的物质技术基础和保障条件。交通动员能力的大小在很大程度上制约着战争的规模和进程，甚至直接影响到战争的结果。特别是在信息化战争条件下，交通动员在动员时间上往往早于其他动员，在动员准备与实施的质量与速度上要优于其他动员，所谓“兵马未动，粮草先行”。伊拉克战争中，在开始实施兵力投送前，美英在海上运送力量方面，集中了海军大型运输船 60 余艘，征用了 50 艘大型民用商船，从国外租商船 11 艘，使海上战略输送船只达到了 120 余艘；在空中运输力量方面，除了军队建制的战略输送力量外，美军首次动员了 70 余架大型民用运输飞机，并与数十家航空公司签订了依据战况所需可随时再征用近千架民用飞机的协议，先行交通动员的成功实施，为达成先发制人的作战效果奠定了基础。

三是从动员资源看，交通运输动员资源存量较大。从动员资源的状态来看，交通动员资源多数呈现存量状态。所谓存量型，指的是平时资源总量基本能够满足战争需要，战时不需要再依靠突击生产增加资源总量，主要是实现资源功能的转变。与增量型资源相比，交通动员资源是一种存量型资源，具有较强的军民兼容性。在平时，交通主要用于民用流通领域，服务对象主要是国民经济生产和消费流通领域物质资源的流动；在战时，交通则主要用于军用物资的快速运送和武装力量的快速投送，服务对象主要是满足作战的需要。交通资源的存量状态特征，为把国防交通建设纳入平时经济建设之中，贯彻军民结合的要求，做好战争动员准备，提高快速交通动员能力，保障战争需要提供了依据。

四是从动员手段看，交通动员科技含量趋升。在信息时代，战争动员的要素结构发生了变化，信息技术在战争动员中所占的比重越来越大，正在影响和改变着传统的动员手段和方式。信息技术在交通动员工作中的地位和作用急剧增强，准确、实时、快速的信息，可以大大提高交通动员效率，提高交通动员决策的科学性。美军十分重视对信息技术在交通动员中的应用。美军建立了交通动员数据库，通过全球军事指挥和控制系统计算机网络，实现与各种运输机构的联系，实施统一、快速、高效的交通动员。伊拉克战争中，美军就利用其先进的信息化系统，充分发挥其 C^4ISR 系统的功效，加强对其后勤基地和运输线地区的侦察预警，通过 GPS 和全球卫星通信系统及时与运输车队交换各种信息，确保了交通动员的快速、高效实施。

五是从动员环境看，交通动员应变能力趋强。信息化战争条件下的局部战争具有极其复杂多变的战场环境，势必增加了交通动员的难度，要求交通动员保障也要具有随局而变的适应能力。一方面，信息化条件下的局部战争爆发时间不确定、爆发地点不确定，导致未来的交通动员可能在一点或多点、多方向同时展开。另外，信息化战场上，伴随着各种高技术武器装备的广泛使用，交通设施、运输工具面临着空前严重的威胁，交通运输保障环境显著恶化，这就要求交通动员具有边动员、边防护、边运输、边抢修的能力，采取灵活多变的动员措施。伊拉克战争初期，美军动员约5万人的保障部队和7000辆运输车辆往返于科威特和伊拉克腹地，为作战部队提供“即时后勤保障”，确保了一线部队顺利完成作战任务。

二、交通运输动员的分类和功能

对事物进行分类，更便于从不同侧面揭开事物的本质。对交通运输动员进行分类，更易于准确理解交通运输动员概念的内涵与外延，进而把握交通运输动员的实质。

（一）交通运输动员的分类

借鉴对“战争动员”和“国民经济动员”中对动员的分类方式，结合“交通运输动员”的特点，通常把交通运输动员分成以下几类。

根据动员规模分为：全局交通动员和局部交通动员。全局交通动员，亦称为交通总动员，是指在全国范围内实施的交通动员，通常是在国家面临大规模的武装侵略、发动全面战争而实施的全国总动员的背景下，采取紧急措施，统一调动和使用全国一切可以利用的交通设施、运载工具及相关的人力、物力资源，保证交通稳定、畅通，为战争服务的活动。全局交通动员通常是在全国实施战争总动员时实施的。战争的规模越大，时间越长，交通总动员进行得越广泛、深入。局部交通动员与战争局部动员相对应，是指当国家局部地区遭到侵略或受到战争威胁时，在受战争威胁的地区或进行作战的局部地区进行动员，使这些地区的交通运输系统从平时状态转入战时状态，但整个国家和整个交通运输系统还处于正常状态。局部交通动员也可以仅是交通运输系统中某个部门的动员。随着信息化条件下局部战争的发展，局部交通动员越来越受到重视，出现了“局部动员不局部”的趋势。

根据动员方式可分为：公开交通动员和秘密交通动员。公开交通动员是在国家进入战争动员状态，宣布动员令后组织实施的动员。公开动员可以使动员令迅速传达到全国交通运输系统，采取紧急交通动员措施，组织全国交通动员力量，满足战争需要。秘密交通动员是为了避免事先暴露战略企图，在各种伪装措施掩护下隐蔽实施的交通动员。交通秘密动员的目的是为了取得战略主动权，达成战争的突然性。1973 年第四次中东战争爆发前，埃及、叙利亚就成功进行了秘密动员，达成了战争的突然性，收到了出其不意、攻其不备的先机效果。

根据动员过程可分为：平时的动员准备、战时的动员实施和战后的动员恢复。平时的交通动员准备是在动员实施前，预先进行的筹划、安排和所采取的措施，是战时实施交通动员的基础。平时动员准备包括加强交通运输基础设施建设、建立权威高效的交通动员指挥体系、健全交通动员法律法规和规章制度、做好交通动员潜力数据调查、编制交通动员预案、组织交通动员演练和开展交通动员教育等方面的内容。战时的交通动员实施是具体落实各项动员任务的行为过程。一般包括下达交通动员任务、制订交通动员计划、实施交通管制、征用交通力量、组织实施交通保障等主要内容。战后交通动员恢复，也称为交通动员复员，是指将交通运输系统由战时状态恢复到正常状态的一系列活动。包括对受损交通设施的重建、征用交通工具的归还与补偿等项内容。

根据动员对象可分为：交通设施动员、交通工具动员和技术保障部门动员。交通设施主要是各种交通线路，用于部队和装备物资装卸的车站、港口、码头、机场以及装卸载设备等。交通工具主要指铁路机车车辆、航空器、船舶、汽车及其他具有运输人员和物资能力的载运工具。技术保障部门主要是修配工厂及其附属企业等。

根据运输方式可分为：铁路运输动员、公路运输动员、水路运输动员、航空运输动员和管道运输动员。铁路运输具有运输能力大、运输速度较高、运输距离远、运输适应性强等优点。公路运输具有使用方便、适应性较强，能够深入机动战场前线，便于部队迅速集结和分散转移，民间动员潜力较大等优点。水路运输包括海上运输和内河运输，具有运输量大，运输成本低的优点。空中运输具有机动快速、适于远距离机动的特点。往往能够达成突然、隐蔽、及时的战役效果。管道运输只能输送油料、天然气等液体气体产品，具有输送经济安全的特点。

（二）交通运输动员的功能

交通运输动员作为国防动员和国民经济动员的重要组成部分，具有“战时应战”“急时应急”“平时服务”的功能。

1. 战时应战功能

现代战争理论认为，战争的动力来自后方，军事运输是实施战争的大动脉，没有交通运输来保持战时军事生产各部门、各企业与国民经济各部门间的联系，战时军事生产与供应就无法进行。现代战争物资消耗量巨大，一个士兵每天消耗的物资，第一次世界大战时平均为 6 公斤，第二次世界大战时平均为 20 公斤。美军在海湾战争中一个士兵每天的物资消耗量已超过 60 公斤。抗美援朝战争，从中国运往朝鲜前线的各类作战物资达 9600 余种、260 余万吨，仅通过铁路运输的即达 18.4 万余车。可以想见，未来战争的物资消耗量将会更加巨大，为保障物资消耗的运输任务也会更加繁重。

2. 急时应急功能

交通动员在应对突发公共事件中发挥着重要作用。当灾害等重大突发事件发生后，通常交通运输网络会受到严重破坏，这时一方面需要动员交通力量运输保障救灾物资，另一方面也需要协调各部门修复受损的关键运输线路。2008 年汶川大地震造成四川省 21 条高速公路、15 条国省干线公路和 2756 条农村公路的路基桥面或桥梁隧道受损，受损里程 2.2 万公里。据不完全统计，地震造成四川省交通基础设施损失 580 亿元。交通部门紧急组织开展交通动员，保障救援人员和救灾物资在最短的时间内送到灾区，从 5 月 12 日到 5 月底，仅上海铁路局就向灾区紧急开出120多趟抗震救灾专列。灾后又对从成都到都江堰的铁路线进行了恢复重建。美国应急管理体系中，由美国运输部负责的交通运输救急支持委员会在12个支持委员会中位于首位，其主要职能是在重大灾害和紧急事态下为联邦机构、州和地方管理部门及机构提供运输保障任务，同时也是修复交通基础设施的协调部门。

3. 平时服务功能

世界各国很多运输设施建设的初衷是为了军事目的，出于国防建设需要，之后转为民用，其产生的经济与社会效益远远超过其预期的军事效益。如美国为了改善国防运输条件修建了国防州际公路网，把美国主要城市、工业中心和军事基地联成一体。这些公路网体系对于加快美国经济发展，改善国内运输条件，开发美国西部等方面都发挥了不可估量的作用。

三、交通运输动员的基本内容

交通运输动员涉及的内容较多，其基本内容包括铁路、公路、水路、航空、管道和人畜力六种运输方式的动员。

（一）铁路运输动员

铁路运输动员是指组织和利用火车及其有关设施，进行人员、物资、装备等输送的活动。铁路运输具有运输能力大、运输速度较高、运输距离远、运输适应性强等优点，是在战略、战役后方实施大规模运输的主要手段，是现代战略运输的基础。截至2019年底，全国铁路营业里程达到13.9万公里以上，其中高铁3.5万公里。2019年，铁路客货运量持续增长，完成旅客发送量35.7亿人，完成货物发送量34.4亿吨。我国铁路发展战略布局已从四纵四横高铁网向“八纵八横”发展，构成纵贯我国南北和横贯我国东西的铁路骨架。我国铁路网络布局的形成为在重点战略方向快速投送兵力，做好新形势下军事斗争准备和重点区域防御提供了有力保障。铁路运输动员潜力资源作为一种典型的存量资源，具有较强的军民兼容性，战时只需转化其功能便可直接满足军事需要，具有“易动员性”的特点。加强铁路运输动员建设的主要对策有：

一是按照社会效益与经济效益相统一的原则，做好铁路建设规划。铁路运输线对军队部署、军运设施设置乃至作战方案的制订都产生影响，事关国家安全利益和战争全局。同时，铁路企业又具有市场经济中的企业性质，实现利润是其主要目标之一。铁路运输动员是铁路企业实现社会效益与经济效益相统一的重要途径，在铁路基础设施建设中要深入贯彻军民结合、平战结合原则，做好“双向纳入”，将国防交通设施建设纳入国家铁路交通发展总体规划之中，在铁路基础设施建设项目中充分贯彻和体现国防需求。

二是按照平战结合、寓军于民的原则，做好铁路运输保障准备。铁路运输保障除了建立适应现代战争需要的铁路运输线路外，还要做好机车、车辆、供电等多个部门的动员准备，需要编制铁路运输动员计划和动员预案，包括铁路线路和设施的抢建抢修预案、改装预案、运输保障物资和器材的供应计划等。随着现代高技术武器装备的发展，超重、超大武器装备不断增长，需要研制、发展大型化、高速化的铁路运输工具。

三是按照信息化战争条件下对交通动员的要求，加强铁路运输动员信息化建设。在迅猛发展的世界新军事革命大浪潮的推动下，交通动员呈现出精确化、智能化、系统化、一体化和社会化的发展趋势。作为交通动员基础的铁路运输动员，要加快发展高速铁路列车，积极发展新型铁路运输装备，提高铁路运输动员的信息化水平，实现编制铁路运输计划的自动化。

四是加强铁路运输动员保障队伍建设，充分发挥铁路运输系统人员的积极性。抗美援朝战争中，我志愿军5万多铁路工程保障力量的2/3来自地方铁路员工，在反“绞杀战”中，创建了随炸随修、此炸彼通的“打不烂、炸不断的钢铁运输线”。未来战争中，要充分发挥现代人民战争的威力，调动铁路运输系统人员的积极性，对铁路交通线实施控制与争夺，是保证战争胜利的重要手段。因此，要结合国家经济建设，动员和组织一支高素质的军地铁路军交保障队伍是当务之急。

五是积极探索适应现代战争特点的铁路军交运输保障方法。信息化条件下，战场透明度日益增大，高技术侦察和监视系统可对上千公里内的目标实施跟踪搜索，铁路线路、枢纽、桥梁、隧道等目标完全置于高技术兵器的精确打击之下。尤其是战略、战役通道上的高墩、大跨度、结构复杂的大型铁路桥梁，一旦被毁，短期内难以修复。因此，要积极探索、创新铁路军交保障方法。确定重点保障目标。根据所处的战略战役地位作用和保障难易程度确定铁路重点保障目标。按照作战防护和工程防护区分防护职责，作战防护由战区有关部门提出需求，将铁路交通网络的防护纳入整个国土防空和战场防护体系之中；工程防护由军交运输部门提出需求，各级交通战备机构具体实施。

（二）公路运输动员

公路运输动员，指组织和利用汽车及其他陆地运输工具和有关设施，进行人员、物资、装备等输送的活动。公路运输是陆路运输的普遍方式，具有灵活机动、周转速度快、适应性强等特点。公路运输既可独立完成运输任务，又是其他运输方式，如铁路运输、航空运输的衔接或补充。到2020年底，我国公路通车总里程达到519.81万公里，其中高速公路通车里程16.1万公里。目前，我国以北京为中心，连接各省、市、自治区的全国公路网已经形成，各省际、省内公路干线网也已基本形成，全国公路网呈现出“五纵七横”12条国道主干线的布局。随着公路等级的提高特别是调整公路的发展，公路运输的作用越来越大。在军事运输中公路运输对于战役、战术范围内实施机动和物资供应具有更重要的作用。加强公路运输动员建设的主要措施有：

一是做好公路交通潜力调查，掌握公路运输资源情况。运输资源是运输动员的物质基础，做好地方运输资源潜力调查是搞好运输动员的首要环节，对公路交通运输资源的调查重点是：运输车辆情况，搞清本地区机动车辆（包括客车、货车、工程车）的数量、车况、装载能力及分布情况；技术人员保障情况，搞清经过正规培训且技术过硬的驾驶员和各类机械维修保障人员的数量及分布情况；油料储备情况，搞清本地区石油仓库、加油站有多少座，平时储备多少吨，油罐车有几台，容量与车况如何，分布在哪里；道路桥梁情况，搞清本地区境内道路桥梁的数质量、本县与周边地区的公路通行情况及迂回道路情况。

二是编制公路运输动员预案，为战时运输动员做准备。运输动员预案是平时落实动员任务、战时实施动员潜力快速转化的主要依据。公路动员预案主要包括运输组织紧急扩编方案、战时车辆征用、人员收拢计划等。公路运输动员预案要明确战时运输动员的任务、方法、步骤和承担运输的人员、工具、集结地域、供应保障等；分析交通运输工具和技术保障人员可征集利用的程度，掌握比例，分期动员；预想多种情况，制订多种运输动员预案，为战时提供多种选择；结合未来战争的特点和当前实际，对运输动员预案及时修改补充，不断完善。

三是科学合理组织演练，发挥公路运输资源的最大效能。公路动员演练是检验平时动员准备的有效手段，也是公路运输资源发挥最大效能的重要保障。按照科学分工、便于协作、便于指挥的原则，建立公路运输综合保障分队；依照预先制订的动员预案，坚持便于领导、便于集中、便于完成任务的原则，对综合保障分队进行合理编组；结合平时执行运输任务、参加抢险救灾等活动的经验，重点探索研究信息化条件下局部战争背景下组织交通运输的战法和手段，提高公路运输动员演练的实效性和科学性。

四是健全公路运输动员机构，完善地方性动员法规。运输动员准备工作，涉及交通、车辆油料等多个管理部门和单位，需要从国防建设大局的高度出发，建立起由交通战备动员办公室牵头，公路、交警、石油等有关单位积极协助的动员组织体系。市场经济条件下，地方运输车辆实行了自负盈亏的经营管理模式，单靠传统的教育和行政手段，很难保证运输动员工作的顺利进行，增加了公路运输动员的操作难度，需要依据国家的动员法规，结合当地实际，制定完善配套的地方性法规，明确平时与战时有关单位和人员的任务分工、征集方法、编组顺序及经济补偿方法，保证运输动员准备工作的顺利开展。

（三）水路运输动员

水路运输动员是指组织和利用船舶、港口和其他水上运输设施，进行人员、物资、装备输送，或组织民船直接参加作战行动，以保障战争需要而进行的活动。水路运输具有运输量大、运输成本低的优点。至2019年，全国内河航道里程达12.73万公里，一级航道占比为1.44%；二级航道占比为3.16%；三级航道占比为6.27%，里程为7975公里；四级航道占比8.65%，里程为11010公里；五级航道占比为13.74%，里程为7398公里；六级航道占比13.74%；七级航道占比13.39%。根据国务院批准的《全国内河航道与港口布局规划》内容，到2020年全国建成“两横一纵两网十八线”高等级航道1.9万公里，其中三级及以上航道14300公里，水运的优势将得到进一步发挥。到目前为止，我国已与世界100多个国家和地区的1000多个港口建立了广泛航运业务往来。尤其是近年来，海洋运输突飞猛进，目前我国已经拥有一支庞大的海洋运输船队。水路运输的快速发展为保障海上运输和军队远洋机动，特别是大型装备物资远距离运输提供了条件。加强水路运输动员建设的主要内容有：

一是做好水路交通潜力调查，掌握水路交通运输资源情况。主要是了解和掌握地方船舶及港口的分布，现有船舶及港口的数量、类型、技术状况等情况，以及平时所担负的运输任务，为拟定科学有效的动员预案和动员计划提供依据。无论是国有企业、集体企业还是个体企业，都应列入调查范围。重点掌握大型、高速、技术含量高、部队战时急需的船舶数质量情况，以便根据战时可能的需求，确定动员范围和比例。由于地方水路交通资源情况在不断变化，调查宜每年进行一次，对符合动员条件的，应分门别类登记造册，适时完善档案资料，建立动员数据库，为平时编组训练和战时快速动员打好基础。

二是建立水路交通动员机构，完善水路交通动员体制。理顺和完善动员体制是加强水路交通动员的基础，动员体制完善，才能保证平时的动员准备和战时的动员实施。要按照高效统一、便于指挥、便于组织的原则，合理划分有关部门和单位在动员准备及实施过程中的职责和权限，建立健全水路动员机构，形成完善的全国水路交通动员系统。

三是健全水路交通动员法规，确保水路动员潜力向实力转化。科学、配套的水路交通动员法规，便于国家和军队对水路交通资源实行统一的计划、控制、使用与管理；便于战时有计划、有步骤、有秩序地实施动员，确保水路交通潜力向保障实力的迅速转化。依据《国防法》《国防交通条例》和《民用运力国防动员条例》，建立具有权威性、强制性和约束性的水路交通动员法规。

四是编制水路交通动员预案，组织水路交通动员演练。周密而可行的水路交通动员预案，是实施快速动员的基础。预案应做到“六定”，即定方式、定单位、定船舶、定港口、定人员和定航线，并明确到具体单位或个人，确保一旦需要就可实施快速动员。1982 年英阿马岛之战，英国第一批 40 多艘舰船组成的特混舰队快速出海。在接到征用或租用命令之后，这些船只立即就近卸货，迅速改装，“堪培拉”号客轮 3 天就改装成能装 2000 人的运兵船，“乌干达”号客轮一个星期改成 1000 个床位的移动医疗船。快速动员之所以能高层次启动运行，取得惊人效果，主要是英国平时有一套完整的作战“应急计划和相应的保障预案”。预案制订后，应适时组织演练，定期修订，不断完善。

（四）航空运输动员

航空运输动员指征用航空运输工具和航空设施，进行人员、物资、装备输送的活动。航空动员的主要内容包括，征用民用飞机，加强飞机场、站及其他配套设施管理，组织航空技术维修力量和有关物资器材，保障航空实施。航空运输具有快速、灵活等特点，适用于紧急情况下输送人员、物资，是争取时间、保障部队快速实施机动，夺取战争主动权最有效的措施之一。海湾战争期间，美军先后投入民用后备航空队 34 个航空公司的 200 多架运输机，共出动飞机 1900 余架次，有效保障了兵员和物资紧急运送。科索沃战争和伊拉克战争期间，美国民用航空力量承担了美军兵力投送中人员运输的绝大多数任务。航空运输对于军队的快速动员投送、特殊时间和地点的人员物资运输，具有其他运输方式不可替代的作用。征用民用飞机是航空动员的主要工作，包括民用客机和货机。

（五）管道运输动员

管道运输动员是为了保障战争准备与实施，组织利用输送管线力量、器材和设施，进行流体物资运输所采取的措施。管道运输是现代条件下液体、气体物资运输的一种重要方式。管道运量大、损耗小、成本低、比较安全可靠、不易受气候影响，是适应现代战争对液体物资需求量大、运输困难的比较理想的一种运输手段。组织利用输送管线、器材和设施进行流体物资输送，对于国防和战争都有重大作用。

（六）人畜力动员

人力和畜力运输动员是指动员人力和畜力输送人员和物资的一种原始的运输方式。这种运输方式在我国解放战争时期曾经发挥了重要作用。例如，淮海战役中，动员民工达 225 万、担架 7.3 万副、手推车 41 万余辆、牲畜 6300 头、船只 13630 条、挑子 42400 副，有效保障了大兵团作战需要。参战兵力与支前民工的比例高达 1∶9。淮海战役胜利后，华东野战军司令员陈毅曾深情地说：“淮海战役的胜利，是人民群众用小车推出来的。”信息化战争条件下，人力和畜力运输动员尽管不再是交通动员的主要内容，但在特殊的地理条件和战场环境下，人力和畜力运输仍然是不可或缺的短途运输手段。

思考题：

1. 交通运输动员有哪些特点？
2. 交通运输动员的内容有哪些？
3. 各种类型的交通运输动员具有哪些特点？

第十章
医疗卫生动员

战争的一个突出特点就是其所带来的大量人员伤亡，有伤亡就必然要进行必要的预防和救治。特别是在现代战争条件下，武器杀伤破坏力大，前后方界线模糊，军民伤病数量增加，生态环境恶化，伤情病情复杂，医疗卫生保障任务艰巨，仅靠部队自身的卫生勤务资源，以及在编的人力、物力是难以完成任务的，必须动员地方卫生系统资源参与战时救助。因此，在未来战争中，充分利用国家现存的卫生资源，不断完善国家医疗卫生动员体制，发挥国家医疗卫生体系的整体效能，对于保障军民的生命安全，保证作战任务和活动正常的进行，具有极其重要的作用。

一、医疗卫生动员的内涵和作用

作为国民经济动员的一部分，与其他方面的动员如物资动员、装备动员、信息动员等相比，医疗卫生动员的研究相对较少，有关医疗卫生动员的内容较多的是将其作为后勤保障的一部分加以阐述，而对医疗卫生动员更进一步的分析，包括其动员组织的构成、动员的内容、动员的实施则更是缺乏系统的研究。

（一）医疗卫生动员的内涵

从定义上讲，医疗卫生动员是指国家统一调度和使用医疗卫生方面的人力、药品器材、设备和设施，以满足战争或突发事件对医疗卫生的需要所进行的一系列活动。从以上医疗卫生动员的定义可知，医疗卫生动员的实质就是为了保障战争或其他紧急事件的需要，将国家卫生资源潜力转变为卫生保障实力，使国家医疗卫生系统由平时状态转为战时状态的过程。

（二）医疗卫生动员的作用

医疗卫生动员在现代战争中发挥着极其重要的作用，具体而言，主要体现在以下几个方面。

1. 医疗卫生动员是保持军队有生力量和战斗力的基本保证

无论战争形式如何变化，人始终是战争的主体。如何更有效地消灭敌人，并最大限度地保存自己是取得战争胜利的决定因素。在战争中，由于战场环境条件恶劣，军队任务繁重，环境刺激与生活的极不规律，将导致参战者身体抵抗力的降低，很容易发生疾病。同时，军队流动性大，传染源不易控制，而敌人可能使用核、生物、化学武器等因素，又极容易造成临战减员。如果卫生勤务保障跟不上，医疗卫生动员工作组织不力，仅靠军队已有的医药卫生力量是难以应付的。一旦大量的伤病员得不到及时的救治，部队的战斗力就会受到削弱，从而影响到战争的胜负。如第二次世界大战时，日军由于医疗卫生动员不够，卫勤保障不力，参加伊姆法尔战役的 10 万军队中有 6 万人因患虐疾、痢疾而失去作战能力，不战自败。美军一个团在印尼桑萨登陆后不到两周时间，恙虫病发病率高达 90%，由于缺乏卫生勤务保障力量，使部队完全丧失战斗力。与此相反，1982 年的英阿马岛战争中，英军高度重视医药医疗卫生动员，大力加强特混舰队的医疗力量和参战人员的卫生保健工作，从而保障了全体作战人员以健康的体魄，连续地、顺利地通过温、热带，再进入寒带，经受住了长达20天、航程1.3万公里的考验，并且还能在恶劣地理环境下立即投入战斗。特别是在达尔文港一战中，英军士兵平均负重50公斤以上，冒着刺骨的寒风，跋涉沼泽泥潭，仅以500人左右的一个伞兵营，就从多于自己兵力2.5倍的阿军手中夺取了达尔文港这一战略要地。英军在总结此次战争经验的白皮书中说："福克兰群岛（马岛）战役突出地说明了体格健壮和意志坚强的重要性……战争中最具有决定因素的是高度训练和健康水平。"

随着战争形式的变化以及高科技的发展，高技术武器装备在战场上大规模运用，其杀伤力和破坏力大大提高，其造成的伤员数量也大大增加。第一次世界大战中战场上死亡的人数约1000万人，伤员人数约2000万人。第二次世界大战中，战场上死亡人数约2206万人，伤员人数约3440万人。1973年的第四次中东战争，日平均伤亡数即为抗美援朝战争时"联合国军"的4倍。由于伤亡数量增加，及时动员医疗救治力量，加强医疗救治工作，提高救治、减少军队战斗减员已成为提高军队现代战争作战能力的一个重要方面。只有充分搞好医药医疗卫生动员，才能满足战伤人员量大、种类多、时效性强的需要，确保伤员得到及时治疗和愈后重返前线，弥补战时兵员来源的不足。抗美援朝战争期间，我国动员了10万余张医疗床位，380多个医疗、防护增援队，支持了中国人民志愿军的医疗力量，保证了志愿军伤病员得到及时医治，总共有49万余名伤员治愈后归队。其中，军以下有87%的伤员平均19天治愈归队。苏联卫国战争中，苏军动员预备役医生10万会人补充军队，建立了百余个野战卫勤机构，并装备了必要的医疗设备和药品器材。战争爆发后的9天内，医院床位由战前的3.5万张，增加到12万张。由于及时进行了医药医疗卫生动员，加强了医疗救护工作，苏联在整个卫国战争中有72.3%的伤员和90.6%的病员治愈归队。仅列宁格勒方面苏军治愈归队的伤病员就达43.7万人，按该方面军步兵师编制员额计算，重返前线的伤病员可组建44个至55个师。伤员经救治后重返前线，很快可以成为作战的骨干力量，这对提高军队战斗力起了不可替换的重要作用。由此可见，通过医疗卫生动员，补入和扩充医药卫生力量，有利于保证作战人员的健康，是保证有生力量、保持军队战斗力的基础。

在现代技术特别是高技术战争中，某些高技术武器对人体的伤害更为严重。激光武器、粒子束武器、微波武器对人体的摧伤是一般武器的几倍，甚至几十倍，具有致伤（病）力强、作用持续时间长、难防、难治的特点。如20世纪80年代马岛战争中，英军曾使用激光武器，使阿军飞行员眼盲失明，导致阿军数架飞机坠毁，失去作战能力。为了将高技术武器对人员造成的杀伤减小到最低限度，必须在统一领导下，动员、组织和使用所有卫生力量和资源，全力投入到战争当中去，医疗卫生动员在现代战争中的作用越来越重要。

2. 医疗卫生动员是鼓舞保持参战人员斗志的重要途径

战争中，参战人员的斗志往往会对战争的胜负起着至关重要的作用，而战时医疗卫生保障的好坏往往会对士气产生不可估量的作用。我国古代《资治通鉴·周纪》有“卒有病疽，起为吮之”的记载，讲的是战国名将吴起关心伤病员，亲自用口为士卒疮口吸脓，而使士卒拼死效力疆场的故事。所以，动员充足的医药卫生力量，实行良好的保健和精心的救治，可以解除参战人员“伤病不医”的后顾之忧，起到保障参战人员心理平衡、鼓舞士气的作用，这是取得战争胜利不可忽视的因素。

良好的医疗卫生保障不仅能保障参战人员的生理健康，而且还有助于培养和提高他们的精神承受能力，使他们具有适应战争残酷环境的心理素质。克劳塞维茨在《战争论》中指出，战争气氛由四个因素组成：战争中的危险、战争的劳累、战争中的情报、战争中的阻力，通过对历次战争减员的分析，战争中的危险、战争中的劳累等造成精神性减员是非常严重的。如在第二次世界大战的北非战役中，除少数者外，激战达60天或普通战斗达1年时，所有没有撤出战斗的伤病员最终都成了精神病人。根据以色列军和美国陆军的作战经验，经历30天激烈常规作战的每4名战斗减员中，就有1名精神异常病人。在持久的核生化战争中，30天内精神性减员与卫生减员之比约是1：3到1：2，甚至更高，在参加海湾战争的美国士兵中，蔓延了一种精神上的怪病，许多士兵感到关节痛，并伴有疲劳感和出斑疹等症状，其共同的特征是有疲倦感。产生这种怪病的原因，主要是思想紧张、精神上受到了极大的刺激。心理因素及精神上的承受能力，对参战人员的斗志和战斗力具有较大的影响。战场条件下的负伤、生病，会构成参战者心理、生理上的巨大负荷。这种负荷一旦超过参战者的承受能力，就会严重损害他们的作战意志和能力。因此，当参战者在生病和负伤以后，必须对他们备加爱护，精心治疗。伤病员经过精心抢救治疗后，在肌体得以康复的同时，他们的心理状态也会重新得到平衡，其中大多数人员还能重返战场。而那些没有负伤、生病的人员，也会从伤病员得到良好救治的事实中受到安慰和鼓舞。从这个意义上说，医疗卫生动员工作搞得好坏，不仅直接影响伤病员的情绪，而且会影响到全军指战员的斗志，进而影响到战争的进程和胜负。

3. 医疗卫生动员是保证战时社会稳定的重要措施

现代战争中由于威力大、射程远的兵器广泛使用，前方后方的界线已不像以往战争那样明显，后方战略目标易遭袭击，居民的伤亡将显著增加。例如，现代轰炸机的载弹量已是第二次世界大战时的几十倍。如果使用核武器、化学武器和生物武器，将更加严重，一瞬间就可能使几十、几百平方公里范围内缺少防护的人员同时伤亡、致病或丧失能力。如1945年美国在日本长崎和广岛投下两颗原子弹，仅居民死亡就达30多万人，20万—25万人受伤。又如，根据世界卫生组织与伊拉克政府共同开展的一项调查显示，在2003年3月至2006年6月期间，大约有15.1名伊拉克人因暴力而死。而另据有关组织统计，截至到2008年3月，自美军入侵5年以来，伊拉克全国已有66万人丧生，其中平民占99%。由此可见，在现代战争中，随着人员的伤亡剧增，势必引起人心恐慌，形成强大的震撼效应，不仅造成国家人力资源的紧张，而且将影响国家政治、经济生活的正常进行，进而影响战争的进程和胜负。为维护社会稳定，保护战争潜力，及时进行有效的医疗救治，特别是尽快消除核、生、化武器造成的后果，将是调节人们生理和心理上平衡的重要措施。而要做到这一点，单靠军队或地方现有医药卫生力量是不够的，必须统筹运用全社会的医药卫生力量，进行广泛的医药医疗卫生动员，才可能起到应有的效果。例如，在1952年抗美援朝战争中，美军对朝鲜北部和中国的东北及青岛等地，成千次地使用了大量的细菌武器，企图削弱我军战斗力，动摇全国军民的抗敌决心。中国人民积极响应毛泽东同志发出的“动员起来，讲究卫生，减少疾病，粉碎敌人的细菌战”的伟大号召，从前方到后方积极而又有组织、有计划地开展了军民一体的卫生防疫运动，采取普及防疫知识、进行疫苗注射、大力灭鼠灭蝇和保护水源、清理营区及驻地卫生等有效措施，很快缩小并控制了疫情的范围及规模，保护了国内社会的稳定。同时，在全国医药卫生界，还动员组织了高级检验队和防疫大队进入朝鲜进行广泛的检疫、防疫活动。因此，后方的稳定也促进了前方的稳定。从而，最终战胜了美军发动的细菌战。这就充分说明，搞好医疗卫生动员对保护国家人力资源，维护国家战时政治、经济活动的正常进行，具有十分重要的战略意义。

二、医疗卫生动员组织与实施

医疗卫生动员组织实施是一个复杂的过程，它贯穿平时与战时整个时期，按照战争发生的不同阶段，医疗卫生动员可以分为三个阶段：医疗卫生动员准备阶段、医疗卫生临战动员阶段与医疗卫生战时动员阶段。这三个阶段是既有区别又密切联系的一个整体。医疗卫生动员准备是医疗卫生临战动员及医疗卫生战时动员的基础，主要是在平时阶段；医疗卫生临战动员是联系医疗卫生动员准备及医疗卫生战时动员的不可缺少的中间环节；医疗卫生战时动员是医疗卫生动员准备及医疗卫生临战动员的最终目的和归宿，主要是在战争期间。

（一）医疗卫生动员准备

医疗卫生动员准备，就是国家为满足战争的需要，在和平时期对医疗卫生力量的运作过程。医疗卫生动员准备对于现代战争具有极为重要的意义，特别是在现代战争中，由于武器种类的增多，伤亡增大，破坏力增强，有效射程的延伸，这就使前后方人员的伤亡数量空前增加，且伤类复杂，伤情严重，这就从根本上对医疗卫生动员提出更高的要求。很显然，面对日益复杂的战时救治局面，仅仅依靠战时的临时医疗卫生动员是很难达到目的的。这就要求在和平时期必须做好医疗卫生动员准备，战时才能有效地实施医疗卫生动员，才能满足战时伤病人员对医疗卫生的需要。具体而言，医疗卫生动员准备阶段的主要工作包括以下几个方面。

1. 全面掌握医疗卫生资源，加强医疗卫生建设，增强医疗卫生动员潜力

和平时期的医疗卫生建设不仅是为了满足人们平时对医疗卫生的需要，同时它也是医疗卫生动员的基础，是医疗卫生动员潜力的基础。一个国家平时医疗卫生建设水平的高低，也就决定了这个国家医疗卫生动员潜力的大小。国家现有医疗卫生建设水平是医疗卫生建设的基础，因此，只有全面调查和掌握国家医疗卫生方面的人力资源和物力资源的现状和潜力，才能明确医疗卫生建设的方向。全面调查与掌握医疗卫生动员主要包括各类医疗卫生人员的数量、素质及分布情况，各类各级医疗机构的床位、分布以及各级卫生防疫机构的分布等，药材资源的分布及状况，药品器材储备及生产状况，医学和医疗仪器工业的分布及状况等等。总之，这不仅仅有利于制定医疗卫生动员规划，也有利于战时对医疗卫生力量的统一使用。医疗卫生建设主要包括医疗卫生人员建设和医疗卫生物质建设。具体地说，一是加强医疗卫生人员的培养。这主要是

通过各类医学院校大量培养合格的医疗卫生人员，不仅能满足平时的需要，也能为战时服务。二是加强各级医疗机构的建设，在全国范围内建立医疗救护网络。三是加强医疗卫生设备、器械的研制生产和配备。四是加强药材资源的开发和利用。五是加强药品的研制生产。六是加强医疗卫生技术的研究开发和应用。七是进行必要的医疗卫生人员和物资的储备。总之，加强医疗卫生人员和物质建设，是医疗卫生动员准备的核心内容。

2. 提高医疗卫生人员战伤救治与防疫水平，开展自救互救及三防教育

战时与平时的医疗卫生保障具有很大的差异性，伤员救治是医疗卫生工作的突出重点，而平时则是以医治疾病为主。这就要求医疗卫生人员平时在努力提高医治疾病水平的同时，要积极加强战伤救治的能力，只有这样才能满足战时医疗卫生的需要。另外，由于战时的环境恶劣，经常处在敌细菌生物武器的威胁之下，极需加强战时防疫工作，以提高战时人员的健康水平。平时加强自救互救教育十分重要，这不仅可以缓解战时战伤人员骤增与医务人员不足的矛盾，而且还能有效提高受伤人员的救治效果和及时性，为后续治疗创造良好的条件。强调三防教育的根本原因在于，当今世界上还存在着数量庞大的核武器、生物武器和化学武器，在战时将面临着严重的核、生物及化学武器的威胁。为了减少在使用这类武器条件下的伤亡率和提高救治率，必须进行普遍的三防教育，这也是医疗卫生动员准备阶段不可缺少的内容。

3. 建立与完善医疗卫生动员体制，拟制医疗卫生动员规划

医疗卫生动员体制是医疗卫生动员的组织和制度保证，主要包括医疗卫生动员机构的设置、隶属关系的确立、权限的区分以及相关制度的确定。应该指出的是，医疗卫生动员准备体制与医疗卫生战时动员体制既有联系又有区别。医疗卫生动员准备体制是以保证和平时期进行医疗卫生动员准备为目的，而医疗卫生战时动员体制是以保证战争期间实施医疗卫生动员为目的。尽管两者是处于不同时间阶段的体

制，但两者之间的联系却是比较明显的。主要表现在，医疗卫生战时动员体制是医疗卫生动员准备体制的发展，在确立医疗卫生动员准备体制时，必须考虑到与医疗卫生战时动员体制的一致性和衔接性，必须有利于前者向后者的转换和过渡，有利于后者迅速保障战时医疗卫生的需要。体制只是医疗卫生动员的组织保障，而在完善医疗卫生动员体制的同时，还要注重相关规划的制定与完善。医疗卫生动员规划通常包括医疗卫生动员准备计划、医疗卫生临战动员预案及医疗卫生战时动员预案。拟制医疗卫生动员规划，不仅仅是为了提高医疗卫生动员的计划性，减少盲目性，而且是为了加强医疗卫生动员的管理和监督及提高医疗卫生动员的效率。

4. 制定医疗卫生动员法规，增强医疗卫生人员依法动员观念

作为国民经济动员的重要一部分，医疗卫生动员也要做到依法动员。医疗卫生动员法规是国家为保障医疗卫生动员顺利进行而制定的法律规范的统称，是战争后勤动员法的子法，是专门性的法规。医疗卫生动员法规的内容主要包括医疗卫生动员平时和战时的任务，目标、方针原则，被动员对象的权利和义务，以及奖励与责任等。主要是以法律形式来规范医疗卫生单位和人员在动员中的行为，保证国家意志在医疗卫生动员中的实现。在制定医疗卫生动员相关法规的同时，更为主要的是强化医疗卫生人员的法制观念。强化医疗卫生人员的法制观念，实质上就是强化其国防、战争及法制思想。这些思想的核心就是国家第一、国家利益第一的思想。强化医疗卫生人员的法制观念，是落实医疗卫生动员准备、临战动员及战时动员的思想保证。这些观念的建立和强化主要依靠和平时期的灌输和教育，这也是医疗卫生动员准备中的重要内容。

世界主要国家医疗卫生动员法规建设

世界各军事强国均十分重视医疗卫生动员，不仅有完整周密的计划和方案，而且制定了完善的法规制度，非常时期可依法实施动员，进一步从法律的角度对医疗卫生动员进行了规范，使得医疗卫生动员的组织与实施具有了法律的保障。例如，法国有专门的《医疗卫生动员法》，以色列的《预备役储备计划》和《预备役动员法》中也涉及有医疗卫生动员的部分。美国在国会颁布的基本法律《国家安全法》中有涉及医疗卫生动员的内容，同时在联邦其他民事立法中也包含有关于医疗卫生动员的条款。如：《美国法典》第38编规定：在战时和紧急状态下，退伍军人事务部有义务向国防部受伤军人提供床位和所需护理；第41编规定允许国防部在被服、给养、燃料、住房、交通和医疗拨款不能满足需要的情况下申请预算资金，这项授权可以保证国防部在动员期间需要急剧扩充部队实力的情况下获得充足的资金保障；第42编关于卫生与公共福利的立法中，包含有战时征召美国公共卫生署医务人员服现役和征用医疗器材的条款。美国《公共卫生服务法》和第12656号行政命令《紧急准备职责的分配》规定，当国防部的床位需求已超出国防部和退伍军人事务所属医疗机构床位的供给能力时，国防部长有权启动国家自然灾害医疗系统。在这种情况下，非联邦所属的公立和私立医疗机构可以向国防部和退伍军人事务部提供10万个医院床位。由此形成了一个纵横交错、互相联系、结构严密、体系完整的医疗卫生动员法规体系，既保证了平时医疗卫生动员准备的进行，又保证了战时实施快速高效动员。

（二）医疗卫生临战动员

医疗卫生临战动员，就是国家在确认战争征候出现至战争爆发期间，为保障战争对医疗卫生的需要，使医疗卫生动员准备进入临战状态的过程。由于现代战争具有爆发时间短、战争进程快的特点，这就对医疗卫生临战动员提出了新的要求，使得医疗卫生临战动员阶段呈现出时间短暂、任务繁重、地位重要等特点。因为医疗卫生临战动员是决定医疗卫生动员准备能否顺利过渡到医疗卫生战时动员的关键环节。如果临战动员处理不好，势必就会减弱医疗卫生动员准备的作用，也就必然增大医疗卫生战时动员的困难。具体而言，医疗卫生动员临战动员阶段主要包括以下几个方面的内容。

1. 迅速扩充医疗卫生人员与救治医疗床位

这是因为战争一旦爆发，现有的医疗卫生人员无法应付突然增加的伤病人员的需要。扩充医疗卫生人员一是动员预备役医疗卫生人员，使其尽快进入战时医疗卫生网络；二是对在各级各类医学院校的学生进行应急、适应性训练，以补充医疗卫生力量的不足；三是动员各级红十字会成员参加战时医疗卫生工作；四是动员适合做初级护理的人员，进行应急训练，以备需要；五是如果战争时间较长，各级各类医学院校应扩大招生、缩短学制，加速培养医疗卫生人员。同时，由于战争初期伤亡人数会迅速增加，因此，要根据医疗卫生临战动员预案，迅速扩充各级医疗床位，为接治伤病人员做好准备。

2. 根据战争规模预测扩大医用药品、器械、设备等的生产

由于在战时对医用药品与器械的需求量比较大，而平时储备的医用药品、器械、设备等，充其量只能满足战争初期的应急需要。随着战争的爆发、扩大、延长，对医用药品、器械、设备的需求量剧增，这就要求在临战阶段，当战争的端倪已经显露时，必须根据战前预测迅速扩大生产，紧急储备，以适应战时需要。

3. 积极开展对医疗卫生重点单位、地区等的防护

在战争条件下，医疗卫生重点单位、地区，医疗物资生产单位，医

疗物资储备地域，都有可能成为敌人攻击的对象。为了保证医疗卫生人员、物资的安全，为了给伤病人员的救治创造一个相对安全的环境，应对上述目标，采取必要的防护措施，能隐蔽的就隐蔽，能藏的就藏，需要防空的就配置防空力量，需要采取其他措施的就采取相应的措施。预先对敌人可能进行的袭击破坏实施防范，也是医疗卫生临战动员的一个不可忽视的内容。

4. 迅速制订医疗卫生战时动员计划

临战阶段是制订医疗卫生战时动员计划的有利时机。如前所述，医疗卫生战时动员预案通常是在平时拟制的。预案的制订必然受到诸多条件的限制，如战争对象是潜在的，战争何日爆发不清楚，战争方向不确实，战争规模也只能估计，战争时间也是不确定因素，等等。因此，平时情况下制订的医疗卫生战时动员预案本身就是灰色预案。一旦进入临战时期，上述诸多不确定因素，也都相对明朗化，这就为制订医疗卫生战时动员计划提供了必不可少的条件，就可以使医疗卫生战时动员计划更具可靠性和操作性。抓住临战阶段，迅速拟制好战时医疗卫生动员计划，这就为战时医疗卫生动员提供了可靠的依据，也将大大减少医疗卫生战时动员的盲目性，也会大大减少医疗卫生战时动员的混乱状态和提高战时动员效率。

美国医疗卫生动员资源

美国的医疗卫生动员资源主要来自以下几个方面：一是储备在精选预备役中的医疗卫生专业人员。他们有的平时就编成了担负卫生支援任务的部队，有的则是精选的单个补充人员，在出现紧急情况时可根据需要首先征召这部分预备役卫生支援力量。二是退伍军人事务部的医疗设施。退伍军人事务部担负退役军人的医疗保健任务，平时与国防部签订有《退伍军人事务部/国防部应急计划》，在紧急情况下可根据需要启动这个计划，使退伍军人事务部所属的医疗机构收治国防部的伤病军人。三是东道国的医疗卫生资源。在紧急情况下，可通过执行东道国支援协议，使东道国的医疗机构收治从战场上抢救下来的伤病员，为他们提供初步的医疗救治，尔后再根据具体情况，确定是否需要将这些人员送到美国本土进行治疗。

在国家进入紧急状态或战争状态后，应急卫生支援主要来自以下几个方面：一是预备役卫生支援部队和单个精选预备役卫生专业人员。这部分卫生支援力量与上一种情况下所动员的预备役卫生支援力量相同，在宣布国家进入紧急状态或对外宣战的情况下，可根据需要进一步动员剩余的此类精选预备役人员。二是国内民用医疗卫生系统所属的卫生资源。在国家进入紧急状态后或在战争状态下，国防部可与卫生与公共福利部下属的公共卫生局协商，征用其医疗卫生专业人员服现役，以及征用其医院床位为国防部伤病员提供医疗服务。三是动用国家自然灾害医疗卫生系统。在以上各种医疗卫生资源都已充分动员但仍不能满足国防需要时，可动用国家自然灾害医疗卫生系统所储备的卫生支援资源，以此作为最后的手段，确保国防部伤病员的救治。

（三）医疗卫生战时动员

医疗卫生战时动员是指国家为满足战时医疗卫生保障的需要，在战时对医疗卫生力量的运作过程。医疗卫生战时动员，是医疗卫生动员准备和医疗卫生临战动员的延续及归宿，是医疗卫生动员这一系统工程的最终目的与结果。它不仅仅在于检验医疗卫生动员准备及临战动员的效果，更重要的是在医疗卫生动员准备及临战动员的基础上充分发挥其效能，以满足战争对医疗卫生的需要。达到提高战时防疫水平、战时伤病治愈率，更好地满足战争对人力需求的目的。具体而言，医疗卫生战时动员的主要内容包括以下几个方面。

1. 统一动员、管理、配置国家医疗卫生人力资源与物力资源

医疗卫生的人力资源是指各类各级的医疗、护理、防疫人员等。医疗卫生的物力资源，是指医用药品、药材、器械、设备、设施等。为了最大限度地动员国家医疗卫生资源，就需要依据国家统一的政策、法规，实施统一的动员和发掘，尽可能地满足战争对医疗卫生资源的需求。同时，在整个战争期间，在全国范围内，对医疗卫生资源的需求是不平衡的。比如，在一定时间内，满足某一重点地区的医疗卫生需求，并且随着战争的发展，医疗卫生的重点发生变化，都需要国家统一管理、调度医疗卫生资源。另外，由于战争医疗卫生保障的原则是先前方、后后方，先军队、后民众，因此，国家也必须统一配置和管理医疗卫生资源。总之，统一动员，管理、配置医疗卫生人力资源和物力资源的根本目的，就在于提高有限的医疗卫生资源的使用效益，最有效地满足战争中军民对医疗卫生的需要。

2. 加大医疗卫生人员培训力度，扩大医疗卫生物资的生产

与战时其他物资一样，战时医疗卫生资源也存在供需之间的矛盾。为了尽可能地缩小战时在医疗卫生方面需大于供的矛盾，弥补医疗卫生资源的不足，最根本的途径就是：一方面，根据战时需要，加速培训各级各类医疗卫生人员，提高医疗技术水平；另一方面，就是根据战时需要，扩大医疗卫生物资的生产，并充分发挥我国传统中医的资源优势，利用好中草药资源，以满足战时的需要。

3. 根据战争进程及时完善、调整医疗卫生动员计划

战时医疗卫生动员计划，在一定程度上决定了医疗卫生动员的成败。由于战时对医疗卫生动员的需求表现为一种动态中的不平衡，在不同的地区、不同的战争阶段，会对医疗卫生动员提出动态需求。因此，必须根据国家战争计划、战争发展的趋势，及时完善、调整医疗卫生动员战时计划。及时为医疗卫生动员指出方向、提出任务，使医疗卫生动员能适应战争的发展，满足战争的需要。

4. 强化医疗卫生战时动员的防护，积极做好战时防疫工作

所谓强化医疗卫生战时动员的防护，实质上就是强化战时对医疗卫生人力和物力资源的防卫。尽管在日内瓦四公约中有明文规定："伤病员和医疗单位及其建筑物、器材和人员（使用白底红十字或红新月为标志）不受侵犯"等，但是在以往的战争中不乏袭击医疗卫生人力资源和物力资源的例子。针对这一违反国际公约的行为，除了予以及时揭露外，很重要的一点，就是加强对医疗卫生人力和物力资源的防护。这种防护除了加强隐蔽、伪装、转入地下外，还必须采取武力防护，把医疗卫生人力资源和物力资源的损失降到最低限度，以满足战争的需要。

5. 积极做好战时防疫工作，加强战时卫生防护

战争实践表明，战时的卫生状况与流行病状况较平时恶化，而且战时敌人极有可能使用细菌武器，这就可能造成传染病的广泛流行。因此，在战时必须从宣传教育、预防措施、侦察检疫、实施隔离等环节上加强战时防疫工作，防止流行病蔓延。苏联在卫国战争中，不仅加强军队的卫生防疫工作，而且加强居民的卫生防疫工作，仅在 1943 年就在流行病疫区对 150 多万居民做了卫生处理，对 170 万套衣服进行了消毒，防止了传染病的流行。与此同时，还要加强战时卫生防护。尽管在人类战争史上只发生过一次使用核武器的实例，但是，现实世界上的核、生、化武器库相当庞大。为了防止敌人在战时可能动用核、生、化武器，加强战时的卫生防护是必要的。要加强军民的卫生防护教育，指导正确使用防护器具药材，抓好受污染食物饮水的检查、消毒和消除污染、检定生物战剂、隔离救治伤病员等环节，提高战时卫生防护水平。

美军医疗卫生动员的组织与实施

美军的医疗卫生动员在联合参谋部后勤部的组织和协调下，由各军种部具体组织实施。根据不同的保障需求，可采取如下动

员行动：

一是征召预备役卫生勤务支援人员。征召预备役卫生支援部队和单个精选预备役卫生支援人员服现役，与征召其他专业预备役人员服现役的程序相同。先要得到总统的授权，具体工作由各军种部负责落实，但在未宣布国家进入紧急状态的情况下，只能在总统授权的范围内征召预备役中的志愿人员。在宣布国家进入紧急状态后，为补充国防部现役部队和国民警卫队医疗卫生资源的不足，可征召美国公共卫生局的医务人员服现役，以加强军队医疗卫生勤务支援人员力量。在做出这种选择时，国防部长和运输部长要首先提出申请，然后由总统做出决定。如果申请得到批准，总统将发布行政命令，要求公共卫生局提供军队需要的专业人员，以弥补国防部和美国海岸警卫队医疗卫生人员的不足。

二是扩充战区卫生勤务支援和空运后送支援力量。这种扩充主要是通过征召、调任和调配美国国内的医疗卫生专业人员前往现役部队、预备役卫生支援部队工作，以及部署到有关战区的医院船上服役这几种方法来实现。在这种情况下，可能需要对预备役卫生专业人员进行补充征召，以填补国内医疗卫生设施编制人员的空缺。

三是扩充国内的医疗卫生支援能力，为那些从前方送回国内的伤病人员提供必要的治疗与护理。在这种情况下，除了要充分动员国防部在本土所属的军事医院外，还可以依次通过执行《退伍军人事务部/国防部应急计划》，启用国家自然灾害医疗系统，以及征用国有和商业的民用卫生资源等手段，来获得足够的床位和医务人员的补充。其中，执行《退伍军人事务部/国防部应急计划》应严格按照《美国法典》第38编《退伍军人事务部与国防部保健资源共享与应急行动法案》的要求实施。也就是说，执行这一计划的前提条件是：国防部的卫生支援需求已超出美国本土军事医院床位的供给能力。在这种情况下，退伍军人事务部负责为国防部提供医院床位，用来医治军队的伤病人员；而国防部长启动国家自然灾害医疗系统，则需按照《公共卫生服务法》和第12656号行政命令《紧急准备职责的分配》的规定执行，也就是说，国防部的床位需求已超出国防部和退伍军人事务部所属医疗机构床位的供给能力。在这种情况下，非联邦所属的公立和私立医疗机构可以向国防部和退伍军人事务部提供10万个医院床位。

四是启动东道国支援协议，请求东道国为有关的战区部队提供医疗卫生支援，这种行动由地区性联合司令部司令根据需要实施。

三、医疗卫生动员信息化建设

信息化战争条件下，如何快速、准确地获取与战争相关的信息已经成为决定战争胜负的关键。这其中就包括医疗卫生方面的信息。战争期间，准确的医疗卫生信息不仅能够保证受伤的官兵及平民得到及时的救治，还能够使国家合理调配全社会的卫生资源，最大限度地发挥国家医疗卫生资源的效用，实现精确动员，进而提高整个战勤保障水平。要想在战时迅速而又准确地获取医疗卫生保障方面的相关信息，最主要的就是要在平时加强医疗卫生动员的信息化建设。具体而言，医疗卫生动员信息化建设，就是在国家统一规划和组织下，在医疗卫生动员领域广泛应用信息技术，实现从动员信息获取、传输、处理、使用到动员管理的数字化、智能化、网络化、系统化，从而培养和提升国家应对战争和突发事件的医疗卫生救护能力。

（一）加强医疗卫生动员数字化建设

信息化建设最关键的是对信息的获取与处理要实现迅速与有效。因此，全面、详实、准确地掌握地方医疗卫生机构的数量、编制人数、专业机构、救治能力、药材装备、防疫力量以及医药工业、药材仓库、运输工具、交通道路等资料，是战时实施快速医疗卫生动员的基础与依据。社会卫生资源信息量大、内容庞杂，提高医疗卫生动员的速度和效率，必须依托信息技术将可动员的物质资源转化为数字动员信息，加速医疗卫生动员信息的处理速度，有效提高动员管理的透明度和水平，增强动员部门对地方卫生资源的控制能力。为此，首先，建立科学合理的医疗卫生动员指标体系，搞好医疗卫生动员潜力调查，以充分掌握相关医疗卫生动员数据。在医疗卫生动员潜力调查中，要注意处理好静态数据和动态数据的结合问题，不仅要掌握动员主体和动员对象数量、质量等静态数据，还要考虑时间、空间关系及其变化等动态数据。其次，建设医疗卫生动员数据库。在收集、整理好基本数据的基础上，应开发适合医疗卫生动员特点的地理信息系统，可以考虑将电子地图作为数据库的一种查询工具，从而建立起动态的、实时的监控与管理手段。再次，加强与其他部门的合作。医疗卫生动员潜力调查涉及范围广泛，要持续获得可靠数据，必须取得统计、财税、行业主管部门的支持，逐步实现资源共享，建立起符合医疗卫生动员特点的专门数据库。要加快突发公共卫生事件应急指挥、卫生执法监督、医疗救治等信息系统建设，增强疾病控制和救治能力。积极推行电子病历，促进医疗、医药和医保机构的信息共享和业务协同。

（二）加强医疗卫生动员智能化建设

对信息进行智能化的处理是信息时代的主要特征，只有利用智能化系统对庞杂的信息进行筛选、加工、分析，为管理者和决策者提供及时、准确、适用的信息，使其更快地抓住重点、发现问题、明确行动目标、形成行动方案，才能真正有效发挥信息资源的巨大威力。这一点对于医疗卫生动员信息化建设也不例外。目前，我国已在医疗卫生动员领域开展智能化建设，初步建立了医疗卫生动员管理信息系统，但与适应未来信息化战争要求还有一定差距。进行医疗卫生动员的智能化建设，一是要统一医疗卫生动员管理信息系统建设标准，规范医疗卫生动员信息采集、加工活动。二是要开发医疗卫生动员信息识别处理系统。由于获取信息的途径很多，信息急剧膨胀，有价值的信息常常被淹没在信息海洋之中。开发自动化信息识别处理系统，对信息进行分类整理，可向动员机构及时提供更有利用价值的综合信息。三是要构造辅助动员决策的相关模型，如数学模型、运筹学模型、程序模型等。当前，我国计算机技术的飞速发展和广泛应用已为我们建立决策模型打下了良好的物质基础，应整合军地技术力量尽快建立智能化的医疗卫生动员辅助决策模型。

（三）加强医疗卫生动员网络化建设

实现精确动员是信息化战争条件下国民经济动员的目标与要求。精确动员的实现必须以最佳动员供需衔接为基础，这就要求有便捷、畅通的信息流通渠道，因此必须将积极开展网络化建设作为医疗卫生动员信息化建设的重点。首先，树立动员链思想。在从国家的卫生资源到医疗卫生动员部门再到军队卫勤部门最后到作战部队这一医疗卫生动员链上，医疗卫生动员部门起着核心作用。只有抓住这个核心，对整个动员链进行全程管理，才能收到良好的动员效益。其次，以动员链为基础，建立医疗卫生动员网络。即以政府政务信息网和军队指挥自动化网为依托，以构建军队作战力量、卫勤保障力量、医疗卫生动员力量三位一体的力量结构为目的，把动员需求、动员资源全部纳入管理范围，通过网络实现军队作战部门、卫勤部门、动员部门、被动员组织和个人的整合、统一。再次，统一信息基础设施建设标准。在政务信息网、宽带网、移动通信网等信息基础设施的平时建设中，要对网络结构、路由选择、通信容量、技术体制和接口标准提出具体要求，为战时和紧急情况下的信息互联互通创造技术条件。

（四）加强医疗卫生动员系统化建设

信息化是保证医疗卫生动员快速有效的重要手段。实践告诉我们，加快医疗卫生动员的信息化建设已经刻不容缓，在注重医疗卫生动员信息化建设过程中，要注重整个建设的系统性要求。作为国民经济动员信息化建设中的一个子系统，医疗卫生动员信息化在立足于国民经济动员这个大平台的同时，应注重自身的特殊性。具体地说，要注重同现行的医院信息管理系统相兼容，并根据自身的运作机制和业务流程，规范预案格式、技术程序和数据标准，提高医疗卫生动员信息系统的实用性和可操作性。美军医疗卫生动员的信息化程度较高，而且在战争中经受了检验。它主要通过“联合作战计划与实施系统”中的医疗模块——“医疗计划与实施系统”进行。这个系统又包括两个模块，一个是医疗计划模块，另一个是医疗动员计划与实施模块。前者主要用来根据作战想定预测战场上的卫生勤务支援需求，后者是医疗计划与实施系统的信息系统，用来根据人力、医疗补给品、可供部署的医院和医疗后送资源的状况，提出需求，实施监控，加强预测和评估。在医疗卫生动员的信息化建设过程中，不能仅仅关注手段和流程上的信息化，更要注重动员机制上的信息化；在依靠计算机技术完成信息化建设的同时，不能忽视了动员理论的准备，而应加强对医疗卫生动员业务流程的理论研究，以及医疗卫生动员如何与信息化技术结合的理论研究，使信息化真正贯穿于医疗卫生动员准备与实施的各个环节，成为动员工作的加速器和倍增器。

思考题：

1. 医疗卫生动员有哪些功能？
2. 医疗卫生动员准备与实施都包含哪些内容？
3. 如何加强医疗卫生动员信息化建设？

第十一章
装备动员

装备是进行战争的手段和工具，是军队战斗力构成的重要因素。战争形态的演变，军队战斗力的提高，都对装备建设提出了更新更高的要求。装备动员是国民经济动员的重要组成部分，有着自身的特点和规律，应当通过切实把握这些特点和规律来提高组织开展装备动员工作的能力。

一、装备动员的内涵与特点

装备动员在国民经济动员和国防动员中有着重要地位，发挥着重要作用。通过装备动员，一方面可以提高装备建设质量效益，提升战斗力，为经济建设提供强大的安全保障；另一方面，也可以通过参与经济建设，服务于国家经济高质量发展。

（一）装备动员的内涵

装备动员是国家为满足战争或应对其他重大突发事件对装备迅速增长的需要，在由平时状态转为战时或应急状态的过程中，依法对国家和社会装备保障资源进行统一调配与运用的活动，以及为此在平时状态下所进行的相应准备活动的统称。装备动员不仅包含战时或急时状态下，对装备保障资源的紧急征集、征用、转产、扩产等，还包括平时装备动员准备和能力建设，比如装备动员潜力调查、规划布局、预案编制、演练、法规制度建设等。

要充分理解装备动员这一概念，必须着重把握以下几点内容。

第一，装备动员是为战争或军事服务的。装备动员与人民防空动员、交通战备动员、人民武装动员一样，生产的都是国家安全公共产品。装备动员活动必须以满足战争或国家军事战略意图为牵引。装备动员的任务是和平时期对可用于装备动员的资源进行预先配置和优化布局，通过临战和战时实施装备动员，直接服务于战争。现代战争武器装备消耗巨大，往往使战前的装备储备在战争进程初期就消耗殆尽。而和平时期维持庞大的武器装备科研生产，对许多主权国家来说是难以做到的。只有通过强有力的装备动员，才能有效支持战争需求。战争实践一再证明，装备动员虽然不能像现役武器装备那样第一时间直接拿到战场上形成战斗力，但它也是促成战斗力增长的重要因素之一。离开了装备动员，战时就无法大规模地扩充武器装备生产和维修保障能力，军队作战能力就无法得到持续维持。可以说，装备动员的水平在很大程度上影响着战争进程和结果。

第二，装备动员的主体是国家权力机关。我国各级动员机构的权力是由各级人民代表大会授予的。装备动员的过程是一种国家安全公共产品的生产过程，不同于一般私人物品和其他公共物品的生产。它必须由各级人大授权的机构确认需求并组织生产。从军队与政府装备动员管理机构的职能划分来看，军队是装备动员需求的提出者和动员产品的使用者，政府是装备动员供给和实施的主体，企业法人和自然人是装备具体产品和服务的提供者。

第三，装备动员的客体与对象是国家和社会中的一切与武器装备生产相关的资源。国家和社会中一切可以用于扩大武器装备生产潜力的人财物力、科技、信息和管理等，都属于装备动员的客体和对象。从经济形态角度看，装备动员的客体主要涉及的是国民经济中和武器装备的研制生产维修密切相关的那一部分。确切地说，就是国防工业及与之强关联的民用工业。国民经济动员的基础由国防实力型经济与国防潜力型经济中的动员型经济和可动员型经济组成。[1] 我们沿着同样思路，可以将装备动员的经济基础加以区分。在整个国家工业基础中，首先可以用于装备动员的资源是国防工业，其中包含着最紧要的装备保障实力和潜力，可以将这部分经济内容称为装备实力型经济。其次是工艺和设备同国防工业相接近的那部分民用工业，它们平时以研制生产维修民品为主，通过较少的投入加以改造，就能使其在平时研制生产维修民品的同时具有战时生产维修装备的潜力，并使这种潜力处于预备役状态，可以将其称为装备动员型经济。再次是民用工业中与国防工业工艺和设备都相去甚远的那部分，虽然从可能性上讲也具有一定的装备生产维修潜力，但若将这种潜力改造为预备役状态，不仅花费巨大，而且过程缓慢，甚至会丧失原有的民品生产能力从而改变其自身的本质规定性。它们只适宜在大规模长期战争中加以改造为装备生产维修服务，将其称为装备可动员型经济。三者之间的关系见图 11—1。需要指出的是，武器装备动员首先是对装备实力型经济中的潜力进行准备，其次是对装备动员型经济中的潜力进行准备，再次才是对装备可动员型经济中的潜力进行准备。正是基于这样的认识，人们才提出战时实施装备动员顺序是：先打常备军工，然后打动员军工，再打动员型民用企业，最后打可动员型民用企业。

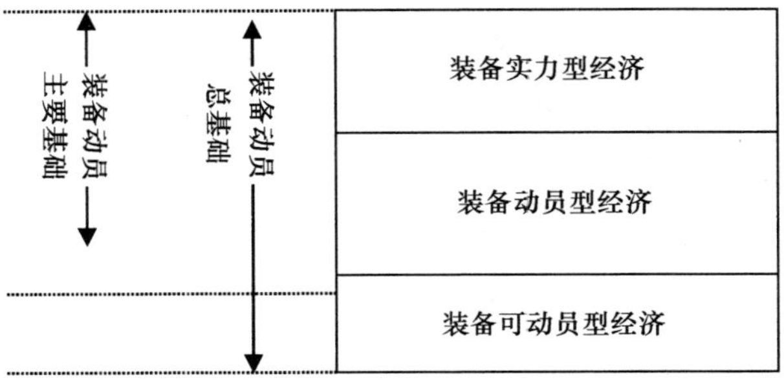

图 11—1　装备动员总基础示意图

① 朱庆林主编：《经济动员基础论》，军事科学出版社 1998 年版，第 227 页。

第四，装备动员包括两个基本要素，即装备动员能力和装备动员潜力。和平时期的装备动员准备，就是通过使装备动员能力发挥作用，形成一种潜在的、蓄势待发的装备保障潜力。战争预警期和战时的装备动员实施，则是通过装备动员能力对装备生产潜力发挥作用，将这种潜在的力量变成现实的装备生产实力。

装备动员能力、装备动员潜力和由它们转化而来的那部分装备生产实力三者之间的关系，可用公式表示为①：

$$W = k \times p \tag{11.1}$$

其中，W 表示战时装备生产实力的增加，p 表示装备动员潜力，k 是装备动员能力的量化系数，取值范围 $[0,1]$。其中，装备动员潜力是装备动员总基础中可以转化为装备动员实力的那一部分。装备动员能力是指平时在装备动员总基础中促成装备动员潜力并可以在战时将其转变为装备保障实力的本领或组织力。装备动员潜力是装备动员能力发挥作用的结果，也是它进一步发挥作用的对象。当装备动员潜力既定时，装备动员能力对装备动员潜力向装备生产实力的转化程度起着放大或缩减的作用。一般说来，当 k 取下限 0 时，装备动员能力和装备动员潜力完全不匹配，装备动员生产潜力完全不能转化为战时装备生产实力；当 k 取上限 1 时，装备动员能力和装备动员潜力完全匹配，装备动员潜力可以全部转化为战时的装备生产实力。事实上，量化系数 k 取 0 或 1 都是极少见的，这是两种极端的情况，多数情况下是使 k 的取值尽可能大。

装备动员能力是通过聚合装备动员的管理机构、信息系统、法律手段、计划和经济手段、工作程序和组织演练等要素的功能统一显现的；装备动员潜力不能单独存在，必须蕴含在作为其物质载体的装备动员的基础之中。此时：$k = f(A,B,C,D\cdots\cdots)$；$p = f(a,b,c,d\cdots\cdots)$。$k$ 是装备动员能力的量化系数，它是装备动员的管理机构、信息系统、法规制度、预案制度、武器装备动员补偿制度、工作程序和演练等自变量的函数。p 表示装备科研生产维修的潜力，它是装备动员实力型经济、动员

① 朱庆林等：《中国国民经济动员学研究》，军事科学出版社 2005 年版，第 156 页。

型经济与可动员型经济中的一切影响装备科研生产维修潜力的成分，如设备、工艺、技术、人员等自变量的函数。

（二）装备动员的特点

装备动员既有和其他经济动员活动一样的特点，如高度的计划性和强制性等，同时又呈现出自身独有的特点，如动员过程全寿命周期化等。

1. 高度的计划性和强制性

装备动员的规模和结构的变动，取决于国家军事需求及其变动等因素。装备动员必须针对军事需求的变动有计划地进行。计划性是装备动员的一个重要特征。在对装备动员型经济和装备可动员型经济进行动员时，要赋予这部分资源潜在的装备生产能力，而平时又不改变其民用属性，就必须加大对这部分资源的计划管理，综合使用行政、法律、计划和市场手段来配置资源。比如，以色列对承担动员任务企业的每一个车间，甚至每一台精密车床都赋予了明确的战时武器装备生产任务。美国《海商法》对国家战略运输装备动员明确规定，制造新型商船必须按军事需要加装军事模块，以便战时能够快速服务于战争。[①] 装备动员是国家依法统一调动国家和社会的装备生产潜力的活动。它涵盖了国民经济动员中所采取的各种方式，如征召、征集、征用、租用等。装备动员在实施时往往采取特殊的、非常规的、高度权威的、不可违抗的强制性手段。

2. 任务复杂繁重

现代战争具有突发性强、节奏快、持续时间短等特点，要求装备动员必须具有临战反应快、起动快、组织效率高等新能力，在较短时间内

① 陈东营主编：《信息化战争军事武器装备动员》，军事科学出版社 2005 年版，第 99 页。

生产各型装备，抢修各种武器，大量补充弹药，这也使得武器装备动员的任务更加繁重。否则将贻误战机，甚至影响战争全局的成败。马岛战争中，英国动员几十家军工企业和民用企业在较短的时间内研制生产了轻型雷达干扰机、轻型反潜鱼雷、金属箔条火箭弹以及舰舰导弹、舰空导弹等新式武器，及时补充部队，才满足了作战需求。海湾战争爆发前，美国除陆海空军后勤全力以赴地投入战前准备外，还不得不动员国家政府机关的 80 多个部门、全国 1/3 的企业，以及英、法、德、意、日等 10 多个国家的有关公司、企业紧急生产了爱国者导弹、沙漠伪装网等武器装备，另外，还动员了 38 家航空公司、几十家海运公司和 7 个州的铁路部门为武器装备运输提供交通工具。从组织实施上讲，装备动员涉及国家、军队、地方政府和企业等各个方面，牵涉到组织协调、规划计划、生产技术、工艺设备、物资储备、人员配置等环节，是一项复杂的系统工程。装备动员的过程也是装备管理部门同工业部门、科学技术部门、信息产业部门、交通部门、商务部门等密切配合的过程。据统计，在第一次世界大战时武器装备科研生产动员涉及的工业技术门类尚不足 20 种，第二次世界大战时拓展到 160 种左右，到海湾战争时已扩大到上千余种。

3. 全寿命周期动员

装备全寿命周期动员是指动员过程必须根据装备的全寿命周期加以筹划安排。全寿命周期理论是关于武器装备发展的系统工程，以追求武器装备研制、生产、维修的整个寿命周期中各个环节的最佳费效比。武器装备的全寿命周期费用是由武器装备的研制费用、生产费用和维修费用共同决定的，全寿命周期费用最简单的数学模型可表示为①：

$$LCC = RDC + AC + SUC \quad (11.2)$$

式中：LCC 为全寿命周期费用，RDC 为研制费用，AC 为生产费用，SUC 为维修费用。

① 王汉功、罗云等编著：《装备全系统全寿命管理》，国防工业出版社 2003 年版，第 59 页。

人们通过对武器装备的全寿命周期费用进行研究，发现一个普遍现象，即现代武器装备尤其是信息化武器装备的后期维修费用远远大于其前期的研制生产费用，其显著表现就是军队买得起武器装备，用不起武器装备。因此，降低武器装备的维修费用，就成为研究寿命周期费用理论的重点。要降低武器装备的维修费用就必须增加武器装备的可靠性和维修性。武器装备的可靠性和维修性又主要是在武器装备的研制和生产阶段决定的。所以在进行武器装备动员准备时，不仅要考虑到武器装备研制生产阶段的经济承受能力，更要考虑到武器装备维修阶段的承受能力。

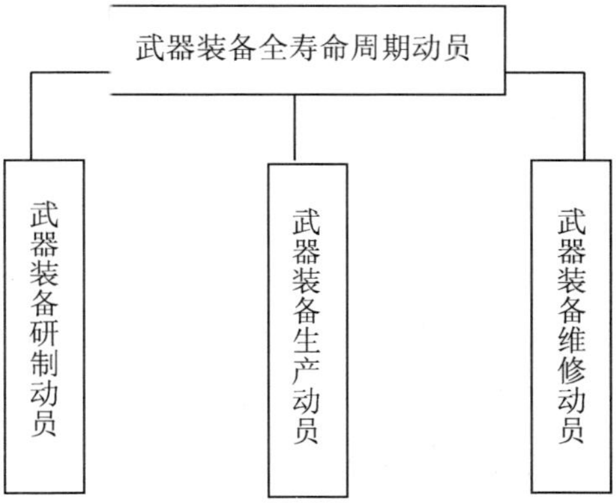

图 11—2　装备动员全寿命周期

依据武器装备全寿命周期的不同环节，从武器装备研制动员、武器装备生产动员和武器装备维修动员三者的关系中可以看出，只有匹配好三者的比例关系，本着降低战时武器装备维修费用、有效提供战时武器装备维修所需零部件和技术人员的原则，来筹划如何增强武器装备的科研生产维修潜力，才能在战时真正形成强大的战场武器装备保障力。装备全寿命周期动员见图 11—2。

二、装备动员的需求与供给

装备动员需求与供给受多种因素影响，本节重点分析价格和战争等外界因素导致的需求与供给量的变化，以及两者之间的均衡特征。

（一）装备动员需求

要确定装备动员的需求，必须首先确定武器装备需求。

1. 武器装备需求

武器装备需求分为平时需求和战时需求。平时需求主要用于保障部队的正常装备订货、军事训练演习、国家战略储备及少量军品外贸的需要，由以国防工业常备力量为主体的装备科研生产维修单位承担。战时需求量可以从交战双方的实力和战争规模上进行分析。武器装备需求是双方兵力规模、双方武器装备技术性能、双方投入的经济实力、敌方武器装备拥有量和战争持续时间的函数，即：

$$y = \{x, p_1, p_2, q_1, q_2, c_1, c_2, t\} \tag{11.3}$$

在式（11.3）中，y 为我方武器装备需求量，x 为敌方武器装备拥有量，p_1 为敌方投入兵力规模，p_2 为我方投入兵力规模，q_1 为敌方武器装备技术性能，q_2 为我方武器装备技术性能，c_1 为敌方投入经济实力，c_2 为我方投入经济实力，t 为战争持续时间。上述武器装备需求的函数只是反映了军队对武器装备需求的意愿，但并不是军队真正有支付能力的装备需求。从经济学意义上讲，由于武器装备是国防公共产品的一部分，因而对它的需求总曲线的生成，也可以通过将全体武器装备需求曲线纵向相加得到。它是军方在某种价格水平下，愿意购买某些武器装备并具有实际支付能力的需求。武器装备需求受到许多因素的影响，主要包括武器装备的价格，装备的可靠性、维修性，对装备未来价格的预期，装备规模等因素，所以武器装备的需求函数可以表示为：

$$q_x^d = (p_x, p_1, p_2, \wedge, p_i, \wedge p_n; p_e B; R; M; N) \qquad (11.4)$$

在式（11.4）中，q_x^c 表示对 x 武器装备的购买需求，p_x 表示 x 武器装备的购买价格，p_i 表示第 i 种武器装备采购的价格，p_e 为客户对未来武器装备采购价格的预期，B 表示武器装备采购经费预算指数，R 表示武器装备的可靠性，M 表示武器装备的维修性，N 表示武器装备的规模。式（11.4）是一个多元需求函数，比较复杂，通常在进行局部的均衡分析时，本着重点突出的原则，将其简化为关系比较简单的一元函数。假定其他条件不变化，只有价格在变化，那么式（11.4）可以变成只是关于价格的武器装备需求函数：

$$q_x^d = kBp_x^{-\alpha} \qquad (11.5)$$

其中B为武器装备采购经费预算指数，在研究武器装备需求随价格变动时可以视为常数，k 为系数，α 是武器装备可靠度与故障率的参数，$\alpha = R/(1-R)$，为武器装备可靠度与故障率的比值。α 是随武器装备可靠度 R 单调递增的函数，它在武器装备购买时也是一个定值。式（11.5）说明了在特定市场和特定时期内，军方在各种可能的价格水平下，购买的某种武器装备总数量。

2. 武器装备需求曲线

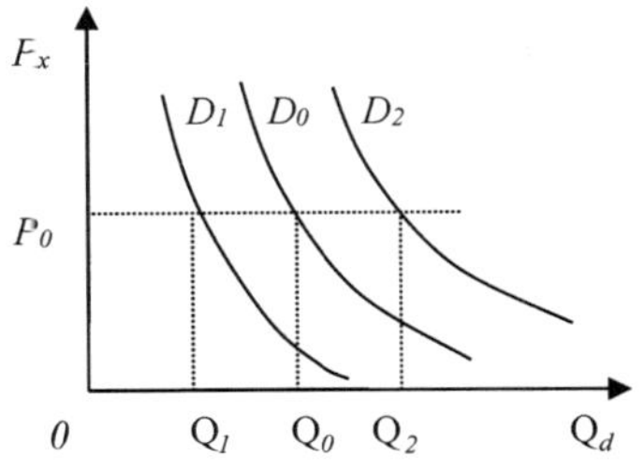

图 11—3　武器装备需求曲线

图 11—3 反映了武器装备购买需求量与价格之间的函数关系。和平时期在其他条件一定的情况下，总需求与价格之间呈反方向变化关系，价格上升，需求量减少，反之，价格下降，需求量增加。我们把这种因武器装备购买价格变动而引起的武器装备需求的变动称为装备需求量的变动，而把由于价格以外其他因素的变动而引起的变动称为武器装备需求的变动，这表现为一定价格水平下，武器装备需求曲线的横向平移。如在价格不变的条件下，由于国家安全受到战争的威胁，武器装备需求增加，则需求曲线向右平移，由 $D_0 \rightarrow D_2$ 曲线的位置。如果国家安全受到战争威胁的程度降低，或由于其他因素导致装备需求减少，则装备需求曲线向左平移，由 $D_0 \rightarrow D_1$ 曲线的位置。由武器装备需求变动所引起的这种需求曲线位置的移动，意味着在每一个既定价格水平上武器装备需求数量的增加或减少。例如，在既定价格水平 P_0 上，武器装备的需求数量从 D_0 曲线上的 Q_0 增加到 D_2 曲线上的 Q_2 ，或者减少到 D_1 曲线上的 Q_1 。

3. 武器装备动员需求

在上述分析和平时期装备需求基础上，再进一步分析武器装备动员需求。战时武器装备需求与和平时期武器装备需求的差，就是通过武器装备动员所积聚的武器装备保障潜力向武器装备保障实力的转换，对现实形态的武器装备进行研制生产和维修来弥补的。

（二）装备动员供给

要确定武器装备动员供给，必须先剖析武器装备供给。

1. 武器装备供给

武器装备供给是指武器装备科研生产维修单位（军工企业和与之配套民营企业）在特定时期内为满足军方的武器装备需求，在一定的价格水平下，愿意而且能够提供的武器装备科研生产维修能力的数量表示。

武器装备的研制生产维修带有明显的垄断性，但这种垄断和一般厂商和行业的垄断又有着明显的不同。对研制生产维修一般产品的垄断厂商和其行业来说，均衡条件是边际成本 MC 等于边际收益 MR，这时厂商和行业平均成本 AC 大大低于其价格 P，也就是说，厂商和行业可以据此获得超额利润。并且由于在垄断生产情况下，存在着不同的消费者，因而垄断厂商和行业面临着许多需求曲线，在满足 MR = MC 的前提下，同一产量水平可以对应几个不同的价格；反过来，同一价格也可以对应几个不同的产量。垄断厂商和行业的价格与产量之间无法构成严格的函数关系，也无法画出垄断情况下的供给曲线。武器装备研制生产维修企业所面临的武器装备需求曲线只有一条，需求者是作为唯一买主的军方武器装备采购部门。军方在采购武器装备时，通常是按照成本加利润的国际通行原则定价，并组织企业研制生产维修装备的。如果我们将利润因素忽略不计，武器装备研制生产维修企业只能按照武器装备的平均成本定价，把武器装备出售给军方采购部门。武器装备研制生产维修虽然呈现着高垄断特征，但它又带有很强的计划色彩。当武器装备研制生产维修企业按照平均成本定价时，很大程度上其价格产量线——也就是它的供给曲线，反映的是自身的成本产量线，这条曲线一般情况下是一条向右上方倾斜的曲线。

武器装备供给受多种因素的影响，其中主要有：武器装备科研生产单位为提供这些武器装备而投入的生产要素的成本，单位的技术状况，单位掌握的武器装备需求的信息，单位对于武器装备生产未来价格的预期等。综合上述因素，武器装备供给函数的一般表达式为：

$$q_x^s = f(p_x, p_1, p_2, \cdots, p_i, \cdots p_n; p_e; c; \rho; I) \qquad (11.6)$$

其中 q_x^s 为武器装备科研生产单位对 x 武器装备的供给；p_x 为 x 武器装备的价格；p_i 为第 i 种武器装备的价格；p_e 为单位对未来武器装备价格的预期；c 表示武器装备生产成本；ρ 表示单位的技术状况；I 表示单位掌握的武器装备需求的市场信息。在假定除了价格以外的其他因素不发生变化的情况下，我们同样可以将这个关系复杂的多元函数处理成一个关于价格的一元函数，这时，式（11.6）可简化为：

$$q_x^s = f(p_x) \tag{11.7}$$

如果考虑到武器装备供给的线性情况，其可能形式为：

$$q_x^s = \lambda p_x \tag{11.8}$$

上式中 λ 为系数，q_x^s 为递增函数。即武器装备的价格越提高，q_x^s 就越大，反之则反之。武器装备的供给是指在某一特定时期内，在各种可能的价格（平均生产成本）下，所有能进行武器装备科研生产维修的单位愿意并且能够提供的武器装备的数量。若以 q_x^s 表示第 I 个武器装备科研生产维修单位对 x 武器装备的供给，以 Q_x^s 表示对 x 武器装备市场上所有企业的供给总量，那么武器装备市场的总供给可表示为：

$$Q_x^s = \sum_{i=1}^{n} q_x^s \tag{11.9}$$

若是有 n 个武器装备科研生产维修者，且每个科研生产维修者的供给函数都相同，则武器装备总供给为：

$$Q_x^s = n\lambda p_x \tag{11.10}$$

2. 武器装备供给曲线

将所有的武器装备科研生产维修部门的供给曲线横向相加，即得到一个国家的总的供给曲线，其与单个武器装备科研生产维修单位的武器装备供给曲线相似，它也向右上方倾斜，武器装备的供应量与价格同方向发生变化。

从时间上来看，武器装备供给可分为和平时期武器装备供给和战时武器装备供给。和平时期随着技术进步带来的效率普遍提高，企业的武器装备科研生产维修成本总体趋于下降，表示在同等价格下，企业愿意并且能够提供更多的武器装备科研生产维修。武器装备科研生产维修供给曲线偏向于右上方的右方，而不是上方。当进入到战争状态时，由于武器装备战时生产环境变得恶劣，武器装备科研生产维修成本趋于上升，在同等价格水平下，如果缺乏国家的干预，企业愿意并且能够提供的武器装备科研生产维修在数量上将减少，武器装备供给曲线偏向于右上方的上方，而不是右方。

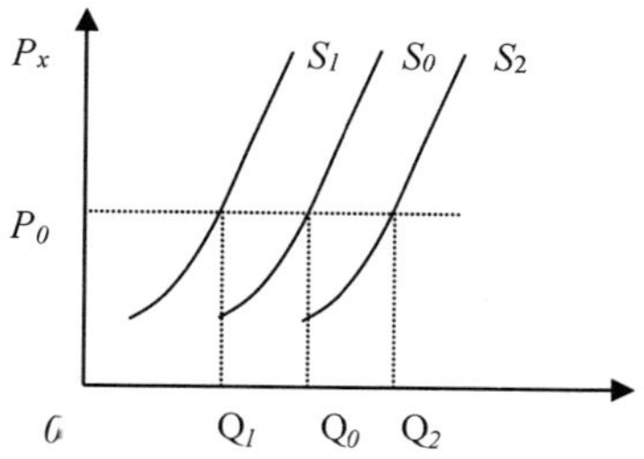

图 11—4 武器装备供给曲线

上图反映了武器装备供给与价格之间的函数关系。在其他条件不变的情况下，武器装备的总供给与价格之间成正比例变化关系。价格上升，总供给量增加，反之，价格下降，总供给量减少。在需求不变的情况下，供给增加会使供给曲线向右下方平移，从而使得均衡价格下降，均衡数量增加。在价格不变的条件下，由于其他条件变化如技术进步，或战争破坏等因素引发的供给的变动，表现为供给曲线的平移。在图中，原有的供给曲线为 S_0，供给数量增加，则使供给曲线由 S_0 向右平移到 S_2 曲线位置；供给数量减少，则使供给曲线由 S_0 向左平移到 S_1 曲线位置。由供给的变化所引起的变动，表示在每一个既定的价格水平供给数量都增加或者减少了。例如，在既定的价格水平 P_0 ，供给增加使供给量由 S_0 曲线上的 Q_0 上升到 S_2 曲线上的 Q_2 ；相反，供给减少使供给数量由 Q_0 下降到 Q_1 。

3. 武器装备动员的供给

战时武器装备供给减去和平时期武器装备供给的差，就是战时新增武器装备的供给，战时武器装备新增供给正是通过平时的武器装备动员所积聚的武器装备保障潜力向武器装备保障实力的释放，对现实形态的武器装备进行科研生产维修来实现的。

（三）装备动员需求与供给的均衡

均衡是西方经济学中广泛采用的一个重要概念。斯蒂格里茨认为："均衡是指这样一种状态，在这种状态下不存在变动的力量（原因），没有人具有改变均衡状态的动机——就供给和需求来说，没有动机来改变价格和数量。"① 在西方经济学家看来，经济理论的任务就在于寻找一定条件下经济事物的均衡状态，以及由非均衡达至均衡的途径。

装备生产需求一般是由政府和军方提出的，也就是说，政府和军方是装备需求行为的主体，需求量的确定一般以达到某种既定的国家安全效用水平为依据。装备供给由军工企业和民企共同提供，是以需求为依据的。我们先分析和平时期武器装备需求与供给同战时武器装备需求与供给的均衡关系，进而分析武器装备动员需求与供给的均衡。

1. 装备动员的需求与供给均衡 I

当装备需求与供给出现相等的状况时两者达到均衡。均衡时的价格称为均衡价格。由需求函数与供给函数可以求出均衡价格。根据前文分析，均衡时的装备需求与供给为②：

$$Q_x^d = Q_x^s \tag{11.11}$$

即有：

$$kBp_x^{-\alpha} = n\lambda p_x \tag{11.12}$$

均衡价格为：

$$\overline{p_x} = (\frac{kB}{n\lambda})^{1/(1+\alpha)} \tag{11.13}$$

平时和战时的供给与需求均衡都符合这一公式。

图 11—5 反映了武器装备需求与供给的均衡，以及需求与供给曲线移动后的市场均衡。假定和平时期武器装备需求曲线为 D_1，供给曲线

① ［美］斯蒂格里茨：《经济学》上册，人民大学出版社 1998 年版，第 79 页。

② 曹小平、林晖：《装备维修经济学》，经济科学出版社 2005 年版，第 44 页。

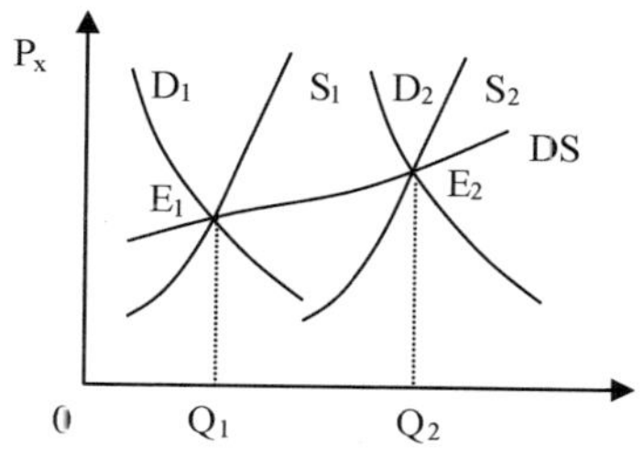

图 11—5　武器装备需求与供给均衡示意图

为 S_1，市场均衡点为 E_1，战时武器装备需求和供给受战争的影响而增加，价格也因受战争的影响而有所上升（需求的刚性、生产成本的提高等原因）。需求曲线和供给曲线向右移动到 S_2 和 D_2，均衡点为 E_2，E_1 至 E_2 的移动表示为曲线 DS，则 DS 曲线上的任何一点都代表武器装备需求与供给的均衡。Q_1 点表示武器装备需求供给均衡的低点，Q_2 表示武器装备需求供给均衡的高点。$Q_2 - Q_1$ 表示武器装备供需均衡高点 Q_2 和低点 Q_1 的均衡数量的差值。E_1 至 E_2 变动的情况说明，武器装备需求增加的量是可以通过武器装备供给增加的量来满足，这种满足是通过武器装备动员所集聚的武器装备保障潜力的释放完成的。这时，武器装备动员的需求与供给也是均衡的。如果武器装备动员的供给满足不了或者超出武器装备动员的需求，两者之间不均衡，那么武器装备的供给与需求之间在同一价格水平下将存在缺口或出现供给过度的情况。在理想状态下，如果政府能够对未来战时武器装备需求增量有精确的把握，并能提供足够的资源用于武器装备动员工作，那么战时的武器装备动员的需求和供给就会是均衡的。但事实上，由于认识上的原因，或者组织上的困难，政府往往会低估或者高估为维护国家安全所必须的武器装备的数量，从而高估或低估武器装备动员需求，使武器装备动员的需求具有不确定性。可以将这种具有不确定性的武器装备动员需求称为武器装备动员的 X 需求。武器装备动员的 X 需求是一种正常现象。这是因为：第一，对敌我双方政治、军事、经济等方面的信息搜寻成本太大，信息不完全导致武器装备动员需求难以准确测度。第二，战争是在未来发生的，制约战争需求乃至武器装备动员需求的因素具有极强的随机性。第三，政府的判断能力、决策水平也是有限的而不是完全理性的。武器装备动员的X需求导致了其自身边界的模糊性。这个模糊边界的存在是一种现实。谋划武器装备动员不是要在经济学上精确测度这个边界的上下限，而是要保证能够在这个边界内部使武器装备动员的供给与需求大体上达到均衡。

上面对武器装备动员需求与供给均衡的讨论，忽略了许多影响武器装备动员的因素，如对国家安全水平的判定和追求，武器装备动员技术基础的进步和组织方式的改进等。并且，这种对动员均衡的判定是建立在市场背景下，而武器装备动员作为一种公共产品，不可能完全由市场来提供。因而上述研究方法就必然带有一定的缺失。为不失研究的完全性，下面将从另外一个角度来研究武器装备动员的均衡。

2. 装备动员的需求与供给均衡II

西方经济学在经典举例中，分析了稀缺资源在大炮和黄油之间进行分配的问题。这个例子假定，一国存在着硬约束的稀缺资源只用于生产大炮和黄油两种产品，大炮和黄油之间存在等国家威慑（综合国力）效用曲线。[①] 这样，当大炮和黄油的等效用曲线和一定稀缺资源的硬约束线（也即该国的全部收入线）相切时，该国的全部需求和供给是相等的，就实现了供给和需求的均衡。如果该国的大炮与黄油的等效用曲线远离或相交于该国的一定的稀缺资源的硬约束线，则无法实现该国全部需求与供给相等。远离的情况下，大炮与黄油的供给少于需求的数量；相交的情况下，大炮与黄油的供给大于需求的数量。

当把“大炮与黄油”的研究思路引用到分析武器装备动员的需求与供给的均衡时，首先也要做一定假定，诸如：敌对国之间军事战略态势等因素不发生变化；均衡概念包括总量均衡、结构均衡等；武器装备生产潜力向武器装备生产实力的转化是完全的。

---

① 朱庆林主编：《经济动员论》，军事科学出版社2001年版，第21—23页。

依据序数效用论可以得出，在一定时段武器装备实力资源（*ESR*）和武器装备生产潜力资源（*EDR*）数量的不同组合可以导致安全总效用的不变，从而形成武器装备安全效用无差异曲线 UC_1，如图 11—6。UC_1 曲线上每一个 *ESR* 和 *EDR* 的组合所产生的武器装备安全效用都是相等的。未雨绸缪是国防建设的最大特征，UC_1 曲线的武器装备等安全效用水平是按照兼顾平时和战时需要选定的，每一个 *ESR* 和 *EDR* 的组合都能够满足对安全效用的需要。但任意一个 *ESR* 和 *EDR* 的组合所耗费的武器装备建设资源总量是不同的。主权国家在可用于武器装备建设的资源既定的情况下，关注的是如何选择武器装备实力资源与武器潜力资源的最佳组合，使武器装备安全效用最大化。

对 *ESR* 和 *EDR* 的不同组合方式，我们用以下函数来表示：

$$ENIU = f(ESRX, EDRX) \qquad (11.14)$$

其中 *ESRX*、*EDRX* 分别是 *ESR* 和 *EDR* 资源的数量，*ENIU* 是常数，表示武器装备安全效用水平。主权国家可用于武器装备建设的一定资源则形成武器装备建设资源约束线 Y_1。

$$Y_1 = ESRX \times P_1 + EDRX \times P_2 \qquad (11.15)$$

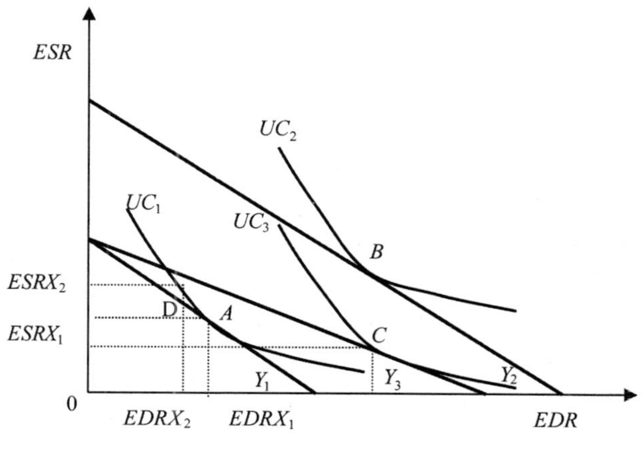

图 11—6　武器装备安全效用无差异曲线

其中 *ESRX* 代表武器装备生产实力的规模，P_1 代表单位武器装备实力所占有的资源数量；*EDRX* 代表武器装备生产潜力的规模，P_2 代表单位武器装备生产潜力所占有的资源数量。我们很容易知道 Y_1 的斜率 L：

$$L = -P_2/P_1 = -ESRX_0/EDRX_0 \tag{11.16}$$

式（11.16）中 $ESRX_0$ 和 $EDRX_0$ 分别表示国家在支出 Y_1 不变的情况下，只消费武器装备生产实力或只消费武器装备生产潜力的数量。

用 *ESR* 资源取代 *EDR* 资源有：

$$EMRS_{DS} = -\frac{\Delta ESRX}{\Delta EDRX} \tag{11.17}$$

其中 $EMRS_{DS}$ 表示 *EDR* 对 *ESR* 的边际替代率，$\Delta EDRX$ 和 $\Delta ESRX$ 分别为两种资源的变化量。由于 $\Delta ESRX$ 和 $\Delta EDRX$ 是反方向变动的，为了使资源的边际替代率取正值，所以在公式中加了一个负号。假定数量的变化量趋于无穷小，即 $\Delta EDRX \to 0$，则边际替代率可以写为：

$$EMRS_{DS} = \lim_{\Delta EPRX \to O} -\frac{\Delta ESRX}{\Delta EDRX} = d_{epsx}/d_{epdx} \tag{11.18}$$

显然，无差异曲线上任何一点的资源边际替代率等于该点斜率的绝对值。经济学家认为，在维持总效用水平不变的前提下，人们为不断获得一单位的某种资源而能够放弃的另一资源的消费量是递减的，这被称为边际替代递减规律。由边际替代递减规律和武器装备建设安全总效用不变，可得式（11.19）：

$$\frac{ESRU}{EDRU} = -\frac{\Delta EDRX}{\Delta ESRX} \tag{11.19}$$

在式（11.19）中，*ESRU* 是武器装备生产实力产生的安全效应，*EDRU* 是武器装备生产潜力产生的安全效应。式（11.19）说明武器装备安全效用无差异曲线之所以总效用不变化，正是因为武器装备生产潜力在效用上所得到的，正好由武器装备生产实力在效用上所失去的来弥补。反之亦然。只有在武器装备安全效用无差异曲线 UC_1 与武器装备建设资源约束线的切点 *A* 处，武器装备安全效用才能最大化，此时由于武器装备安全效用无差异曲线的斜率等于武器装备建设资源约束线的斜率 P_2/P_1，因此可以得到：

$$\frac{ESRU}{P_1} = \frac{EDRU}{P_2} \tag{11.20}$$

式（11.20）是武器装备安全效用最大化的条件，它和基数效用论关于效用最大化的认识是完全一致的。基数效用论认为，消费者实现效用最大化的均衡条件是在消费者的货币收入既定的前提下，消费者应使自己花费在多种商品购买上的最后一元钱所带来的边际效用相等。所以在武器装备建设资源投入量既定的前提下，国家权力机关应使消耗在武器装备生产实力和武器装备生产潜力上的最后一个单位资源所带来的边际效用相等，这时候武器装备生产实力和武器装备生产潜力同时获得最优规模，达到均衡。其中 P_1 、P_2 分别表示一个单位武器装备生产实力和一个单位武器装备生产潜力所需资源投入量。

在武器装备安全效用无差异曲线 UC_1 与武器装备建设资源约束线 Y_1 共同决定的切点 A 处，武器装备生产实力和武器装备生产潜力占用资源最少，产生的武器装备安全效用最大，武器装备生产实力需求和武器装备生产潜力需求都得到了满足。换句话说，这时，对武器装备生产实力的资源供给和对武器装备生产潜力的资源供给在配置上是最优的。切点 A 还表明，战时武器装备生产实力需求的数量与平时武器装备生产实力需求的数量 $ESRX_1$ 的差这一缺口，正是由和平时期武器装备动员所形成的 $EDRX_1$ 数量的武器装备生产潜力在实施动员时，向武器装备生产实力的转化来弥补的。由于武器装备生产实力的需求和武器装备动员的需求在资源上都得到了满足，可以认为在 A 点处，武器装备需求与武器装备供给、武器装备动员需求与武器装备动员供给也都是均衡的。

当国家对武器装备安全效用的追求变大时，武器装备安全效用无差异曲线将会如图 11—6 显示的那样，由 UC_1 移动到 UC_2 ，原来的武器装备建设资源约束线与之远离，将无法满足 UC_2 对资源的要求，只有通过加大武器装备建设资源投入量的办法将其由 Y_1 位置移到 Y_2 才能使之与 UC_2 相切于 B 。这时，武器装备生产实力与武器装备生产潜力将在更高水平上形成最佳结合。两者自身的供需均衡也在占用更多的资源的水平上得以实现。如果说武器装备生产实力和生产潜力的配置在 A 点体现的是一种“小军工、小动员”模式，那么 B 点体现的就是一种“大军工、大动员”模式。

在较长的和平时期里，随着技术进步，单位武器装备生产潜力资源所耗费的资源还会不断呈下降趋势，武器装备生产潜力转化为实力也将越发容易。这时，在国家武器装备建设资源总量不变的情况下，假定单位武器装备生产实力所耗费的资源不变，武器装备建设资源约束线将保持纵轴的交点不变，从 Y_1 移动到 Y_3。Y_3 又将和一个更高的武器装备安全无差异效用曲线 UC_3 切于 C 点。武器装备生产实力与潜力的均衡点从 A 点到 C 点的变化，描述的是在开支不变的情况下，得到了更高的安全效用，体现着“小实力、大动员”的武器装备动员理念。从理论上说，这是任何一个主权国家都梦寐以求的。问题的关键是，要实现这种变化，就必须使武器装备生产潜力所耗费的资源不断降低，这有赖于技术的不断进步、组织管理的更加科学、设备资产专用性的不断降低等。综上所述可以说，技术进步等条件的不断满足，不仅可以导致单位武器装备生产潜力所耗费资源 P_2 降低，而且会导致单位武器装备生产实力所耗费资源 P_1 也降低，这样，即使武器装备建设资源的总量没有增加，仍然可以使原来的资源约束线向右上方外推，从而和更高位置的武器装备安全无差异曲线相切，得到更高的武器装备安全效用。需要说明的是，在上述武器装备生产实力与潜力的三种均衡类型中，武器装备动员的供给与需求、武器装备的供给与需求都是均衡的。这些均衡像牛顿第一定理一样，是在理想化假设前提下得到的。在现实中，理想化假设前提往往并不都能成立，因而非均衡表现为常态。研究均衡就是为了使非均衡逐渐逼近均衡。

三、装备动员成本效益分析

和平时期武器装备动员处于准备状态，在保持战时转变为武器装备生产能力的前提下，参与民用产品生产，服务于国家经济建设，将产生很好的经济收益。武器装备动员成本多数情况下是对既有项目（封存动员生产线、军转民、民转军项目）的一种附属性追加投资，目的是为了在装备实力型经济和装备动员型经济中形成装备保障潜力，它在数额上远小于形成项目所必须的主体投资部分。政府配置社会资源用于武器装备动员建设，追求的是武器装备安全效用的最大化，建设过程必须贯彻成本与收益分析原则，即在武器装备动员安全效用既定的前提下，谋求资源投入的最小化；在资源投入既定的前提下，谋求武器装备动员安全效用的最大化。

（一）装备动员成本的内涵和特点

1. 武器装备动员成本的内涵

武器装备生产潜力不是自发形成的，需要投入人力、物力和财力去建设和保持。武器装备动员成本，是指为满足战时扩大的武器装备需求，和平时期对武器装备生产潜力的预先筹划和建设，而支出的物质费用和人力费用的总和。

武器装备动员建设由武器装备动员潜力建设和动员能力建设构成，动员潜力建设成本和动员能力建设成本之和构成武器装备动员成本。从另一个角度看，武器装备动员主要是对装备实力型经济和动员型经济进行的准备，因而武器装备动员成本主要由装备实力型经济的动员成本和装备动员型经济的动员成本构成。

对武器装备动员成本的理解可从以下几个方面把握：一是从总体上看，一个国家的武器装备安全成本主要由装备实力型经济成本和武器装备动员成本构成。当国家武器装备安全成本总量既定情况下，装备实力型经济成本与武器装备动员成本呈反相关关系。二是与装备实力型经济成本相比，武器装备动员成本具有特殊的规定性。装备实力型经济成本以项目性投资成本为主，武器装备动员成本以功能性投资成本为主。三是装备实力型经济成本是国家武器装备安全成本的基本构成部分和主体部分。武器装备动员成本处于从属地位。装备实力型经济成本与武器装备动员成本都是武器装备安全效用函数的因变量。武器装备动员成本的弹性明显大于装备实力型经济成本的弹性，从一定意义看，它是对装备实力型经济成本的补充。

2. 武器装备动员成本的特点

第一，武器装备动员成本包含预备性项目成本。平时与国防需求相关性极强的武器装备动员项目，专业技术性极强，投资周期较长，只有平时就注资兴建才能满足战时需求，一般由国家投资放在装备实力型经济的总装层次进行建设，也可以放在与装备实力型经济总装层次在设备和工艺上最接近的装备动员型经济中进行建设。这类项目建设与武器装备生产实力项目建设并无二致，区别仅在于生产能力形成后并不立即投入运营，而是采取封存等方式保存，使之处于“预备型”的潜力状态，故称之为“预备型”项目。这类项目数额不多，但单个项目的成本较大。用于这一类项目的花费，称之为“预备型项目成本（*PIC*）”。

第二，武器装备动员成本包含功能型项目成本。在现代战争中，新增武器装备需求瞬时膨胀，仅仅依赖平时武器装备生产的储备难以满足需要。必须着眼于对装备动员型经济的利用。因为在设备、工艺和产品等方面的相近，很多民用项目具有为战争服务的“潜质”，无须改变项目的民用性质及其在和平时期的用途，只需对其稍加改造，增添和完善国防功能，就可以使其具备武器装备生产潜力，而且投资较少，有利于和平时期国家对国防建设投入的控制。在装备动员型经济建设中，这类“功能型”项目比之“预备型”多得多，成本上小得多，军民两用性强得多。我们将这一类投资称之为功能性项目成本（*FIC*）。此外，设备、工艺、产品等和民用企业接近的那部分军工企业，在维持其军品生产潜力不变的前提下，国家对其投资改造使其进行民品生产所付出的成本，我们也将其归到武器装备动员的功能性项目成本中。

第三，武器装备动员成本包含组织性项目成本。国家要组织武器装备动员活动，必须建立相应的机构、制定相应的制度、培训相关的管理人员、购置和添加相应的办公设备、发放必要的工资和福利、同动员客体进行沟通和谈判、向动员客体提供技术支持、组织制订相应的预案、进行必要的演练等。这些武器装备动员建设，都要付出费用，我们将这部分费用称之为“组织性项目成本（*OIC*）”。

和平时期为开发装备实力型经济和装备动员型经济中的武器装备生产潜力，所花费的武器装备动员成本由预备性项目成本、功能性项目成本和组织性项目成本组成。用公式表示即：

$$EPMPC = PIC + FIC + OIC \tag{11.21}$$

由式（11.21）可以清楚地看出，武器装备动员成本是由三种成本构成。在武器装备动员成本既定情况下，通过调整 *PIC*、*FIC*、*OIC* 之间的比例关系，可以实现装备生产潜力和动员能力的最大化。当武器装备动员所产生装备生产潜力和动员能力既定情况下，通过调整 *PIC*、*FIC*、*OIC* 的大小和相互比例关系，可以实现武器装备动员成本最小化。

（二）装备动员效益分析

经济学上所说的效益是指投入与产出的比较，只有产出大于投入，或者说前者和后者之比大于1时，经济活动才被认为是有效益的。武器装备动员既是一种军事活动又是一种经济活动，对它也可以进行相应的效益分析。武器装备动员的效益是由武器装备动员的成本与收益共同决定的。在成本既定时，武器装备动员效益与收益成正比关系，收益越大效益就越大，反之亦然。在收益既定时，效益与成本成反比例关系，成本越大效益越小。在成本与收益同时增长时，若前者增幅大于后者增幅，则效益降低。在成本与收益同时减少，若前者减幅大于后者减幅，则效益增加。在成本与收益反方向变化时，若成本减少收益增加，则效益会大幅度增加。

1. 武器装备动员的军事效益

当我们在装备实力型经济中进行武器装备动员，培育武器装备生产潜力时，可以采取多研制少生产的办法。技术进步导致装备生产成本降低，将当前的武器装备生产成本表示为 C_1，将来武器装备生产成本表示为 C_2，动员为此付出的成本表示为 C，则在动员过程中，军事上的收益 R 就表现为武器装备生产成本的节约，在数值上等于 C_1-C_2，由此可以得到动员的军事效益 $R=(C_1-C_2)/C$，在武器装备安全效用水平没有提升的情况下，应有 $R\geq 1$。

当我们在装备动员型经济中进行武器装备动员，培育武器装备生产潜力时，可以用加载军事模块的方式使民用工业具有武器装备生产潜力。加载军事模块的成本是一种附属性成本，它比单独兴建武器装备生产线的成本要小得多。随着现代科技进步，加载军事模块的成本也呈不断下降趋势。

考察动员的军事效益时，必须要有时间成本意识，综合考虑问题，只有那些投入少、战时动员实施速度快的动员，才具有真正高的军事效益。设 $R'=R/\alpha$，这里的 α 就是动员的时间系数。R' 是结合时间因素后得到的军事效益，对于两个同类型的动员项目，R' 大的将具有更高的军事效益。

2. 武器装备动员的经济效益

当我们将装备实力型经济中的武器装备生产潜力资源用于民品生产时，我们设维持该潜力资源军事功能的成本为 C_1，生产民品的成本为 C_2，民品收益为 r，对国防工业系统来说，武器装备动员的经济效益 $R=r/C_2$。因为国防工业系统必须维持其潜力资源的国防功能，这使得 C_1 成为一项固定成本，因此，即使 r 小于 C_2，只要 r 大于或等于 C_2-C_1，国家仍然愿意国防工业系统进行民品生产，目的是为了冲销 C_1，以减轻负担。这是在把国防工业系统装备生产潜力资源用于民品生产时常看到的现象。当然，如果 r 大于 C_2，就出现了国家和国防工业系统都希望的结果。

可以在装备动员型经济中加载军事模块使其具有装备生产潜力。在军事技术和民用技术高度分离的年代，民用工业往往以降低民品生产能力为代价，来获得这种潜力。但只要加载的成本与民品生产损失之和小于单独新建武器装备生产线的投资，国家就愿意采用这种手段。不过，由于民品生产能力的降低会降低民用企业的经济效益，国家的利益取向和民用工业的微观主体——企业的利益取向会表现出尖锐的矛盾。在广泛采用军民一体化技术组织生产时，这种矛盾不再尖锐。由于加载的军事模块具有军民两用性质，军事模块在民品生产过程中已经内化为生产要素，促进着民品生产效率的上升，从而提高了民品生产收益。我们用 r 表示在动员过程中增加了的民品收益，则动员的经济效益 $R = r/C$，这里的 C 指民用工业的生产成本。

需要指出的是，军民一体化技术虽然增加了军事模块军民两用的程度，但要使军事模块达到百分之百的军民通用基本上是不可能的。对企业而言，加载军事模块进行民品生产效益的增加，小于加载纯粹民用技术模块。但无论如何，采用军民一体化技术加载军事模块后，民品生产的效益增加，已经使民用企业有了这种加载的主动意愿。对企业来说，由于民品市场的有限性，它只能在一定的市场份额内组织生产，超出这个份额，民品生产就没有效益。通过加载军事模块的方法使自身具有进入武器装备市场的潜力，也是为了在未来获得利润的重要措施。

在国家进行武器装备动员的过程中，设武器装备建设总量资源的节余为 T，它是将动员各项成本抵减后的净收益。这个收益为国家所得，而不是承担动员任务的军工企业或民用企业的所得。净收益 T 投入国民经济建设，形成投资，得到收益 r，这个收益是国家通过动员得到的最大经济收益。设 P 为边际消费倾向，结合投资乘数理论，可知经济收益 $r = T/(1-P)$。

3. 武器装备动员的综合效益

在以上分析的基础上，下面试着分析国家整体上通过动员所付出的成本和所得到的收益，进而分析国家整体上的效益。首先分析成本，包括在装备动员型经济中加载军事模块所付出的成本 C_1；在装备实力型经济中为维持未来潜在军品生产能力所付出的成本 C_2；其他形式的武器装备动员成本（如管理、演练、办公设备、契约签订等成本）C_3 等三种成本，动员的总成本 $F=(C_1+C_2+C_3)$。其次分析收益，包括装备实力型经济中武器装备生产潜力资源部分生产民品的收益 r_1；装备可动员型经济中武器装备生产潜力资源部分由于加载军事模块而增加的民品收益 r_2；国家节约装备建设资源，投入国民经济带来的收益 r_3 等三种收益。总收益 $E=(r_1+r_2+r_3)$。由于 r_3 已经将总成本减掉了，总收益 E 是一种减去了总成本的净收益，也可以叫作总效益。

由于这些成本和效益都是在若干时间段里形成的，所以我们分析成本和收益时必须考虑时间因素。武器装备动员的总成本随着时间形成一个“成本流”，武器装备动员的总效益随着时间也形成一个“总效益流”。不同时期发生的动员的总成本和总效益无法直接比较。要进行比较，就必须通过“贴现”的方式，将动员在过去若干均等时间段的“总成本流”和“总效益流”都折算成现值，然后相加进行分析比较。则动员的“总成本流”和“总效益流”如下：

$$\begin{aligned} &F_1,\ F_2,\ \cdots\cdots F_n \\ &E_1,\ E_2,\ \cdots\cdots E_n \end{aligned} \tag{11.22}$$

F_1 和 E_1，……F_n 和 E_n 由于在同一时间段内发生，因而可以相互比较。但 F_1 与 E_2、F_2 与 E_n 等就不能相互比较，因为它们未发生在同一个时间段内。这里引入贴现率 d，它相当于动员某个时间段里同期银行存款利率，则可以算出在每个时间段内的动员的总效益和整个时间周期内的动员的总效益。整个时间周期内的动员的总效益表现为一个净现值（*net present value*，*NPV*），整个时间周期内的动员的总成本也表现为一个净现值（*net value of costs*，*NPC*）。

$$NPV=\frac{F_1}{1+d}+\frac{F_2}{(1+d)^2}+\cdots\cdots\frac{F_n}{(1+d)^n}=\sum_{i=1}^{n}\frac{F_i}{(1+d)^i} \tag{11.23}$$

$$NPC=\frac{E_1}{1+d}+\frac{E_2}{(1+d)^2}+\cdots\cdots\frac{E_n}{(1+d)^n}=\sum_{i=1}^{n}\frac{E_i}{(1+d)^i} \tag{11.24}$$

只要 $NPV\geqslant 0$，武器装备动员在经济上就是可行的。国家一般会形成若干套武器装备动员总体方案，将每一套总体方案的 NPV 除以 NPC，比数最大的那个就是最优的。从军事上说，武器装备动员的目的就是在装备安全效用不变前提下，不断降低其成本和时间成本，或者在成本不变的前提下，不断降低其时间成本，提高其武器装备安全效用。从经济上说，武器装备动员的目的就在于不断增加其净收益，减少其成本，从而使效益最大化。

总之，从武器装备动员的成本效益分析中，可以得出结论如下：从军事上看，武器装备动员的任务，就是在满足战时武器装备需求扩张的既定前提下，不断降低其成本，并提高战时由武器装备生产潜力向武器装备生产实力转化的速度。从经济上看，就是尽可能同时提高生产民品所产生的经济效益。

思考题：

1. 装备动员具有哪些特点？
2. 如何实现装备动员需求与供给均衡？
3. 影响装备动员综合效益的因素有哪些？如何提高装备动员综合效益？

第十二章
国民经济动员组织体制

按照系统论的观点，结构决定功能。在一定的条件下，国民经济动员能力的大小，不仅取决于国民经济动员物质技术基础，还受制于国民经济动员组织体制。合理的组织体制能使已有人力、物力、财力、技术力量得到充分发挥和集聚，形成强大的动员能力。相反，则会阻碍国民经济力量的转化，降低国民经济动员效率。因此，建立完善的国民经济动员组织体制，对于高效实施国民经济动员具有重要意义。

一、国民经济动员组织体制职能

国民经济动员组织职能，是指依托经济动员机构，通过对全国人力、物力、财力资源的周密计划、科学组织、合理使用，最大限度地发挥其效能，充分发挥其威力，以保证战争需要，取得战争胜利的功能和作用。国民经济动员组织职能在平时和战时有所不同，平时其职能是进行经济动员准备，积蓄国民经济动员潜力和增强国民经济动员能力；战时则是将国民经济动员潜力转变为实力，以保障战争需要。

（一）平时主要职能

国民经济动员组织的平时职能主要是：对国民经济动员准备和活动

实施集中、统一领导；根据国家最高决策机构的决策和指令，负责国民经济动员工作的总体规划；制定和完善配套的经济动员法规；进行国民经济动员潜力调查；编制经济动员预案；搞好物资储备等。

1. 健全国民经济动员组织机构

国民经济动员组织机构是国民经济能力诸因素中首要的能动的因素。组织健全与否，人员素质高低，对国民经济动员能力影响最大。经济动员的机构设置、职权划分、隶属关系等组织体系，反映了经济动员中各相关部门、单位，以及这些要素之间各种关系和组织方式、方法的有机联系。因此，必须按照经济动员系统目标，合理地配置机构，确定经济动员组织体制，规定各级经济动员组织机构的权力和责任，合理地选择和配备人员，建立起一个统一的高效的指挥机构。

2. 制定经济动员配套法规

加快经济动员立法步伐，制定一套与国民经济快速发展相适应、与社会主义市场经济体制相适应、与军事斗争准备相适应的经济动员法规，如国民经济动员法、物资筹措法、物资征集条例等，用法律手段确保经济动员工作无论平时经济动员准备和战时经济动员实施都能迅速有效地落到实处，为实现经济动员体制的快速转换提供法律保证。

3. 组织国民经济动员潜力调查

实施经济动员潜力调查，是确保有效动员的一项重要性、基础性、长期性的工作。经济动员涉及工业、农业、贸易、财政金融、劳动力等内容，平时需要深入细致地进行调查摸底，分门别类地建立资料档案，为战时国民经济动员决策提供可靠的依据。对经济动员潜力，必须定期对已掌握的情况进行核实，并建立数据库，对其平战转换能力进行评估。针对动态变化频繁、与战争需求高度相关的资源，尤其是生产企业、交通运输、医疗卫生、财政金融、物资储备以及人力等，需要准确掌握其数量、质量和分布等情况，以提高其内容的准确性。

4. 拟定和完善经济动员预案

经济动员预案是国家为应对战争和突发事件，根据需求预测，预先制订的将国民经济各部门和相应的国家机构由平时状态转入战时状态的方案。作为为战争准备的一种方案，每年至少要组织一次方案的修订。物资紧急筹措、支援力量编组以及运输、卫勤、油料、科技、信息、财政金融等专业保障预案，需要做到定任务、定人员、定装备、定物资、定地点。

5. 做好应战应急物资储备

为应付未来战争的需要，和平时期根据未来信息化条件下局部战争需要，合理确定物资储备的种类，科学核定各类物资储备足额，合理布局储备基地，适时进行物资更新，特别是要注重新材料、新器件、新设备的储备更新，并加强物资储备管理，是经济动员组织的一项基本职能。为此，需要按照寓军于民、军民共储的原则，做好储备各类保障物资工作，包括军民通用物资和军队专用物资，以及生产技术和能力的储备，努力形成多渠道筹措、多环节储存、多形式流通的物资储备格局，使物资既能满足未来战争需要，又能在现实的国防建设和经济建设中发展应有的作用。

（二）战时主要职能

战时主要职能包括：筹措战争之需、转换国民经济体制、调控战时经济生产、限制战时消费、稳定社会经济秩序等。

1. 筹措战争之需

筹措战争之需，是战时经济动员组织的基本职能。随着作战手段的日益现代化，战争消耗日益增大，战争对经济的依赖日益增强，对作战物资和技术保障的依赖比以往任何时候都突出，国民经济动员组织筹措职能的强弱对战场作战有重大影响。它的强弱不仅影响战役作战形式和手段的选择，而且影响着战役的进程和结局。要真正做到“保障有力”必须使经济动员的筹措能力具有与现代战争要求相适应的快速反应能力，全方位综合能力，强有力的组织指挥能力，保证国民经济在战争轨道上高效有序地运行。

2. 转换国民经济体制

作为经济动员的组织机构，实现平时经济体制向战时经济体制的转换是其重要职能之一。通过转变国民经济的体制和运行机制，充分调动国家的经济能力，扩大生产，为战争前线提供尽可能多的人力、物力和财力。其中，最重要部分是国防工业由平时状态转变为战时状态。和平时期，国防工业一部分生产能力转产民品，是军事工业自身存在和发展的需要，是国民经济建设的需要。战争时期需要迅速重新配置经济资源，将目标转移到保障战争需要和稳定社会上来。国民经济体制转换涉及国家经济机构的重新设置，经济机构功能的转换，经济规划的调整，经济资源的重新配置，经济布局的重新安排，以及法律规章的颁布和实施等。

3. 调控战时经济生产

国民经济动员功能的发挥，既不决定于军队的要求，也不完全取决于国家的主观愿望，而是内在于国民经济动员过程的各相关因素协调地发挥的结果。根据动员程度和动员组织的复杂性，可将工业动员分为紧急增产、启封恢复生产和改型转产三大类。紧急增产指为保障军事冲突或突发事件对军品的需要，常备军工增加生产班次和工人，迅速扩大军品生产能力。启封恢复生产是将原有封存的军工生产能力启封运行，来扩大军品生产能力的工业动员方式。改型转产即民用工业转产军品。这三种方式需要的条件、投入、技术各不相同，作为经济动员组织的决策机构必须对战争形势做出准确判断，进而控制战时生产的规模、速度和结构。通过对国民经济的调整，改变国民经济中军用与民用的比例。国家通过行政组织系统，采取指令性计划，以经济统制的强制形式将石油、钢材、有色金属、粮食、棉花等物质资料控制在国家手中。

4. 限制战时消费

资源限制即资源的稀缺对社会行为的约束，是一个普遍的永恒的经济学命题。国防经济是服务于国防建设的经济，从本质属性上说是消费性的、依附性的经济。资源限制是国防经济乃至整个国防现代化建设的主要障碍。战时经济资源在军需与民用之间的分配比例制约着国民经济动员的规模。战时国家的经济实力要保证来自两方面的需要，一是最大限度地满足作战的需要；二是要满足国民有最低限度的消费需要和社会发展的最迫切需要。在战争时期，压缩国民的个人消费，主要是对国民的享受类消费和发展类消费进行压缩，对其生存类消费往往不压缩或尽量少压缩。

5. 稳定社会经济秩序

稳定经济功能就是通过国民经济动员的活动，通过增减税收、有关开支、物价政策、工资政策等宏观调控手段，来适应因战争给经济带来的突然的、难以预料的变化，以达到对不同微观经济体进行抑制和刺激，使战时变化着的社会总供给和总需求做到动态平衡。战争对正常的经济秩序有巨大的影响。一是军事行动有可能破坏经济基础和中断经济活动，特别是空袭轰炸经济目标，可以造成生产急剧下降；二是战争可以使对外经济联系中断，造成各种生产要素的短缺；三是战争需求的快速膨胀对正常经济结构的冲击，可能使经济结构失衡。战时，大批可用于经济建设的资源被用于战争用途，使经济的再生产不可避免地出现萎缩趋势，劳动生产率下降、生产情绪低落、民族凝聚力消散。上述情况必然影响经济稳定，而且在市场经济条件下，这种影响更大。社会经济秩序不稳定，直接影响到整个社会，进而影响到战争的全局。为此，国家只有进行有效的经济动员，才能调节并进而稳定社会经济，创造支持战争的良好社会环境。

6. 重要经济目标防护

重要经济目标是指战时对整个国民经济系统运行和战争物资保障起到关键作用，且为敌方重点破坏的经济目标，如重要工厂、交通枢纽、战略仓库、重要经济设施等。一个重点经济目标被摧毁，就可能使整个经济系统遭受损失、运转不灵，严重影响经济运行和对战争的物资保障。因此，对关系国民经济运行和战争物资保障的重要经济目标进行防卫和保护，是战时经济动员的一项重要任务。战时经济动员组织必须通过运用各种方式和措施，来承担起敌方来自空中、地面、海上等各个方向的袭击和破坏，保护重点经济目标的安全，维护正常的经济运行和战争物资保障。重点经济目标的防护其实在和平时期进行经济动员准备时也需要给予充分考虑。在进行合理的经济布局、不影响经济效益的前提下，要尽量使重要经济目标分散布局，并向战略纵深延伸；建设必要的防空、防化学、防核设施，战略仓库、通信枢纽等，应尽量靠山、进洞，并配备必要的防护武器；建立军民结合、平战结合的工业体系，要把大量的军品生产能力寓于民品生产之中，增加战时军用物资的生产能力，减轻重点经济目标的压力。

二、国民经济动员组织体制设置

经济动员组织机构是平时经济动员准备、战时经济动员实施的组织和领导机构。战争实践证明，健全、精干、有权威的经济动员组织设置，是经济快速动员的可靠的组织保证。从国内外国民经济动员机构设置情况，以及历史经验教训看，第二次世界大战前德、日、意等法西斯国家建立了庞大的经济动员组织管理机构，使其在战争初期就能有效地组织经济动员，保证了战争需要，而苏联、美国、英国等国家战前经济动员管理机构不健全，战时仓促组建，影响了战争初期经济动员的速度和效益。鉴于此，第二次世界大战后世界各国都十分重视建立和健全经济动员组织管理机构。

（一）影响经济动员组织体制设置的因素

机构设置是国民经济动员准备的一项基础工作。在国民经济动员机构设置过程中，经济动员组织职能是第一位的，经济动员机构设置要服从和服务于职能的要求，根据职能确定机构，健全机构履行职能。为此，设置国民经济动员组织机构必须考虑以下因素。

1. 现代战争形态客观要求

国民经济动员直接为战争服务，国民经济动员机构的设置必须与现代战争的客观要求相适应。经济动员的实践证明，经济动员组织职能能否得到充分发挥，其中关键的一条是看其对现代战争特点的适应程度。经济动员组织设置只有与战争特点和规律相适应，一切围绕战争展开工作，其职能作用才能得到充分的体现。

现代战争预警时间短、突发性增大，使国民经济如何在短时间内完成动员展开的问题，变得比过去更为尖锐，只有最大限度地提高国民经济动员速度，才能适应现代战争的快节奏。现代战争复杂多变，不同类型的战争对经济动员具有不同的要求，国民经济动员既要考虑应付小规模常规战争的需要，又要考虑应付战略核战争、战区核战争的需要，既要顾及不同强度的战争，又要顾及发生在不同区域的战争。现代战争经济消耗巨大，消耗物资的品种繁多，仅靠军事工业扩产难以保证战争需要，只有建立军民结合、平战结合的经济动员管理机构，才能在战时快速组织实施国民经济动员，最大限度地满足战争需要。为此，组织机构设置必须以军民结合、平战结合、专兼结合、精干高效为原则，逐步实现经济动员机构的编制、人员、任务、经费的落实。只有在平时建立健全高效、集中统一、军民结合、平战结合的动员组织机构，战时才能保证国民经济动员具有灵敏的反应能力和广泛的适应性。

2. 特定时期国家军事战略方针

军事战略方针是战争指导者依据国家战略而制定和采取的准备和实施战争的方略。国家实现军事战略目标，有赖于相应的物质基础。因此，国家在制定军事战略时必须考虑本国的经济动员能力，国民经济动员工作必须也遵循国家在一定时期的军事战略方针。

不同的军事战略方针对国民经济动员组织机构有着不同的要求。如果将打赢大规模全面战争作为军事战略的基点，那么，国家必须建立起从中央政府到县、乡政权，从部门到企事业单位的庞大的国民经济动员组织机构，以便组织实施国民经济总动员或全面动员。如果将打赢中小规模的局部战争作为军事战略的基点，国家则只需在宏观和中观层次上，在热点地区和少数动员任务较重的企事业单位，建立经济动员组织机构。这样既能有效地组织实施局部经济动员，又能避免建立庞大的动员组织机构带来的经济混乱和浪费。我国国民经济动员组织机构不宜过于庞大，而应按照虚实结合、精干高效的原则设置。

3. 国民经济动员工作的特殊性

与经济工作和兵员动员工作相比，国民经济动员工作具有显著特点。一是经济工作主要讲求经济效益，国民经济动员工作首先考虑的是军事效益。和平时期，国家以经济建设为中心，经济效益的好坏是国家考核经济部门和企业的主要指标。在这种情况下，要做好国民经济动员准备，做好保军转民工作，使国民经济动员能力与国家的经济实力同步增长，组织管理工作难度极大。二是国民经济转轨转换所需时间较长，一般说来，启封恢复生产需几个月，民用企业转产军品和新建军工企业需要更长时间，而战争需求复杂多变，要使国民经济动员工作能适应复杂多变的战争需要，动员组织管理任务极其艰巨、繁重。三是国民经济动员涉及国民经济各主要部门、行业和成千上万企事业单位，组织工作极其复杂。这就要求经济动员组织设置必须适应经济动员工作这种特殊性要求，能在残酷的战争环境实施经济动员，迅速将国民经济由平时状态转到战时状态。因此，国民经济动员组织机构必须具有高度的权威性和集中统一指挥的能力，并且在平时就有较完备的动员组织程序。

4. 国家现行的国民经济管理体系

和平时期，国家主要通过经济手段对国民经济实施组织管理，辅之以行政手段；而国民经济动员则主要通过行政手段实施组织管理，辅之以经济手段。这决定了国民经济动员组织机构与国民经济组织管理机构的差异性。但是，设置经济动员组织机构，离不开国家现行国民经济组织管理体系。建立国民经济动员组织管理体系，必须以国家现行国民经济管理体系为基础，这样不但可以缩短经济动员组织体系平战转换时间，提高动员快速反应能力，而且还能避免由于脱离国家现行国民经济组织管理体系，单独组织国民经济动员组织管理体系造成的资源浪费。

我国现行的国民经济管理体系采取的是条块结合方式。这一组织管理体系将国民经济部门的管理与各地区经济管理有机结合起来，能够较好地调动部门和地方两个方面在经济管理中的积极性。以我国现行条块结合的国民经济组织管理体系为基础，建立起来的国民经济动员组织体系，也应是条块结合的组织管理体系，这样才能充分发挥政府部门的主体作用。

（二）国民经济动员组织体制设置的原则

针对国民经济动员的职能定位和工作特殊性，国民经济动员组织结构在设置过程中，通常应遵循以下基本原则。

1. 边界清晰

政府组织边界是行政学研究中比较新颖的一个概念。政府是现代社会中最为特殊、最为庞大的组织，它与社会环境之间有一条这样的界线，称之为政府组织的边界。政府组织边界的拓展意味着政府的活动在规模、范围和形式上的扩张，反之亦然。政府组织边界不清晰，表现为大量无效行政组织存在，是行政效率低下的最直接原因。国民经济动员活动相对和平时期而言是一种非常态的政府行为活动，动员令和动员目标、任务的执行，势必会对正常社会、经济秩序产生影响。因此，政府在设置动员组织机构时，其职能边界应该划分清楚，实施经济动员活动时，其行为权力范围和边界也需要加以合理、客观的限制，尤其是和平时期在进行经济动员准备时必须考虑到尽量减少动员活动对社会正常经济秩序的影响。

2. 层次简化

国民经济动员组织机构是国家在中央和各级地方政府设立的负责经济动员工作的部门，平时主要负责经济动员准备工作，战时则要负责整个国家经济动员实施，任务十分艰巨和繁重。而现代战争突发性强，预警时间短，情况变化急剧，持续时间短，对经济动员能力提出了快速、高效的要求。这要求经济动员组织机构必须具有高度的权威性和灵敏的反应能力。在进行组织层次设置时，要尽量减少中间环节。经济动员组织机构的层次愈多，不仅信息传递慢、时间长、容易失真，而且组织协调复杂，影响动员速度和效率的提高。为此，在合理确定经济动员的总目标下，要对各组成部分，各个系统的各个层次进行科学精简，以保证国民经济动员具有灵敏的反应能力和广泛的适应性。

3. 指挥统一

统一指挥是指命令的统一，系统具有垂直性。它有四点要求：一是从最上层到最基层等级连接链不能中断；二是任何下级只能有一个领导，不允许多头领导；三是不能越级指挥；四是职能机构是参谋，只有提出建议权，无权过问该直线指挥系统的下属工作。现代战争下，如果没有一个高度权威的国民经济动员组织机构，实施统一的筹划和指挥调度，就很难实现快速高效的国民经济动员，满足现代战争需要。因此，为增强国民经济动员的快速反应能力，世界上许多国家都在其国家机关中设立了具有很高权威的动员机构，力求形成上下连贯、左右衔接的完整的动员组织体系。国家最高领导人担任经济动员决策机关的负责人，国家制定相应的法律保证经济动员组织机构顺利履行职责，从而使经济动员组织机构具有较大的权威性。

4. 分工合理

健全的国民经济动员机构是开展经济动员工作的组织保证。其中，关键问题是要把各级的职能定位、任务分工搞清楚、搞准确，赋予其平时负责协调议事、战时负责组织指挥的双重职责，使其真正成为能够协调各方、指挥全局的动员领导指挥机构。和平时期，为减轻国家和人民的负担，经济动员组织可实行专职机构与兼职机构并存，以兼职机构为主。临战时和战时通过转换机构职能，扩充机构和人员，迅速将兼职机构部分或全部转为专职机构，以适应集中统一组织实施经济动员的需要。所设机构的数量和规模要与其动员的任务和需求相一致，应根据机构所处的位置和管辖范围来明确其职责，合理进行任务分工。机构在纵向和横向的任务划分上，力避任务超越或不足。超越或不足都会影响动员效率，超越可能形成管辖上的重叠，从而造成管辖上的冲突，降低动员效能；不足则可能形成管辖上的空隙，造成管辖上的疏漏，同样也会降低动员效能。

5. 协作明确

协作明确是指各级国民经济动员组织相互衔接、相互协调，容易形成合力，提高效率。在设置经济动员组织机构时，机构本身应协调，同时要注意好军地之间关系、中央与地方关系、经济动员机构与经济主管职能部门关系、经济动员机构与其他动员机构关系的协调配合。从国家的最高经济动员组织机构，到基层经济动员组织机构，都必须有政府、军队有关领导和部门参加，使各级经济动员组织能及时、准确地了解军事需求的数量、要求，掌握动员工作的主动权，借以提高效率，保证经济动员质量。应当科学设定各个经济动员活动从酝酿到完成必须经过的步骤和环节，并严格规定各个环节的完成主体，在协作中明确各部门之间的相互关系，找出容易发生矛盾之处，加以协调；对于协调中的各项关系，逐步走向规范化、程序化，并制订具体可行的协调配合方法以及违反规范后的惩罚措施。通过建立完整的分工协作制度，使经济动员、政府行政和社会经济生活中的分工协作实现相统一、相融合。

三、健全完善国民经济动员组织体制

从我国的实际出发，充分考虑影响经济动员组织机构设置的各方面因素，借鉴国外设置经济动员组织机构的经验教训，建立中国特色国民经济动员组织体系应该是军民结合、平战结合、专兼结合、统一领导、分级管理、灵活高效、有权威的国民经济动员组织体系。

（一）我国国民经济动员组织体制变革历程

新中国成立至今，伴随着国际战略环境和周边安全形势的发展变化，政府机构和军队编制体制的多次改革，国民经济动员组织体系也进行了调整变革。

1. 初步探索时期（1949—1955 年）

新中国刚刚成立，百废待兴，新生政权亟待巩固，国家经济亟需恢复。朝鲜战争的爆发，又迫使党中央以“打烂了重建”的决心和意志进行抗美援朝作战。面对国际、国内复杂的军事斗争形势，国防动员建设倍受党和政府的重视，国防动员体制也开始了探索性的构建，包括成立中央到乡的各级人民武装委员会、成立中央兵工委员会、成立专门的国防交通管理机构、成立中央人民防空委员会等。从整体上讲，这一时期国防动员体制建设处于摸索阶段，系统地架构国防动员体制的思想还没有完全形成，所采取的动员方式和方法带有很强应急性的特点，基本上是按照革命战争年代的办法，在党中央的统一领导下，全党、全民齐动手，以人力动员为重点，采用临战动员的方式进行。沿袭战争年代的动员方式，明显不适应建立全国政权以后的动员要求，特别在抗美援朝大规模作战结束、国家全面展开经济建设之后，国民经济动员没有专门机构管理，平时难以在经济建设中贯彻国防要求，战时难以满足战争对经济动员的需求。1954 年我国第一部宪法颁布后，国家体制渐趋完善，具备了解决这一问题的基本条件。苏联顾问班可夫于 1955 年 1 月提出了在国家计委成立“军事经济计划局”的建议。党中央采纳了这一建议，1955 年 11 月由国家计委组团，赴苏联就国民经济动员建设进行了为期一个多月的全方位参观学习，由此开始全面创立我国国防动员体制。

2. 全面建设时期（1956—1962 年）

国家计委根据赴苏考察团的建议和动员工作的实际需要，向国务院提出了《关于建立经济动员计划机构的报告》《关于各有关部门动员机构和编制动员工作长远计划问题的报告》。国务院批转了计委的报告，很快在政府的一些经济部门自上而下建立了专门的动员机构。国家计委于 1956 年成立了国民经济动员局，负责接受军队在经济动员方面的需求，制订旨在增长动员能力的长期计划和战时动员年度计划，确定国家储备和动员储备，统筹安排经济领域的动员工作，对国务院所属部委的动员局（处）进行工作指导。同时，国家经委成立了经济动员计划检查处，负责检查和平时期为动员任务进行的生产准备和基本建设的进展。同年 7 月，铁道部、邮电部设动员局；一机部、二机部、冶金部、交通部、纺织部和电机制造部在计划司下设动员处；化工部、煤炭部、石油部、电子部在有关司设专职干部负责经济动员管理工作；二级部各司成立了动员计划处（科），大部分军工企业成立了动员计划科。这些动员机构接受国家计委国民经济动员局的工作指导。

这一时期，我国动员体制建设借鉴国外经验，开始走上正轨。特别是建立了比较完备的国民经济动员组织体系，国民经济动员准备也开始纳入国家经济建设体系之中，经济建设贯彻国防要求工作得以全面展开。但是，全面地学习和借鉴苏联的经验，难免使我国的动员体制带着深深的苏联印记。在学习苏联经验的过程中，也存在着脱离我国国情军情、照抄照搬等形式主义和教条主义现象，不仅使国防动员建设与经济建设之间产生了一些矛盾，而且还增加了动员建设对外部力量的依赖性。

3. 大规模备战时期（1962—1978 年）

20 世纪 60 年代中期开始，新中国同时面临美苏两个超级大国的军事围堵，面对严峻的国家安全形势，中央突出了战备工作。国防动员工作进入了在临战状态下的超常规建设和发展时期。特别是“大小三线”建设、“三北”防护工程和全国挖洞工程建设，调整了国防潜力布局，基本建成了人民防空体系、国防交通体系、国家物资储备体系和全国通信网络，形成了平战结合的防御体系。国防动员体制建设，进入了一个非常特殊的发展时期。

这一时期是我国国防动员建设得到全面发展的重要历史时期。特别是在紧张的战备气候下，不论是后备力量、人民防空、交通战备，还是国民经济等其他领域的动员，都得了切实有效的加强。但是，由于过分强调战备的需要，促使整个国家机器长期处于一种临战状态，全党、全军、全国都倾注于战争准备，国防动员组织体系游离于国家体制之外，并没有和政府的经济社会管理体制恰当地融为一体，不仅造成国民经济动员建设与经济建设脱离，导致资源浪费，而且也影响到政府系统以及民间组织在动员组织过程中发挥作用。

4. 调整精减时期（1978—1993 年）

以党的十一届三中全会为标志，全党、全国工作重点转移到以经济建设为中心的社会主义现代化建设上来。进入 20 世纪 80 年代以后，国际形势发生了重大变化。1985 年，基于对战争与和平问题新判断，以及适应党和国家工作重点的转移，军队和国防建设指导思想出现战略性转变，即从临战状态，真正转到和平时期的建设轨道上来。国防动员体制建设进入恢复和调整时期，一些专门委员会（领导小组）进行了恢复、调整以及规范。比如，恢复交通战备领导小组；恢复党的各级人民武装委员会；改组人民防空委员会；规范动员决策层的职权；加快国防动员法规制度建设步伐。到20世纪80年代末至90年代初，国防动员体制的阶段性调整改革基本完成，有力地促进了国家经济发展。但是，由于这次转变是从临战状态转入和平发展状态，因而从本质上可以说是一次大复员。动员体制方面，随着政府经济结构以及管理机构的改革，大量经济动员机构遭到撤并，只有少数省、市、自治区以及国务院少数几个部委保留了经济动员主管机构或兼管机构，经济动员组织机构整体处于不完整状态。

5. 完善提高时期（1994—2015年）

20世纪90年代，随着海湾战争的爆发，世界新军事变革加速发展，战争形态逐步由机械化向信息化转变。伴随战争形态的转变，国防动员在国防建设以及维护国家安全中的地位和作用更加突出。随着国家经济体制改革、社会主义市场经济的全面建立，政府的管理体制及职能进行了多次调整。构筑于传统的计划经济体制和机械化战争形态基础上的动员领导组织体系、制度和方法，开始日益滞后于形势发展的需要。如何健全和完善新时期的国防动员体制，已成为不可回避的重要问题。针对发展变化了的情况，我国的动员体制建设开始了新的探索。为切实加强对国家国防动员工作的集中统一领导，1994年党中央、国务院、中央军委成立了国家国防动员委员会（简称“国动委”），下设国民经济动员办公室，作为国家国民经济动员议事协调机构。这也标志着我国国民经济动员组织与管理开始由分散走向集约，是我国国民经济动员组织建设的重大创新。

6. 新时代创新发展时期（2015年—至今）

2015年，中央军委改革工作会议在北京举行，明确提出全面实施改革强军战略，坚定不移走中国特色强军之路。这次会议标志着深化国防和军队改革进入实施阶段。其中，很重要的一项改革是为了适应现代战争要求，在军委统一领导指挥下，把用兵养兵、建设管理与作战指挥适度分离，形成了“军委管总、战区主战、军种主建”的格局。军改后的新体制，对国防动员和国民经济动员运行管理模式都提出了新要求。

总体来看，我国国民经济动员体制是在新中国成立后，在临战准备的前提下设置的。这种体制的选择是由当时特定的安全环境、经济体制和战争需求决定的。这种模式是特定历史条件下的产物，在维护国家安全和赢得战争需要发挥了重要作用。

（二）构建完善国民经济动员组织体制

进入新时代，我国安全环境变得更为复杂，市场经济在资源配置中的决定性作用更为突出，信息技术广泛影响着人们的生产和生活方式，人民军队领导管理体制得到历史性重塑，国家治理体系和治理能力现代化步伐加快，国民经济动员组织体制改革完善势在必行。

从我国的实际出发，充分考虑影响经济动员组织机构设置的各方面因素，借鉴国外设置经济动员组织机构的经验教训，建立中国特色国民经济动员体制势在必行。考虑到国民经济动员是建立在社会化大生产的基础上，其活动本身具有多层次性，决策权力分布应当与国民经济动员各层次活动的性质、任务和要求形成合理的分层决策管理体系，主要包括国民经济动员决策层、国民经济动员领导层、国民经济动员协调层和国民经济动员执行层。

国民经济动员决策层，行使国家动员的最高决策权和指挥权。考虑到国民经济动员是国防动员的重要组成部分，国民经济动员最高决策机构寓于国家战争动员的最高决策机构之中。动员决策机构的主要职能包括：对国民经济动员的重大问题进行决策，包括授权宣布国民经济转入战时经济管制状态；决定实行国民经济动员所涉及的动员范围及步骤；

提出经济动员工作的基本方针和政策；呈报国民经济动员法以及制定国民经济动员建设规划和原则；批准国民经济动员重大预案；协调国民经济动员建设与国民经济、国防和军队建设的关系等。

国民经济动员领导层，是实现最高决策机构的决定，组织领导开展国民经济动员工作的机关、部门。国民经济动员领导机构可以由政府、军队系统的代表组成。国民经济动员领导管理机构的主要职能是计划、协调和监督，包括制订国民经济动员实力和潜力及动员实施计划，制订各项动员预案，制定和采取各项动员措施，协调各方面、各区域、各领域之间的关系，对动员准备和实施进行有效监督，起草各项动员法规并监督其执行。

国民经济动员协调层，是国民经济动员领导层下设的专门负责国民经济动员工作的协调机构。在各省、市、自治区以及行业部门可以设立国民经济动员办公室。其主要职能是：在国民经济动员领导机构的领导下，组织实施全国或区域国民经济动员工作；搞好国民经济动员的平战结合、军民结合，完善国民经济动员机构，增强增战转换能力。

国民经济动员执行层，主要是完成上级布置任务的企事业单位。其主要职能是动员的具体管理与转换实施，包括完成平时准备、战时动员和战后复员等任务。

军队系统在各个层次参与国民经济动员的准备与实施。在决策层，由中央军委与国务院就国民经济动员准备与实施的方针、政策、规划、计划、法律、法规进行决策。在协调层，军队有关部门参加国家国防动员委员会。在执行层，军队主要从市场获得武器装备和物资以及服务产品，企业按市场法则提供产品的服务。

思考题：

1. 国民经济动员组织体制的主要职能是什么？
2. 设置经济动员组织体制需要考虑哪些因素？遵循哪些原则？
3. 如何构建完善国民经济动员组织体制？

第十三章 国民经济动员法规

国民经济动员法规对整个国民经济动员工作起着引领、规范和保障作用。新时代加强国民经济动员建设，必须健全完善国民经济动员法规制度，建立与时代发展相适应、与国家安全形势相配套，符合社会主义市场经济运行规律要求的国民经济动员法规体系。

一、国民经济动员法规的内涵和功能

法规是人们规定有约束力的行为规则。它是由国家制定或认可，体现统治阶级意志，以国家强制力保证实施。国民经济动员法规作为保障国民经济动员工作顺利实施的法规体系，有着其特殊的内涵和功能。

（一）国民经济动员法规基本内涵

国民经济动员法规，是规定国家、部门、行业、企业及个人在经济动员中的责任、权力和义务的法律规范。它是用以调整经济动员领域各种社会关系的法律规范的总称，是国家法规制度建设的重要组成部分。从效力层次上，它包括用以规范经济动员活动的法律、法规、规章。从构成内容上，它包括国家在农业、工业、建筑、交通运输、信息产业、医疗卫生、商业贸易、财政金融、科学技术和文化教育等方面的经济实力动员法和经济潜力动员法。从范围上，现代经济动员几乎涉及国家的各个系统、各个领域、各种力量。比如，在人力动员方面，包括劳动力调配、技术培训、战勤服务、军工生产部门和国民经济要害部门的劳动力保护等；在物力动员方面，包括确定军事订货的优先权，军事订货合同的强制性和行政干预的合法性，原材料供应，能源保障，军品生产能力的维持，各种物资、生产设施、土地、房屋等项的征用，平时国家建立战略物资的品种、数量、管理、使用，各种运输手段、运输工具和邮电通信的组织指挥、任务区分、安全防护措施，战时农产品生产调整、农田征用，水田水利设施维护，农用物资的生产保障，农产品统制，战时实行生产必需品配给制的具体办法，限制物价，打击投机倒把、囤积居奇和一切非法牟利行为的严厉措施、战时管制等；在财务动员方面，包括平时建立应急财政储备，战时增加税种、提高税率和企业上缴利润，发行公债，开展募捐、扩大财政收入，通过调整财政支出比例，扩大军事支出和军工生产投资等等。从方法上，国家根据战争需要，可以依法实施国民经济总动员和局部动员。

国民经济动员法规的本质属性是带有国防性（军事性），这是其区别于一般经济法规的根本标志。国民经济动员法规除了具有一般法规具有的规范性、强制性、权威性等基本特性之外，还具有以下特性：

一是从属性。国民经济动员法规从属于国家宪法、法律。国家宪法、法律体现的是全国人民的共同意志，代表的是国家根本利益，国民经济动员法规应与国家宪法、法规相一致。另外，国民经济是保障和满足战争需要的行为，因此，国民经济动员法规也必须从属于战争动员法。

二是综合性。国民经济动员法规调整的是国家安全利益与法人、个人利益之间的关系，它不是为了单纯追求经济利益，是为了维护国家安全和赢得战争胜利。国民经济动员的约束作用是针对所有部门和企业的，涉及国民经济动员的各个领域和方方面面，对国民经济任何部门、行业、企业和个人都适用。

三是效益性。国民经济动员法规不同于战争或军事法规，它调整的对象是国民经济。国民经济动员既要最大限度地满足战争需要，同时也要兼顾人民群众生活和生产需要，尽可能维护经济社会运行秩序。特别是在社会主义市场经济条件下，市场对资源配置的决定性作用越来越明显，经济之间的联系变得越来越紧密，这就要求国民经济动员法规中更加注重经济手段规范和运用，通过经济政策、经济手段来规范经济动员活动。

（二）国民经济动员法规主要功能

国民经济动员法规的功能是作为事物或系统的经济动员法规自身所具有的性能和功用。其基本功能分为：设权功能、调控功能、激励功能和约束功能。

1. 确认和保障国家行使经济动员的职能

一个国家的战争潜力取决于它的经济基础，但其经济潜力能否在战时迅速而充分地转化为军事力量则决定于它的战争动员准备程度。这里所说的“战争动员准备”就包括作为经济动员工作基础的经济动员法规的准备。国民经济动员要求国家动员决策机关必须实施高度集中统一的领导和指挥，否则就不可能完成预期的动员任务。其中，国民经济动员法规处于重要地位，发挥着重要作用。一是国民经济动员法规从法律上确认各级政府和军事指挥机关领导、指挥经济动员的权力和职责，是国家行使动员职责的必要法律保障。二是国民经济动员法规使各级权力机关凭借法律的规定对动员工作实施顺畅、有效的领导和指挥，有关部门就可以按照权限进行协调，这是国家为进行经济动员而对人力、物力、财力实施集中管理和统一调配的重要保障。三是国民经济动员法规是监督和检查国家职能机关有效行使动员职能的法律保证。国民经济动员法规一经颁布，就具有了高度的权威性，任何阻碍和破坏经济动员的行为，各级机关在组织领导动员工作中的渎职、失职行为，都将受到惩罚。

2. 明确全体公民和组织在经济动员中的权利和义务

国民经济动员工作能否顺利进行和能否取得成效，归根结底取决于能否得到主体公民和各种社会组织的大力支持。但是，公民支持、参加经济动员的积极性不会自然形成，经济动员涉及国家、集体和个人之间的利益关系，三者之间的关系能否得到正确处理，直接影响着动员工作的成效。而要处理好以上关系要依靠法律进行调整。国民经济动员法规是对国家、集体和公民在战时应当承担的责任、权力和义务的规范，对国家各级机关、各企事业单位以及全体公民不仅有很强的约束力，而且有很大的号召力和引导力。在社会主义制度下，国民动员法规反映了全国人民的根本利益，可以引导人们明确自己在国民经济动员中应尽的义务和享有的权利，增强全民国防观念，激发爱国主义热情，大大提高支持和投身动员工作的积极性。

3. 实现经济动员的条理化和制度化

战争发展史表明，战争对经济的依赖性不断加深。战争期间，原有的经济关系和经济秩序被打乱，社会经济活动由有序状态进入混乱的无序状态，如何做到战时国民经济也能有序高效运行，只有依靠法律的强制力。完备的经济动员法规正是保证经济动员活动顺利进行和维护战时经济秩序的基本前提和条件。依靠完备的经济动员法律制度是西方发达国家进行快速、高效经济动员的成功经验之一。法规的功能之一就是使纷繁的工作条理化、制度化。建国以来很长一段时期内，我国对动员工作的管理，基本上是依靠计划经济的模式运行，较多地采用单一的行政手段，但在市场经济逐步发展的今天就不适应了。随着社会主义市场经济的发展，正确处理国家根本利益与个人利益、局部利益之间的矛盾和冲突，单纯依靠行政教育的办法已难以奏效，还必须依靠法律手段，依靠国家机器保证其实施。运用法律手段加强对动员工作的领导和管理，将进一步提高动员工作的稳定性和有效性。

二、国民经济动员法规的价值和基本原则

时至今日，国民经济发展引发了国防领域的一系列变革，战争形态和作战方式发生了很大变化，国民经济动员法规的价值和基本原则也面临着调整变化。

（一）国民经济动员法规的价值

法规的价值是指法律法规满足人类生存和需要的基本性能，即法规对人的有用性。法的价值体系包括了法的各种价值目标，即秩序、安全、效益、公平、自由、正义等，它指导着法的具体功能和作用的实现。国民经济动员法规的价值包含了国民经济动员法的价值目标，对现实具体法规起着指导作用。

1. 维护国家安全公共利益

公共利益作为一个法律用语，在不同层次的法律中均有体现，以宪法而论，我国 2004 年宪法修正案规定："国家为了公共利益的需要，可以依照法律规定对公民的私有财产实行征收或者征用并给予补偿。"国家公权力的行使完全是出于维护公共利益的需要，除此以外，别无其他目的。随着经济发展的市场化程度越来越高，市场经济体制越来越完善，市场经济诉求的政治文明要求赋予市场主体以平等和自由，从而维护市场经济运行的高效率，维护公民的民主权益和自由人权不受公权力的侵害。但是，当面临战争或重大公共突发事件时，国家公权力与公民私权利之间会发生冲突与碰撞。一方面，为了保障战争或重大突发事件紧急需要，维护国家安全与稳定，实现国民经济在正常状态与非正常状态下的快速转换，国家必须依靠国民经济动员对资源配置进行临时调

整；另一方面，国家公权力的行使必须符合正当性与合法性要求，以确保公民的正当合法权益不受侵害。

2. 确保紧急状态时能够生存

紧急自卫是个人遭受非法侵害，而致生命出现危机时，可以不受常法的约束，可以实施正当防卫与紧急避难。国家与个人一样，于战乱危机时，为维护自身的生存，避免紧急危难，能够根据宪法的授权而不顾平时法律的规定采取应变措施，恰如个人在必要时实施自卫一样。费希尔教授曾说过："每个人都认为自己有生命权，同样每个政府亦认为有生存权。当一个人遭受暴徒袭击，危险万分时，他可以毁弃一切法律，而实施正当防卫，此称为正当防卫权。准此，当国家政府遭受战乱或其他危机，而将覆灭时，亦可实施自卫。"故近代民主国家，除承认个人的紧急自卫权外，亦多承认国家的紧急自卫权。如德国魏玛宪法第 48 条、意大利宪法第 77 条、泰国宪法第 88 条、法国第五共和国宪法第 16 条等的规定皆是承认国家紧急自卫权的证明。国民经济动员正是国家在紧急状态发生时所采取的一项紧急权力，特别是战争在一种非常严重的危险状态下，人民生命财产没有任何保障，国家正常的宪政和法律秩序很可能全面混乱，国家权力机关也面临着完全瘫痪的危险，正常的国民经济运行将遭到破坏，此时此刻，仅仅依靠市场机制的内在调节功能和国家的宏观调控既不能做到保障国民经济稳定运行和满足人民群众基本生活等民用需求，也无法保障战争的军事需求。因而，国家必须在此危难之即采取国家紧急权力实施进行国民经济动员，以确保战争赢得胜利。

3. 获取最大的资源配置效益

随着社会的发展及政治思潮的演进，政府的功能已由不干涉主义趋于积极主动作为，公法理论已由自由放任主义转向统制主义。所谓统制主义，即为避免紧急危难、维持社会秩序，或增进公共利益，一方面对个人自由权利进行限制，另一方面积极集中人力物力于一定的计划之下，合理运用，保国为民或福国利民。在国家生死存亡的危机时期，由统制主义出发，把全国的人力物力凝成一体，以加强国防力量。统制主义作为国家实施国民经济动员的法理学基础，尤其体现在国家动员法中。如日本《国家总动员法》第一条明确规定："统制运用人力及物力资源，将国家的全部力量，做最后有效的发挥。"因此，日本的动员法令多用"统制令"的名称，如《工资统制令》《贸易统制令》《配电统制令》《佃租统制令》等皆是。而其他国家的动员法令，也多以"统制"或"管制"命名，如德国的《劳动转移统制令》《战时利润统制令》，英国的《雇佣管制法》《企业统制令》，美国的《紧急时期物价管制法》《金融管制法》，法国的《燃料统制令》《物价管制令》等。

（二）国民经济动员法规的基本原则

国民经济动员法规的基本原则是指规定于或寓意于国民经济动员法律之中，能够全面、充分地反映国民经济动员法所调整的国民经济动员关系的各个方面和全过程的客观要求，并对国民经济动员立法、执法、守法都具有普遍意义的指导思想和根本准则。

1. 安全效益与经济效益相结合

国民经济动员涉及人力、物力和财力等国民经济动员的各个方面。国民经济动员法律法规为保障战争胜利和稳定经济运行，应坚持国防经济成本最小化，与市场机制相协调，兼顾"两种需求"，即安全效益与经济效益相结合的原则，对国民经济动员有关领域、环节的经济要素和经济活动实行不同形式和程度的规范。国民经济动员法律制度的调控内容、方式以及提高国防经济效益，使国民经济动员能够健康、有效地运作，达到既保障国家安全，又不影响国家经济适度发展，实现国家安全与国家经济发展的双重目标。

2. 满足战争和国防与军队建设需要

国民经济动员的职能就是为未来战争提供强有力的保障，国民经济动员法律制度必须遵循为国防建设和作战服务的宗旨，正确处理国家经济建设与军队建设之间的关系。首先，在制定国民经济动员立法规划、计划时，要根据国防建设和作战保障的需要安排立法项目，不仅要建立规范平时经济建设贯彻国防要求的完整法规体系，而且还要制定规范战时国民经济动员的法规；其次，在国民经济动员法律规范内容的设置上，应突出为国防建设和军队服务这个重点，以利于提高部队战斗力；再次，在修改和废止国民经济动员法规时，也要以适应国防建设和作战需要为前提，应特别注意结合新时代国民经济动员呈现出的新特点和新要求，及时修改和废止那些与国防和军队现代化建设不相适应的法规。

3. 符合国民经济动员内在运行规律

国民经济动员有其自身的特点与规律，国民经济动员法律法规要根据这些特点和规律用法律、法规和规章的形式对国民经济动员进行规范。制定国民经济动员法规，必须坚持科学的态度，正确分析国民经济动员各种复杂的社会关系，研究未来带有智能化特征的信息化条件下局部战争国民经济动员的特点与规律。其特点是随着战争形态向智能化方向演变，需要超前研究智能化战争给国民经济动员带来的新挑战，及时将这些新特点、新规律纳入到国民经济动员法规的修改完善之中，确保国民经济动员法规的科学性、时效性与权威性。

4. 随着形势适时进行立、改、废

社会、经济和科技在不断地发生变化，国防、军队建设在不断发展，必然引起国民经济动员的变革。为适应这种变化，就必须坚持立、改、废相结合的原则。而现有的绝大多数国民经济动员法规还是计划经济时代所制定的，已不能适应这一发展趋势，不能满足市场经济条件下的国民经济动员需要，急需及时清理与重新修订。随着市场对资源配置的决定性作用越来越强，政府对企业更多地发挥着行业指导和监督功能，在非战争和非紧急情况下政府将减少或不使用行政命令，这就需要加快建立与市场经济条件下国民经济动员相适应的法规体系，从法律上

明确国家和多种不同性质的企业，在国民经济动员中应承担的权利义务，以确保国民经济动员的优先和特殊地位，运用法规方式保证军事利益。同时，对与市场经济发展不相适应的有关规定进行清理，该修改的修改、该废止的废止。

三、国民经济动员法规体系的构建

国民经济动员法规制度在我国经过几十年的建设和发展已颇具规模，初步形成了国民经济动员法规体系。但是随着战争形态、市场形态和技术形态的深刻演变，亟需在理清国民经济动员各主体法律关系的基础上，构建形成纵向上下配套、横向左右协调的国民经济动员法规体系。

（一）国民经济动员各主体法律关系

国民经济动员法律关系的主体分为国家行政机关、军队、社会组织（法人）、公民，按照在国民经济动员活动中权利和义务关系划分，可分为权利主体和义务主体。

1. 国民经济动员法律关系的权利主体

国民经济动员作为一系列广泛而复杂的活动过程，其权利主体是全国人民代表大会常务委员会、国家主席、国务院、中央军委职能部门、国民经济动员主管机构。全国性的国民经济动员，除了拥有政权、掌管国民经济的国家外，谁都无法担此重任。至于局部战争中的局部动员，一般由国务院决策、负责实施，也可由地方政府负责实施，这也是国家行使职权的一种具体形式。具体的权利主体根据我国《宪法》《国防法》和其他有关法律规范的有关规定，由以下几部分组成。

（1）国民经济动员决策机构

决定实施国民经济动员的权限，各国都规定归属于高级别的机构。一种情况是由最高国家权力机关行使动员决策职权。如美国，其国会拥有对外宣战权，是动员的最高决策机构。一种情况是成立专门的最高军事机构，行使动员决策机构的职能。如以色列的国防委员会。

我国《宪法》第62条第14款规定，全国人民代表大会行使“决定战争和和平的问题”的职权；该法第67条第19、20款规定，全国人大常委会有“在全国人民代表大会闭会期间，如果遇到国家遭受武装侵犯或者必须履行国际间共同防止侵略的条约的情况，决定战争状态的宣布”和“决定全国总动员或者局部动员”的权力。由此可见，全国人民代表大会及其常委会，是我国的国民经济动员决策机构。

（2）国民经济动员领导机构

在动员准备与实施的过程中，动员领导机构负有组织、计划、协调、监督等方面的重要职责，对人力、物力、财力诸方面的动员起着综合平衡指导作用。因为动员领导机构在整个动员机构中处于关键环节的地位，所以世界各发达国家一般都在最高国防领导机构下建有这种机构，如美国的“紧急动员委员会”、法国的“最高审议会”等。新中国成立后，在国务院、中央军委领导下，各级政府和军事机关自上而下成立了动员领导机构。《中华人民共和国国防法》第50条规定：“国家国防动员领导机构、中央国家机关、中央军事委员会机关有关部门按照职责分工，组织国防动员准备和实施工作”；第14条规定：“国务院领导和管理国防建设事业，行使下列职权：（五）领导和管理国民经济动员工作和人民防空、国防交通等方面的建设和组织实施工作”。

（3）国民经济动员执行机构

动员执行机构，是各个领域、各个行业落实与执行动员任务的组织和单位。它伸展到政府各部门、军队各系统、各地区和各行业之中，形成了协调一致的动员网络体系。它又可大致分为三个主要系统：

一是政府的动员执行机构。政府的动员执行机构的基本职能是根据上一级的动员计划和方案，拟定本级政府部门的动员计划和方案，领导、检查和督促各部门落实与执行动员任务。

二是军队的动员执行机构。军队的动员执行机构，是军队中担负具体动员任务的职能部门，军种、战区、省军区系统均有负责动员工作的专职或兼职机构。

三是企业动员机构。企业动员机构是国民经济动员的基层机构，是国民经济动员组织体系的有机组成部分。建立和健全企业动员机构，不仅决定着企业的动员效果，而且决定着国家国民经济动员的成败。企业动员机构与国家的经济体制有密切关系。在市场经济体制国家中，军品生产动员任务大多由一些大公司承担。公司设置的军品生产分公司或军品事业部负责军品生产动员与组织。这些大公司依据法律接受政府的动员任务，一般为总承包商，承担武器装备的总装任务。同时，通过合同的方式将零部件转包给中小企业承担。美国、德国、法国、英国是这方面的典型代表。

2. 国民经济动员法律关系义务主体

国民经济动员法律关系义务主体是中华人民共和国的公民、法人和其他组织，公民、法人和其他组织应当依法履行国民经济动员义务。同时公民、法人和其他组织因履行国民经济动员义务而致使财产直接损失、人员伤亡的，依法享有获得补偿、赔偿和抚恤的权利。一切国家机关和武装力量、各政党和社会团体、各企事业单位以及基层群众自治组织，都应当依法完成国民经济动员任务。

（二）国民经济动员法规体系的构成

国民经济动员法规体系，是由调整经济动员活动中各种社会关系的各种法律规范构成的有机整体，由纵向层次法规和横向门类法规组成。

1. 国民经济动员法规体系的纵向构成

国民经济动员法律体系的纵向构成，是指由不同层次的经济动员法律规范，按等级有序构成的层次结构。按照法规性文件发布机关的级别和法律效力的等级，分为经济动员法律、经济动员法规和经济动员规章。

第一，国民经济动员法律。国民经济动员法律是指由全国人民代表大会及其常务委员会，按照法定程序制定和颁布的，在全国范围内或全国一定范围内适用的有关经济动员方面的法律规范，是经济动员法律体系的第一个层次。主要包括两类：一是国家法律中有关经济动员活动的规定。《宪法》是我国的根本大法，在国家法律体系中居于至高无上的地位，具有最高的法律效力。所有的法律规范，包括军事立法在内的国家一切立法必须依据宪法的原则来制定。《国防法》是我国国防方面的基本法律，是宪法关于国防方面的原则规定的具体化，是宪法的子法，同时它又是我国国防法律体系中最基本的法律，是国防法体系的母法。如《宪法》《国防法》中有关条款对经济动员问题做出了原则性的规定。二是由国家权力机关按照立法程序，为规范经济动员方面的重大问题，制定和颁发的专门的经济动员法律。目前专门的国民经济动员法律还是空白。迫切需要以《宪法》《国防法》《国防动员法》为依据制订《国民经济动员法》，明确国民经济动员方针、原则、任务、时机、程序、奖惩，以及全国各系统、各地区、各部门的分工和职责、权利和义务。

第二，国民经济动员法规。国民经济动员法规是指由国务院、中央军事委员会根据宪法和有关法律，按照一定法律程序单独或者联合制定和颁发，在全国、全军或一定范围内适用的有关经济动员方面的法律规范，是经济动员法规体系的第二个层次，一般以条例的形式出现，主要包括三类：一是国务院、中央军事委员会联合制定和颁发的调整国家、地方、军队之间有关经济动员活动的社会关系的规范性文件；二是中央军事委员会单独制定和颁发的在全军适用的规范性文件；三是国务院制定和颁发的与经济动员有关的法规。

第三，国民经济动员规章。国民经济动员规章是指由国务院有关部委、军委机关、军兵种，依据有关法律和法规，按照一定的法律程序单独或联合制定和颁发的，在国家或军队的一定范围内适用的调整有关经济动员方面的法律规范，其属于经济动员法规体系的第三个层次，一般以通知、规定、规则、细则、办法、标准、意见的形式出现，主要包括三类：一是国务院有关部委、军委主管部门联合制定和颁发的属于调整国家有关部门、地方政府和军队之间在经济动员活动中的社会关系的规范性文件；二是军委机关各部门联合或单独制定和颁发的涉及国民经济动员工作的规范性文件；三是军种、战区制定和颁发的本系统或区域性的有关经济动员工作的规章。这些规章具有在本军种、本战区范围内遵行的法律效力。

2. 国民经济动员法规体系的横向构成

国民经济动员法律体系的横向构成，是指按调整对象和内容的不同，对法律规范进行横向区分而形成的门类结构。按调整对象范围的不同，经济动员法律体系的横向构成大致可以分为两类：一是规范军地双方的国民经济动员法规。其调整对象不但包括军队系统，而且还包括国家地方相关部门。具体可分为综合性法规、军事运输法规、车船使用管理法规、交通战备法规、科技训练法规和财务管理法规等。二是规范军队系统的经济动员法规。这类法规规范的主要是军队系统的经济动员工作。

思考题：

1. 国民经济动员法规的主要功能有哪些？
2. 国民经济动员法规的基本原则有哪些？
3. 如何加强国民经济动员法规体系建设？

第十四章
国民经济动员潜力和预案

国民经济动员预案是国家为应对战争和突发事件，根据需求预测，预先制订的将国民经济各部门和相应的国家机构由平时状态转入战时状态的方案。国民经济动员预案作为应对战争和突发事件的一种准备方案，是经济动员准备的重要组成部分。美国等西方国家非常重视这项工作，并针对不同的战略目标，做了大量的预案编制工作。预案的制订离不开潜力调查，只有掌握了动员潜力和可动员量，才有可能制订出切实可行的动员预案。

一、国民经济动员潜力调查

国民经济动员潜力是经济动员能力的基础。国民经济动员潜力调查是做好经济动员预案编制工作的基础和重要环节。古典经济学大师亚当·斯密曾说："由于现代战争中的军火消耗庞大，因此那种有更大的力量承担这种消耗的国家就占有显著的优势。"世界各国都很注意进行经济潜力调查，我们必须高度重视经济动员潜力调查工作对编好经济动员预案的基础性作用。

（一）国民经济动员潜力调查内容

单纯从经济意义上考察，经济动员潜力等于国家总体经济实力扣除民用经济正常运行所必需的物质力量。

潜力调查是经济动员准备工作的重要内容。“知彼知已，百战不殆”。经济动员潜力调查是正确评估本国和敌国国防力量的重要方法。只有进行认真的调查，才能正确估计自己和敌人的力量，这是预测敌国或潜在敌国战略企图的重要手段，是制定本国军事战略的重要依据。列宁就曾意味深长地说：严肃地对待国防，这就是说要切实准备并精确地估计力量的对比。研究国防，不能只看到兵力兵器的对比，还要看到人力、物力、财力、科技力等因素的对比。

经济动员潜力调查的主要内容有：

1. 自然资源特别是战略资源

主要包括土地资源、森林资源、矿产资源、海洋资源、水利资源等。调查时既要考察其数量因素，又要考察其质量因素。自然资源包括一国国土面积、农田面积、森林、河流、矿产资源、海洋资源等。自然资源中的战略资源对战争与国防具有十分重要的作用。可以说，没有一定的战略资源，就无法从事国防工业生产，也就不可能生产出新式武器装备保证战争需要。战略资源拥有水平可以从三个方面衡量：首先，品种是否齐全；其次，空间布局是否合理；再次，自给程度的高低。

2. 生产能力特别是国防生产能力

包括国民生产总值总量，第一、第二、第三产业部门的增加值，工业、农业、交通运输等生产部门的生产能力及结构。其中生产军品和可以转化成生产军品的能力、战略重点方向的交通运输能力是调查的重点。

3. 财力资源

财力资源包括财政收入和支出、收支差额、军费及其在国民生产总值中的比重、国际收支等情况。财政收入是一个国家的政府每年筹集到的资金总额，表明政府直接掌握的财力的大小。军费是直接用于军事领域的费用，是说明一个国家国防经济状况的重要指标之一。

4. 人力资源

从量的方面考察，人力资源涉及一国的人口数量、劳动人口数量、兵员潜力等。人口数量是一个国家的全体人口数量，劳动人口数量是具有劳动能力的人口数量。国际上通行的做法一般是把 15—64 岁人口作为劳动人口。兵员潜力则是劳动人口中适合服兵役的那部分人口。兵员潜力估算的方法和标准各国不尽相同。一般是将 18—35 岁的男性公民作为最大兵员潜力。从质的方面考察，人力资源还涉及年龄结构、男女比例结构、知识结构、职业结构和地域分布结构等。这些结构因素对人力资源的质量有着重要的影响。

5. 物资储备情况

物资储备是保障战争需求的重要条件，也是分析潜在敌国企图的重要手段。它包括储备物资的品种、数量、地点及储藏条件和运输条件等。

6. 科学技术情况

包括科学技术水平、科研经费、科研设备、科技人员情况等。衡量一个国家的科学技术水平是一件困难的事。不同的研究机构有不同的意见，但在比较项目的选择上大体是：基础科学包括数学、物理学、化学、天文学、生命科学、地球科学等；应用科学包括信息科学、材料科学、微电子学、光电子学、电磁学、机械科学等；应用技术包括航天技术，制导技术，极限技术如超高压、超导、超纯等。

7. 国际经济关系

包括本国与外国的经贸关系、敌国与潜在敌国的经贸关系。进行国际经济关系的考察，便于战时及时、有效地处理好国际经济关系，实现本国军事战略意图。

（二）国民经济动员潜力调查办法

就经济动员潜力调查而言，调查要求各单位根据规定的调查指标体系，逐项地进行调查统计，准确地核实数据，特别是对与保障相关的设施和物资，要分类细化，建立数据库，并加以综合分析。通过数据调查，准确掌握战区人力、财力、物力、信息资源的数量和质量，尤其要掌握技术人员、高层次管理人员和先进装备的发展变化情况，摸清经济动员潜力的底数。

进行经济动员潜力调查是一项复杂的工作，需要投入一定的人力、物力和财力。随着战争对经济的依赖性越来越大，经济动员潜力调查呈现如下发展趋势：调查的范围更加广泛，不仅包括本国、敌国和潜在敌国，而且包括若干重要国家；调查的内容日益注重信息产品和人才；调查的时效性、准确性和连续性更强。为做好经济动员准备工作，落实好经济动员潜力调查，必须从以下几方面予以加强。

1. 加强组织领导，注重打牢调查基础

一是建立健全的组织机构。开展经济动员潜力调查，涉及国民经济诸多部门、行业和领域，为保证潜力调查工作的顺利实施，必须建立健全潜力调查的组织机构。二是重视搞好宣传教育。采取召开会议、举办学习班等多种形式，广泛宣传做好潜力调查工作的意义和作用，提升各级领导对经济动员准备工作的认识。三是制订下发文件，确保潜力调查工作的权威性。四是注重人员培训，提高潜力调查人员的素质。鉴于经济动员潜力调查具有工作量大、涉及面广、专业性强、种类数据要求详实可靠的特点，采取以会代训或短期培训、聘请专家授课等办法，组织学习有关知识，明确调查的方法、步骤与要求，为组织开展潜力调查打下良好的基础。

2. 着眼军事斗争需要，科学制订调查内容

合理制订潜力调查内容，是搞好经济动员潜力调查工作的关键。在制订潜力调查指标和内容时，注重坚持以下原则：一是军事需求第一，即所制订的指标紧紧围绕未来战时保障需要进行设置；二是符合实际，即在指标的设置上，把地方现有的军民通用物资列为主要调查指标和内容，对未来战时需要而地方没有的物资、器材，则尽量设置替代性指标满足军事需求；三是系统规范，即所设指标尽量与国家指标、行业指标相一致，使指标趋于标准化和规范化；四是注重实物储备与生产能力相结合，既重视对地方现有的物资储备的调查，同时也把调查战时需要的物资生产力作为重点。

3. 沟通理顺渠道，搞好条块结合

一是依托统计部门进行调查。统计部门是政府主管统计工作的职能机关，有着固定的统计调查渠道。在实施调查中，要发挥其统计资料丰富的优势，可以将一些综合性指标或统计部门掌握的数据委托其负责填报。二是依托各级政府实施调查，即对于涉及面广、内容复杂、统计部门不便统计的指标，由各级政府部门进行填报。三是依托行业系统进行调查。对于一些由政府行政部门转为企业集团的，如物资、电力、纺织等集团公司，则赋予其担负本系统、本行业的填报工作。

4. 突出调查重点，精心整理数据资料

要结合未来战时物资供应、医疗救护、交通运输、科技支前等保障，把地方相对应的石油、物资、粮油、卫生、交通、科研等行业作为重点，确保调查的有效性。同时，把平时用的较少而战时需要较多的物资，战时需要、本地潜力雄厚而其他地方较少的物资品种作为重点，充

分发挥地方经济动员潜力的优势。

某单位交通运输动员潜力调查内容列表

1. 铁路营业里程
2. 公路通车里程，其中高速公路×公里，一级公路×公里
3. 民航航线里程×公里
4. 内河通航里程
5. 输油气管道里程
6. 铁路机车×台
7. 载货汽车×辆
8. 机动船舶×只
9. 民用飞机×架

二、国民经济动员预案编制

国民经济动员潜力调查是为制订动员预案打基础，有了完整准确的潜力调查数据，才能制订较好的动员预案。经济动员预案是国家组织经济动员实施的预先设想。它是经济动员准备的主要内容，是动员演练和动员实施的依据。一般说来，经济动员预案愈完善，经济动员效率就愈高。

（一）国民经济动员预案的内涵

所谓预案就是为应对某种突发性的紧急重大事件或情况而事先制订的处置方案。通常经济动员预案被定义为，针对可能发生的战争或重大

突发公共事件对经济动员的需求而预先制订的系统周密的应对实施方案。也有人认为，经济动员预案是为了提高国民经济在应付未来战争和突发事件过程中的应变能力和平战转换速度，依据可靠的预测，在平时预先制订的动员实施方案。经济动员预案所针对的领域相当广泛，突发性的紧急重大事件可以分为两大类：战争和非战争突发事件。和平时期的非战争突发事件，主要是自然灾害、事故灾难、公共卫生事件、社会安全事件以及经济危机等五大类突发事件。

凡事预则立，不预则废。为了满足战争需要和应对突发事件，预先制订非常状态下动员实施的方案，是关于未来经济动员行动实施办法的预先设想。这不仅有利于各级党政机关、各类企事业单位在事件突发时进行及时、有序的处理，而且通过预案还可以有效地加强重大突发危机事件处理的综合指挥能力，提高紧急救援反应速度和协调水平，最大限度地保障国家和人民群众的生命财产安全。从维护社会稳定的角度看，可以促使群众积极协助有关部门处理突发事件，有助于以从容有序的应对措施消除社会恐惧紧张心理，避免混乱状态的扩大。

经济动员预案是战时实施经济动员的依据，经济动员预案把战时部队“要什么、要多少、何时要、怎么要”与地方“有什么、有多少、在哪里、怎么给”连接起来。只有把各种可能的突发情况搞清楚，并制订出切合实际的、具有可操作性的、完备的预案，才能在战争或突发事件到来时不打无准备之仗，使经济动员快速有序地启动运行。经济动员预案的实施，战时可以实现快速动员，将寓于国民经济之中的动员潜力快速有效地转化为实力，为赢得战争胜利和处置突发事件提供了保障。同时，可使各级领导和指挥人员在应对战争或突发事件时，有章可循、指挥得当、工作主动、分工明确、忙而不乱，减少盲目性与失误。

经济动员预案与经济动员计划存在一定联系。经济动员计划和预案都是对国民经济由平时转入战时状态的内容、范围和时限的具体规定，是经济动员准备与实施的方向、目标和依据，是国家军事战略方针和战略意图的具体化、系统化，是影响经济动员能否快速实施的决定性因素。预案与计划相互衔接，平战结合而又各有侧重。

经济动员计划和预案都具有较高的权威性和强制性。其中，经济动员计划体系由指令性计划和指导性计划相结合的方式构成，指令性计划必须完成。在经济动员实施过程中，动员预案的强制性更为强烈。但是，二者也并不完全一致。动员预案是在平时拟制，一旦动员需要即刻付诸实施。经济动员计划，则纳入国民经济社会发展计划之中，平时就在贯彻执行。一般情况下，根据未来动员实施的不同要求应当相应地制订多个方案，而动员计划通常仅制订一套。

（二）国民经济动员预案的作用

预案是为应付某种情况的发生而事先制订的处置方案。经济动员预案作为战争准备的一种方案，已经成为经济动员准备的重要组成部分。经济动员预案对于经济动员实施的作用不言而喻，但它在经济动员准备中的核心作用却还没有引起理论界的足够重视。经济动员预案的作用主要表现在以下几个方面。

1. 经济动员预案有助于实现经济动员工作的计划性

我国是奉行军事战略防御的国家，现代战争爆发的突发性和隐蔽性，往往使军事战略防御国家在战争初期处于被动状态。平时通过经济动员预案的制订，可以针对可能发生的战争制订系统周密的动员方案，做到预先准备，大大提高国民经济的应变能力，提高动员反应速度，全面满足未来信息化条件下局部战争对经济动员的需求。

经济动员预案有利于推进平时经济动员演练。从理论上来讲，经济动员演练是一次模拟的经济动员实施，其主要依据是和平时期编制的经济动员预案。从实际情况来看也是这样，离开了动员预案，就无法确定经济动员演练大纲，也无法筛选参加演练的企业。同时，在经济动员演练中，编制预案本身就是演练的一项重要内容。这也从另一个方面说明了经济动员预案在经济动员准备和实施中的核心地位。

2. 经济动员预案有助于战时快速高效地进行经济动员

未来信息化条件下局部战争的显著特征是持续时间短、消耗量大，这已被海湾战争和科索沃战争等局部战争实践所证实。在当前的时代条件下，传统的全面动员和持续动员的可能性和重要性已大大下降。在战争爆发后几个月甚至一年才能提供产品的动员模式，对于通常只持续几十天的局部战争来说，其作用和意义趋近于零。能够支持现代战争进程的动员模式，必须是快速动员。动员预案，可以显著提高动员节奏，保证动员实施达到预定时限要求，将寓于国民经济之中的动员潜力快速有效地转化为实力，为赢得战争胜利和应对突发事件提供了保障。1973年第四次中东战争期间，以色列能够在战争爆发后1小时即征用到足够的民用汽车投入军事运输，在很大程度上得益于平时编制的运输动员预案。

3. 经济动员预案有助于战时增强国民经济的平战转换能力

国民经济在平时和战时的差异是显而易见的。平时经济向战时经济的转变，不是自发进行的，必须借助于经济动员的强制力来实现。在这里，经济动员预案发挥着重要作用。和平时期，国家经济建设的主要任务和目的，是发展社会生产力，增强综合国力，提高人民生活水平；而战时军事需求急剧膨胀，平时的经济运行状态远不能适应支撑战争的要求。为了使战时军事需求得到可靠的满足，就需要迅速扩大国防经济规模，相对减少民用生产规模。而这种转换就需要平时做好充分的准备工作，而准备工作的引导就要依靠经济动员预案的安排。

制订完备的经济动员预案是完成经济动员平战转换的关键环节。为了尽可能地缩短平战转换时间，提高动员启动、运行的速度和质量，必须在平时有针对性地制订各类经济动员预案，明确战时动员目标，提出快速转换方案和程序，以便在动员令下达后，能迅速根据既定目标和预先拟定的方案转入战时状态，协调国家各职能部门，调动各类社会资源潜力应对紧急状态，快速有序地保证动员目标的实现。

4. 经济动员预案有助于动态掌握经济动员的供给潜力

编制经济动员预案必须要进行潜力调查。通过经济动员潜力调查，可以充分掌握经济动员所涉及的各种要素的现状和发展趋势。

经济动员供给潜力是国民经济中能转化为国防力量的潜在因素。它既是现实的国防实力的源泉，又是一种潜在的经济动员能力，也是一种现实的威慑力。但是由于经济动员的对象是国民经济领域中的多种要素，涉及国民经济的各个部门，部门中的企业、单位，各种产品和劳务等，而且国家经济资源的数量本身并不是经济动员供给潜力，它必须经过转化，要看其是否能满足经济动员实施的需要，因此要全面、准确把握经济动员潜力的整体和细节状况，通常十分困难。通过经济动员预案的编制工作，就可以更有针对性地进行经济动员供给潜力的调查和分析，由此，实现对经济动员供给潜力状态由静态了解转变为动态把握。

（三）国民经济动员预案的构成

经济动员预案是国家为应对战争和突发事件，根据需求预测，预先制订的将国民经济各部门和相应的国家机构由平时状态转入战时状态的方案。经济动员预案构成根据不同划分方法有不同的构成类别。

根据动员组织管理机构主体的不同，可以分为国家、行业（国务院各部门）、战区和军兵种、省（自治区、直辖市）、市县级几个层次。一般而言，国家级动员预案，由国家经济动员主管机构提出，会同国务院有关部门和军队有关部门拟定，报国家国防动员机构批准。行业性预案是指根据所担负的特殊任务需要而单独制订动员预案，由国务院有关部门在国家经济动员主管部门指导下负责编制。

预案一般是自上而下制订，全国性的经济动员预案由国家最高决策机关组织制订，各地区、各部门的经济动员预案根据上级下达的任务和要求制订。一般情况下，经济动员预案，由各级国防动员委员会组织政府和军队的有关部门编制。预案制订由军事部门提出军事需求、政府部门提出突发事件的应急需求，经济动员主管机构根据需要与实际动员能力，组织拟制动员预案。政府和相关单位应当为编制动员预案提供必要的保证条件。全国性的经济动员预案由国家国防动员委员会审批下达，行业性和地区性预案由国家经济动员机构审批，并报国家国防动员委员会备案。

每个层次可以根据动员对象的不同，进一步划分为：涉及经济各方面或针对某一地区的综合性预案；专项预案，如财政动员预案、交通动员预案等；针对战时所需的某一产品所做的准备方案，如炮弹动员预案。专项预案，根据动员的对象，可分为不同种类。

专项经济动员预案举例

动员组织扩编预案，主要明确战时各级动员机构的编制、人数、抽组方法及各机构的职责。

人力动员预案，主要明确人力动员的对象、数量、时机、任务区分、征用方式、临战训练及输送方式、途中保障等。把与军队后勤保障有关的地方科技人员列入动员范围，进行预备役登记。

物资动员预案，主要是根据可能面临的战争，明确各级动员机构的物资动员任务，确定所需动员的物资品种、数量、规格以及征用和接收单位、完成时限、交接方法、补偿办法等。制订相关企业转产的预案，明确转产任务、转产程序和转产方法及战时生产管理办法等。制订战时物资设备生产采购预案，确定战时物资装备的采购品种、数量、规格、渠道和结算方法等。

设施动员预案，主要明确战时民用工程设施，如仓库的征用方法、数量、管理办法及储备任务；制订餐饮、机械维修和冷藏运输服务机构的战时征用预案，规定某些服务单位的战时服务项目、服务方式、服务标准及结算方式。

科学技术动员预案，主要明确动员的科技人员、设施、装备及动员任务、具体落实单位，规定动员方式、方法；制订利用地方科技力量研制装备的方案，明确开发研制的项目和参与人员、机构以及对成果的管理办法等。

保障抽组预案，为保障战时参战部队装备技术需要，制订了装备技术保障大队抽组预案，明确了组织编成、抽组任务、联络方法、集结地点、指挥机构、指挥程序和保障装备器材。

运力动员预案，主要是根据新形势下地方运力使用和经营的特点，准确掌握地方机场、港口、码头、铁路、公路、管线等各种交通基础设施分布及承运能力，运输工具的数量、质量、分布和技术状况制订的运力征用预案。

医疗力量动员预案，主要是根据地方医疗救治能力和可动员的医护人员、床位、设备和药品等，制订编组方案，明确接治范围、领导关系和转隶的组织方法。

根据动员任务分类，可以把经济动员预案分为军事斗争准备和应急动员任务两大类。军事斗争准备预案包括战时经济动员预案、军事行动经济动员保障预案两种。战时经济动员预案是调动国民经济领域最大潜力用于战争动员保障的总体方案。军事行动经济动员保障预案是一种特殊任务下的战时动员方案，相对前一种预案，后一种预案的针对性比较强、任务比较明确、数量具体、时效性高。应急动员任务预案包括社会应急事件处置保障预案和重要活动、重大事件保障预案两种。社会应急处置经济动员保障预案是指运用全社会经济动员资源保障应急事件处置的整体保障预案，平时的应用性较强，与政府经济中心工作结合比较紧密，应是全社会应急联动机制的有机组成部分。重要活动和重大事件的经济动员保障预案一般是指单项动员的预案处理，动员重点突出、指向明确、针对性强。

为保证实施的可靠性，动员预案的内容必须翔实准确、全面深入，具有可操作性。具体而言，经济动员预案包括以下内容。

1. 编制目的和依据

列举国家经济动员管理机关批准该预案编制的文号、批准时间和文件名称，以备查实。根据战争需要，确定经济动员准备的基本目标（任务、范围和时限等）。编制预案的目的一般是提高国民经济应变能力，加快动员响应速度，为动员令下达后，快速有序地达到动员目标做好必要准备。

经济动员预案的制订依据主要有以下几个方面：可能爆发战争的规模，预计投入的兵力及部署情况，战争可能持续的时间，军地力量需求预测和保障任务；作战地域的地理环境、天候情况及其对保障和动员的影响；动员潜力情况及战时可能为保障提供的最大保障能力；预设战场配套设施建设情况；作战联合指挥部对保障的要求、上级有关指示精神及相关业务部门的意见和建议等。

2. 编制背景

明确预案动员对象和实施主体的基本情况，充分估计预定作战地区、作战任务、作战对象的地理位置、地形特点、人口、交通及社会情况等方面可能出现的变数，做到处变不惊、以变应变。预案的制订要立足于应对最困难、最复杂的局面，尽可能多设想几种情况，多做几手应对准备，适时对各种预案进行调整充实。

3. 动员任务

军队决策机构和研究机构在对未来战争规模、作战样式、作战强度、敌方军事经济状况、战争可能爆发的时间进行分析的基础上，将未来战争的需求信息传递给经济动员领导机构。经济动员的领导部门根据需求信息和国民经济状况，制订经济动员的综合计划，总体考虑物资储备、工业转产、战费筹措、车辆民船征用改装等问题，并将计划分解转化为动员的具体任务，下达给具体执行部门。各地区、各行业根据经济动员的综合计划，制订各自的经济动员预案，从而对经济动员实行分阶段、分层次调控，明确规定各级的职责、范围和权力，保证经济动员运行过程的畅通。

确定动员预案的任务，必须对战时需求进行系统科学的分析和预测。现阶段需求分析主要考虑以下几个方面：第一，军方明确提出的战时需求。根据军方提出的战时需求，针对平时能力与战时需求的差额，作为预案的动员纲领和目标。第二，依据平时能力和战时能可靠形成的扩产能力。对于军方未明确提出需求的动员对象，在编制预案时，可以把平时能力加战时能可靠形成的动员能力作为预案编制的动员纲领。第三，可靠的趋势预测。借助系统工程理论和现代计算机技术手段进行的科学预测结果，也可作为动员预案纲领的确定依据，但预测数据需经过能力核定、动员演练、对比分析等可靠实践环节进行判别核实。

4. 承担单位

明确动员预案实施主体企业及项目法人。企业及项目法人参与经济动员活动有义务规定。例如《民用运力国防动员条例》第二条、第三条就规定：在战时及平时特殊情况下，根据国防动员需要，国家有权依法对机关、社会团体、企业、事业单位和公民个人所拥有或者管理的民用运载工具及相关设备、设施、人员，进行统一组织和调用；一切拥有或者管理民用运力的单位和个人都应当依法履行民用运力国防动员义务。因履行民用运力国防动员义务而遭受直接财产损失、人员伤亡的，依法享有获得补偿、抚恤的权利。

战时，由于部队对军用装备、器材的需求量很大，军工生产任务很重。动员和组织相关科技行业、部门和企业单位的科技力量支援本区域内关键性国防科研机构、重要军工企业完成战时科研和生产任务，以及动员地方相关科研机构和不同性质的军民通用企业实施平战转换，由平时研制、生产民用产品转为研制、生产武器装备和军用产品，是经济动员必不可少的重要任务。

5. 实施方案

实施方案是指实现动员预案纲领的具体方法和手段。经济动员在支持战争进程中的重要地位和作用，要求预案中采用的实施方案必须具备成熟可行、完整配套、战时容易实施等特性。为保证预案的顺利实施，在编制预案的实施方案时必须进行深入调查，全面掌握动员实施部门的实际情况，保证方案完整可行；在论述上必须详细规范，并编制整理相关图表资料。

6. 协作关系

建立完整的配套体系，协调各有关方面的关系和行动，使人、财、物方面保持一致。经济动员预案的实施是一项系统工程，除了完成动员实施主体之外，还需要有许多相关的协作单位承担诸如原材料供应、外协件生产、动力供应保障、存储及运输保障等多项工作。任何一项协作任务的疏漏，都有可能造成动员的失败。因此必须对动员预案实施涉及的相关协作单位及所承担任务进行逐一落实和详细描述，以确保战时有关部门组织相应的协作保障工作。

7. 人员编配

经济动员预案中需对完成预案规定任务所需的人员数量、素质要求等进行测算和规定，以保证战时根据预案进行配置。在制订预案时，人员配置需要正确处理好四个关系：一是首批动员与持续动员的关系。合理确定首批动员与后续动员的比例关系，充分考虑动员人员的年龄梯次、技术水平的差异。二是前方需要与后方需要的关系。既要考虑到前方作战需求，又要考虑到后方防卫和生产需要。如补充部队的人员，尽量不在从事军品研究、生产的科研机构和企业动员；需成建制动员的，要以平时组建的高技术对口专业分队为主。三是就地防卫与就地生产的关系。动员参加或配合驻辖区防空部队和预备役高炮部队、民兵高炮分队进行防卫作战的人员，原则上以对口的专业分队为主，不从军工生产的单位动员；军工企业和动员转产的企业，因生产任务需要从其他单位动员补充科技人员时，在不影响就地防卫作战的前提下，可从辖区范围内动员。四是军工企业和民用科技企业的关系。战时，军工企业中生产军品的部门或车间因扩大生产任务，需要补充、征用科技人员和设备时，原则上要从本单位民品生产的部门或车间中进行调整转产，不足部分，从民用对口企业中动员；战时需动员征用科技人员和设备、产品时，应主要在专业相同或相近的民用科技企业中进行。

8. 投资及经费预算

由于进行动员时预案实施单位平时和战时工作任务的差别，需要对战时专用设备和设施进行必要补充。在预案中要列出战时完成动员任务需要补充的物质条件，进行投资估算，明确相应的资金来源，并确定相关部门根据需要及时安排设备、设施的补充和调剂。

9. 动员时限

动员实施的效果有两项重要的指标：一是动员完成任务的数量和质量；二是动员启动的速度，即动员时限。对于突发性强和持续时间短的信息化战争，动员时限是衡量经济动员效果的重要依据。以前，动员预案往往忽视对动员时限的精确规定，随着动员预案管理工作的加强，动员预案应明确规定科学合理的动员时限指标。

10. 适用范围

对预案的涉及和适用范围进行界定。

11. 转换程序

明确实施动员准备的程序、步骤及控制动员预案进程的措施。经济动员预案实施的依据是国家下达的动员令。国家经济动员办公室根据国家下达的动员令，针对战争或突发事件对动员工作的实际需求，落实动员预案的实施。

（四）国民经济动员预案编制规范

预案一般是自上而下制订，全国性的经济动员预案由国家最高决策机关组织制订，各地区、各部门的经济动员预案根据上级下达的任务和要求制订。民用运力国防动员预案应当明确动员的任务、程序、要求和保障措施，便于操作执行，确保满足军事行动的需要。预案一般采取条款式的写法，兼有表格式的写法，其结构模式因涉及的内容范围和事件性质不同而有所变化。在通常情况下，一份完整的预案应包括：标题、正文、前言、主体、结尾和落款。

标题。预案的标题要结构完整、内容明确。具体有三种写法：一是完整式标题，由适用范围、预案内容和文种组成，例如《全国突发性公共卫生事件应急预案》《××基地军需物资油料动员需求预案》，这种写法最为常见；二是省略式标题，由预案内容和文种组成，省略适用范围，如《经济动员综合预案》《食品中毒事件应急预案》；三是简单式标题，只有文种，如《应急预案》，但这种标题因无内容概括，实际写作中不大出现。

正文。正文是预案的主体和核心部分，要将预案的内容，即“为什么做”“做什么”和“怎么做”准确明晰地写出来。可以分开为前言和主体两层来写，也可以合在一起依次行文。

前言。前言解决“为什么做”的问题，主要说明编制预案的依据、目的和指导思想等。这一层是全文的总纲，要求高度概括，简明扼要。

主体。主体解决“做什么”和“怎么做”的问题，即目标（任务）、措施、步骤，这是预案主体部分的三要素。以经济动员综合预案为例，这一部分要写明：经济动员潜力情况，包括行政区划、自然条件、经济概况、交通运输工具状况、社会事业状况；动员任务及要求；动员任务区分；组织领导与战时机构；力量编成与部署；动员预警、响应和实施程序；经济动员保障措施与要求等内容。又如突发性公共卫生事件预案，要写明指挥部的组成以及相关部门的职责，事件的监测与预警，预案的启动程序，信息的收集、分析、报告、通报制度，应急处理技术和监测机构及其任务，分级和应急处理工作方案，预防、现场控制，应急设施、设备、救治药品和医疗器械以及其他物资和技术的储备与调度，应急处理专业队伍的建设和培训等内容。因预案涉及事件的性质不同，预案主体可以按照总体原则来确定具体的写作内容，其中预案适用范围、启动程序、指挥系统、处理措施、报告制度等内容一般都应在预案的相应条文中予以明确规定。

结尾。一般需要写明预案实施主体、实施时间以及对有关单位、个人的要求，并列出附件，通常省级经济动员综合预案附有经济动员主要任务表、经济动员主要任务区分表、经济动员支前保障力量编成表，以及其他说明材料。

落款。预案的落款一般应当包括两项内容：一是制订预案的机关或单位名称，要写全称或者规范化的简称；二是制发预案的日期，要写明完整的年月日，最后在落款处按照要求加盖公章，以示制订机关对本预案负责。

（五）国民经济动员预案编制工作的要求

编制经济动员预案的目的在于，提高平战转换速度，平时做好经济动员准备，战时实现快速动员。在我国准备应对大规模侵略战争时期它曾颇受重视；冷战结束后，在相对和平的国际环境中，我国经济动员预案编制工作一度出现了被忽略的倾向。尽管近几年经济动员准备工作及预案编制工作不断得到加强，但仍急需要采取有效措施，规范我国经济动员预案编制工作。

1. 统一领导、分级负责、军地协作

经济动员预案是平时重要的经济动员准备活动，事关国家的安全和整个国民经济的应变能力，必须通过国家的统一领导保证其执行的全局性和方向性，从整个国民经济的宏观上把握经济动员预案工作，通过运用预案手段确保战时动员目标的实现。制订经济动员预案，应根据上级意图，结合本地实际，明确经济动员的指导思想、原则、内容和方法等。

经济动员预案工作层次环节多、工作量大，是具体而复杂的经济动

员准备活动，完成好预案工作中的组织、指导、协调、监督等各项管理任务，必须充分发挥各级动员管理机关和机构的管理职能。要依托各级动员管理组织机构体系，为经济动员预案工作奠定组织基础。

坚持军地联合编制经济动员预案。经济动员的主要对象可以分为“应战”和“应急”两个方面。经济动员“应战”预案的编制，应该发挥军队和地方两个积极性，共同搞好经济动员预案的编制工作。从现实的经济动员管理体制来看，各级经济动员部门设在同级宏观经济管理部门中，但同时又是各级国防动员委员会的组成单位，属于军地双方共同管理的部门，在预案的完成上，也必须注重发挥军地两个方面的积极性。

2. 整体筹划、系统配套、重点突出

经济动员预案，是实施经济动员的依据，是争取打赢未来战争保障主动权的基本前提。经济动员预案只在战时和其他紧急条件下才根据需要由国家安排实施，经济动员预案在平时处于长期完善、准备状态，为此经济动员预案管理一定要围绕战时实施和平时准备两种状态开展。要按照经济动员整体计划，按管理层次和行业统筹拟制经济动员预案，同时突出重点。既要有省（区）、地（市）、县的动员预案，也要有各大型厂矿、企业的动员预案，重点制订主要方向作战所需要的物资、设备、设施和技术人才等预案。突出重点地区、重点产品的动员预案，针对性要强，目的性要明确。重点编制好近期经济动员预案，不断完善对战略全局有重大影响的重点企业的经济动员预案。

经济动员预案之间要相互衔接，系统配套。以保障信息化条件下局部战争需要为目标，系统制订后勤后备兵员动员、集结、输送预案，支前民工动员、集结、分配预案，战备物资储备预案，修理技术力量动员预案，民用工业转为军工生产预案，经济动员指挥编组预案，等等。在此基础上，进一步搞好包括空运、海运、陆运在内的运力动员预案，高科技装备、人员动员预案，医疗、救护力量动员预案，物资油料动员预案，同时增大经济动员的技术含量，把与军队科技保障有关的科学家、

工程师、技师、医师列入动员范围，抓好与信息化条件下局部战争关系密切的部门和地区的经济动员预案。

3. 深入调查、数据翔实、标准规范

严谨周密的经济动员预案，是增强动员工作预见性、主动性、准确性的依据和保证。现代战争具有突发快速的特点，战争一旦爆发，动员时间是很短暂的。为此，为使预案切合实际，制订预案过程中，编制预案绝对不能脱离现实，必须深入调查、搞好研究和论证，充分掌握社会资源情况，特别是对社会军民通用物资的保有量，做到心中有数。地方（市）和行业单位要认真开展经济动员潜力调查，全面摸清战时可动用的机动财力，寓军于民的工业生产能力，平战两用的交通、通信能力，各种战略、战役物资储备以及科技队伍和技术储备状况。要对动员资源数质量情况进行分类统计，建立完整的数据库管理系统，并根据调查统计情况，对各类资源及时组织调整充实，为战时实施快速有效的经济动员打好基础。

经济动员预案是国家经济动员准备的具体化，技术性、政策性强，必须通过严格的程序化管理，规范预案编制、保证实施质量。预案规范化与标准化主要是实现预案编制程序、预案格式、预案层次划分、预案分级、预案管理等的规范化与标准化。为此，推动经济动员预案规范化和标准化，一要加强经济动员预案规范化与标准化立法。通过制定一些预案编制工作规范化条例，明确动员预案的编制标准、管理权限和更新与修改要求等。二要先规范化，后标准化。要把实践摸索和理论探索结合起来，不断研究新情况、解决新问题，切实把预案规范化推向深入，然后在规范化基础上，稳步推进标准化，直至最后确定国民经济预案的各项标准。

4. 全面管理、模拟推演、动态调整

首先，全面加强国民经济预案的管理。从经济动员准备和经济动员实施两个方面来看，加强经济动员管理的手段不外乎行政手段、经济手

段和法律手段。在经济动员预案编制工作完成后，也必须借助行政手段、经济手段和法律手段来加强管理。从社会消费的角度来看，经济动员是一种公共消费，是市场机制受限制甚至失灵的领域，行政手段是必不可少的。运用经济手段对经济动员预案进行后期管理，则可以充分发挥经济机制和经济杠杆的调节作用，调动不同经济主体的积极性，完成保障国家安全的任务。加强经济动员的法制建设，是提高经济动员准备水平的客观要求。目前，我国的国防动员法和经济动员法还没有颁布，在这种情况下，应该考虑制定一些暂行性的条例。具体到经济动员预案编制方面，应该通过条例，明确经济动员预案的编制标准、预案的管理权限和预案的更新与修改要求等。

其次，为保证经济动员预案的长期有效，必须结合形势的发展和实际情况的变化，对动员预案进行动态维护、优化，保证其方案的可靠和有效。战争需要政府对经济实行动员并做好动员准备，政府也应该成为经济动员的主导力量，但政府是否能够有效地实行经济动员，这取决于多种因素。政府不是万能的，不可避免地会在编制预案方面出现或多或少的错误。而且动员预案本身应随着客观需求和技术、物质条件的变化，及时修改，以便更好地适应未来战争对经济动员的要求。

再次，要有组织地进行模拟推演，通过计算机推演和现实演练，不断调整、修改预案。适时组织军地双方进行经济动员预案演练，是实现经济潜力向战时保障力转化的有效途径。军地经济动员部门应结合自身实际和所担负的保障任务，按照实战要求，定期或不定期地组织经济动员预案演练。在条件允许的情况下，还可以进行小范围的实兵、实物、实装经济动员演练。通过演练，查找预案的缺陷和漏洞，及时进行修改、充实、完善，这样将可以大大减少战时动员工作的盲目性。

思考题：

1. 经济动员预案具有哪些分类方法？它们的构成是什么？
2. 经济动员预案的主要内容包括哪些？
3. 加强经济动员预案的编制工作应采取哪些措施？

第十五章
国民经济动员演练

国民经济动员演练，是以设定情况为引导，进行国民经济动员组织和实施的训练。目的在于提高各级动员组织的快速反应能力和指挥管控能力。这是检查和促进动员准备工作的有效方法，是扩大经济动员准备的社会参与度的一种手段，也是显示我国国防实力、慑止侵略的一种方式。

一、国民经济动员演练内容和作用

国民经济动员演练，是国民经济动员实施的演习；是通过模拟战时状态，使参与演练的各动员单位，按照战时经济动员工作的步骤和方式进行实践训练和运行推演。

（一）国民经济动员演练的内容

国民经济动员演练的内容原则上可能涉及战时经济动员工作的所有领域。但具体到每次演练，由于演练目的不同，演练内容也不同。每次演练的目的和意义决定了演练的对象、内容、方式、规模和范围。例如，在工业领域动员演练时，如果以产品生产为演练对象，则演练内容一般要包括产品技术资料传输、岗位培训、生产准备、实际操作等，并在演练的过程中，对动员机构的运行机制进行检验，以检查动员的组织指挥、关键技术、物质资源等方面的准备情况。在农业、邮电通信、交通、物资、财政金融、医药卫生等领域演练时，则随着动员领域和对象的不同，演练的内容也有所区别。

按演练规模，国民经济动员演练分为战区、省区演练和部队演练；按参加的系统、部门则分为工业动员演练、交通动员演练、科技动员演练和医疗卫生动员演练等；按演练方式可分为计算机模型演练和实兵演练。有时国民经济动员演练和军事演习同时进行，两者在演练中的衔接、互动亦成为重要内容。随着演练规模的不同，其内容也有较大的变化。

经济动员演练的内容和目的，一般要由上级下达指令。演练指令一般形式如下：

根据省、市国民经济动员办公室的工作安排，将要对××产品的动员生产进行一次演练。参与演练的单位和个人，要树立“练为战”的观念，按照战时动员的标准严格要求，精心组织，通力合作，科学圆满地完成此次演练任务。

动员演练的目的：

（1）落实国民经济动员工作要点中，关于适时进行动员演练的要求；

（2）检查各级动员组织（领导）系统平战转换的“指挥、协调、组织能力”；

（3）考查有关省市动员办落实动员演练任务、协调解决演练缺项工作的能力；

（4）检查动员企业（即军工企业）基础管理水平、工艺资料的完整性和动员产品的扩产能力；

（5）考察企业“军民两用技术”和民用企业的平、战转换能力与响应速度。

动员演练内容与要求：

（1）动员令下达后，演练应在××天内完成；

（2）采用计算机演示主要生产过程，应具备直观的特点和交互功能，所需资料数字化后用光盘传递；

（3）逐步总结出一套动员工作的规律和经验，为未来演练与战时动员探索一些规律；

（4）总体检验××产品的可动员性和变通性，检验动员企业的动员准备工作（机制、机构、人员、组织）；

（5）对部分军工、民用企业进行动员潜力的调查，考察其动员的时效性及适应性；

（6）及时发现当前动员准备工作中存在的问题，为立法提供实践参考；

（7）对所有参与演练的单位与人员，深入宣传动员工作的重大战略意义；

（8）其他。

各县、市经济动员办公室应会同武装部、军分区等经济动员工作成员单位，结合自身实际和所担负的保障任务，按照实战要求，定期或不定期地组织经济动员预案演练。在条件允许的情况下，还可以进行小范围的实兵、实物、实装经济动员演练。通过演练，查找预案的缺陷和漏洞，及时进行修改、充实、完善。

同时，可以充分利用信息技术，建立计算机模拟与仿真模型，进行网上动员演练。如开展地区行业结对、模块抽组的经济动员网上演练，不失为一个多快好省的演练方法，花费不多，效果明显，值得借鉴和学习。

（二）国民经济动员演练的作用

为了保证形势突变时国民经济能够及时快速地转向战时体制、国民经济力量转化为军事力量，就必须在平时经济建设工作中做好战时军需生产方面的各项准备工作，并促使各级动员机构的人员熟悉动员工作的各项法规和动员工作的运行方式及国民经济动员各种资源的准备情况。

而加强平时的动员演练是其中的重要手段和关键环节。

第二次世界大战后，美国为检验其工业战备状况，曾组织以“漂亮的金块”“自豪的军刀”等为代号的工业备战演练。演练由联邦政府有关部门和国会有关专业委员会组织，由纳入工业战备计划的承包商参加。演练后由组织演习的部门向国会提出专门报告，对演练中发现的各种问题由联邦政府负责组织有关部门予以逐项解决。

适时组织军、地双方和经济动员基地成员单位进行动员预案演练，是实现经济潜力向战时保障力转化的有效途径。其重要作用主要表现如下：

1. 全面提高业务能力素质

演习时，可用各种技术手段模拟逼真的战场环境，让经济动员的指挥员、机关和各企事业单位，在各种地形和全天候条件下，按照一定的经济动员背景，连续实施演练。既练业务操作，又练行动路线；既练组织指挥，又练机关业务；既磨练战斗意志，又培养战斗作风。从而有利于提高经济动员相关单位的整体素质。

2. 提高经济动员协调能力

经济动员演练是由各经济动员办公室、政府各部门、各企事业单位及军队有关部门等多元主体参与的综合训练活动。这些不同建制、不同功能、不同规模的单位，按经济动员需要进行重新组合，在同一个动员演练的课题中构成有机结合的演练实体。较之其他形式的演练，其合成与协调的范围更宽广、程度更深入，更贴近实际，要求也更严谨。因此，这种演练有利于提高各动员单位的协调管控能力和协同行动水平。

3. 提高经济动员组织指挥能力

经济动员演练是谋略较量和才能角逐的场所，各类动员部门和成员单位的指挥员和机关在演习中均按照其实际职务和职能进入角色。演练中以对抗的另一方为假设敌，既要运筹帷幄，用计施谋，与“敌方”

进行智慧的竞赛，又要调兵遣将，用兵造势，与“敌人”展开力量的拼搏。这种错综复杂、异常激烈的对抗，迫使指挥员和机关动脑筋、想办法，充分发挥主观能动作用，去夺取动员的胜利，从而能更逼真地演练经济动员指挥程序，熟悉指挥内容和重点，探索在动员方法等重要环节上的新突破。

4. 加强经济动员准备

经济动员演练多以国际形势为背景，以实际担负的任务为内容。尤其是检验性演习，要求参演单位一旦接到号令，立即出动，迅速集结，展开快、收得拢、联得上，迅速实施各种保障。这种演练能使参演单位经常保持高度戒备状态，推动各项动员准备工作的适时展开。同时，经济动员演练可以使各动员成员单位，进一步把握动员预案的要点，熟悉动员运行程序，有利于经济动员准备整体水平的提高。

二、国民经济动员演练的准备

在不同的时期，对不同的演练对象和演练内容，采取的演练方式、方法和步骤都会有所不同。但就一般工作程序而言，国民经济动员演练要经过动员演练准备、动员演练实施和评估等阶段。

动员演练首先要下达动员演练任务。由国家经济动员办公室根据工作安排和动员准备工作的进展情况，确定动员演练对象、动员演练目的和目标，并选择合适的时间将演练任务下达到相关的各动员单位。动员演练的任务下达后，一般各动员单位要进行演练前的各项准备工作：成立演练机构、编制并申报动员演练纲要、选择被动员企业、协调和检查参加演练各单位的准备工作等。

（一）成立演练机构

为做好动员演练前的准备工作和动员令下达后的各项工作，需要成立动员演练领导小组及其所属的工作组和各动员演练单位的执行工作小组，专门负责演练的领导、组织和协调工作。这些机构在演练任务下达后成立，演练工作结束后即自行解散。

演练领导小组：由国家动员部门的领导及与演练相关的领导部门人员组成。负责演练的总指挥和决策，审批演练纲要，全方位指挥演练工作。

演练工作组：是演练领导小组的执行机构，由参演单位主管部门的领导担任组长，成员由有关省市动员办、部门、厂、院的领导及资深专家组成。主要承担以下工作：

A. 拟定演练与评定标准；

B. 编制动员演练纲要和实施建议；

C. 督促、检查动员演练对象的各项准备工作；

D. 测算演练费用及其管理；

E. 考察被动员企业；

F. 指导演练的实施；

G. 动员演练工作完成后，提出对动员预案的结论意见；

H. 撰写演练的总结报告。

执行工作小组：一般由参加演练单位的领导及有关人员组成本单位的执行工作小组，负责各单位实施演练的具体组织工作。根据参加演练单位所承担的具体任务，执行工作小组具体工作如下：

A. 负责组织演练队伍并组织整理与动员演练有关的资料；

B. 动员令下达后组织动员企业人员进行培训与生产演练；

C. 领导编制“动员预案”，并找出缺项和不足；

D. 负责完成本单位的动员演练总结工作并报上级有关部门；

E. 检查技术资料数字化情况；

F. 检查编制动员演练用计算机软件情况；

G. 建立培训机构、编制培训教材、选定授课教员及操作指导人员；

H. 负责组织准备演练所需的原材料、辅助材料、配套物资等。

（二）编制并申报动员演练纲要

动员演练纲要是演练工作的纲领性指导文件，其内容包括了从演练任务下达到演练结束整个演练过程中每一项工作的具体内容、要求、目标、负责人或单位和详细的工作时间表。由于演练的要求和领域不同，各次演练纲要的具体内容有很大差别，但一般要包括以下几部分：

A. 动员演练的意义；

B. 动员演练的目的和目标；

C. 动员演练的主要原则；

D. 动员演练单位、形式与人员；

E. 动员演练内容及深度；

F. 动员组织与领导机构；

G. 动员演练程序；

H. 动员计划安排；

I. 动员技术准备。

由于演练过程中每项工作的开展都要以演练纲要为依据，因此，演练纲要的编制水平是演练能否成功的关键因素之一。

（三）技术、物质、人员准备

在动员演练领导小组和演练工作组的指导下，动员单位（如军工企业）要了解和掌握各种技术、物资和人力等方面的准备工作。

一是，整理、完善动员产品及其工艺技术资料，并将基本数据、信息资料录入计算机，完成数字化处理工作，为演练做好准备。

信息技术的迅速发展对社会经济、科学技术等各方面都产生了巨大的影响。新思想、新概念、新技术层出不穷，特别是先进制造技术和电子商务的发展与集成，给经济动员带来了一系列变化。高技术武器装备复杂程度的增加，给采办管理、信息处理和维修养护带来许多新问题。例如，M1 型主战坦克的纸介技术资料总共有 4 万多页；F－16 型战斗机的纸介技术资料达 3500 多册；“宙斯盾”“文森特”号巡洋舰的各种纸介技术资料重达 55.5 吨，如果将其装载在舰上，可使舰身吃水深度增加 80 毫米。查阅这些纸介的文件、资料也十分困难。为了提高武器装备系统的技术动员保障能力，减少通过纸质媒介存储和传递技术数据信息，节约由此造成的高额费用，就需要对这些纸介技术资料进行数字化处理，实现高效的集中管理、信息共享。美国国防部为此于 1985 年启动了“计算机辅助后勤支援系统”（以下简称 CAIS），而且，CAIS 技术在许多国家和地区迅速发展，在各国应用 CAIS 所取得的成效也是惊人的。

信息技术在军品生产和供应方面的应用，极大地提高了军品生产、采购、管理、技术支持和服务等产品全周期的质量和效率，提高了经济动员的战时响应速度。由此，技术资料、存储介质、信息传递的数字化已成为动员演练准备中的一项重要工作。

二是，编制用于动员演练的计算机软件。

在动员演练过程中，把计算机软件应用于人员培训、资料查询、预案制作等阶段，可以为演练人员提供准确、详细、直观的数据资料，满足演练任务要求。计算机专用软件的应用可大幅度提高动员演练效率。

（1）提高技术资料数字化水平，以便于生产技术资料的快速扩散、修改；

（2）决策部门可利用该软件来了解动员产品、动员厂的概貌，快速做出决策；

（3）工厂组织生产部门使用光盘可快速得到组织生产所需的能源、人力、生产材料及设备等相关的详细数据；

（4）生产技术人员适时可得到生产所需的技术资料；

（5）生产工人可在未经培训的情况下，通过查看库中各工序的录像资料和工艺卡片快速上线生产。

专用软件的开发要在国家动员办公室及动员单位有关领导的指导下由动员企业和相关的动员部门合作完成。专用软件开发的目标，是将军品生产过程中所需要的所有技术资料和生产流程资料进行数字化存储，实现“无纸化”资料传递和在异地形象生动地模拟演示生产过程，有效提高动员演练的系统化管理水平。

三是，编制教材、选定授课教员及操作指导人员。

为了使参加演练的人员对动员运行程序和相关内容有充分的了解和认识，动员企业要编制培训教材，详细讲解产品设计原理、生产工艺等知识，并为演练期间的培训选择好有经验的理论教员和实际操作教员。

四是，采购与准备演练所需的材料和配套物资。

如果演练任务要求有实际操作的内容，则动员企业要提前做好生产所需的主、辅材料及物资等各方面的准备工作。

五是，督促、检查、协调各参加演练单位的准备工作。

由于参加演练的单位和人员构成比较复杂，涉及各个方面，因此在演练开始前，需要按照演练纲要的要求由领导小组和工作组督促、检查参加演练各单位的准备工作，并协调各有关单位之间的配合衔接，以确保演练的顺利进行。

三、国民经济动员演练的实施

国民经济演练工作机构检查参加演练各单位的准备工作就绪，向上级动员部门汇报并得到指令后，有关经济动员领导部门可根据演练计划，适时下达演练动员令。演练动员令的发布方式由下达动员令的部门根据形势需要选择，一般分为公开和秘密两种方式。发布演练动员令的工作程序参照战时动员令发布程序执行。

各参加演练单位接到动员令后，要立即按照演练纲要规定的内容迅速转入动员状态，并按照动员纲要的要求实施每项工作。实施的具体步骤如下：

（一）参与演练的有关单位及人员集结

经济动员演练开始，参加演练人员要迅速集结。一般根据演练内容，确定参加演练的人员及集结方式。例如，某厂进行产品生产的实兵动员演练，其集结方式应为定点、定时集结。演练人员能否按时到达集结地点，是演练成功与否的重要指标之一。

（二）宣布动员演练要求及纪律

纪律是搞好动员演练的重要保证。通过明确演练的纪律要求，向参加演练的人员宣传国民经济动员的意义，讲解国民动员法规，提高有关人员的认识，是动员工作的一个重要方面。特别是演练工作在和平时期进行，人们的精神和思想状态短时间很难达到战时的要求，这就要求在演练过程中有严明的纪律，明确参加演练的单位和个人的行为规范，以此提高动员演练的有序性和严肃性。

（三）演示培训

为了使所有参加演练的人员对演练内容有充分的了解和认识，必须对参加演练的人员进行培训。培训内容包括基础理论学习、生产工艺知识培训、操作演示培训等。培训方式包括：教员讲解培训、电视化培训、计算机数字化模拟培训等。为了将演练内容和知识以最快的速度传授给参加演练的人员，应尽量采用形象逼真的培训方式。

在进行某产品动员生产演练时，可使用动员演练软件的演示功能，介绍动员产品的基本知识和生产工艺、生产特点及生产企业的基本情况，并使参演人员及时进入角色。培训进入理论学习和实际操作阶段后，参演人员可通过使用计算机软件反复观摩生产过程录像、动画资料和工艺卡片，增进对所学理论知识的理解。由此，借助信息化手段更好地把握各工序的上料、下料、加工等环节的实际操作方法，提高参演人员上线培训效率，为顺利上线生产打下基础。特别要通过完善和优化动员演练计算机网络，为参演的工程技术人员提供查询、调用各类技术资料的数据库，以提高动员演练的技术支持效率。

（四）演练操作

参演人员在接受对口（管理、技术、操作人员分专业）培训后，即进入动员生产的实际操作阶段，在这一过程中，训练参演人员的实际操作技能，检查动员生产的实际运行状况。在演练过程中，工作组要详细记录演练过程、遇到的突出问题及采取的解决措施，为进一步的改进优化提供实践依据。

（五）演练评估

这是动员演练的一个重要环节，通过对各个阶段的动员演练进行深入的分析、总结，积累宝贵经验，找出差距和不足，明确今后的努力方向，拟定优化改进的详细措施、方案、计划，推动各项动员准备工作迈上一个新台阶。

在演练实施过程中，演练工作小组必须对演练工作严密组织，采取各种手段、监督检查、指导动员演练纲要的实施情况，掌握演练进程，检查动员缺项；演练观察人员通过观察演练的进行，了解动员准备工作的真实情况，对动员准备工作提出建议；演练宣传人员及时对演练情况进行宣传报道，达到演练的宣传、教育效果。

四、国民经济动员演练要求

经济动员演练是一项十分严肃和复杂的战备任务，必须严格要求，精心设计。

（一）紧贴形势任务，科学设置选题

为适应新时代军事斗争准备需要，做好主要方向上经济动员的准备，科学选择演练场地，设置演练情况，紧密结合动员任务，科学选题，合理设置演练内容，使演练课题与当前国际国内斗争形势和成员单位的动员任务紧密联系起来。采取计划导调与随机导调相结合，锻炼动员部门领导、机关、动员成员单位，灵活处置各种突发情况的能力。

（二）突出演练重点，提高演练水平

为突出动员演练的重点，提高演练水平，要按照理论学习、案例研究、图上作业和现场演习的步骤，制订系统的演练计划。在情况设置上，着眼主要战略方向动员环境的特点，突出动员目标的科学性，动员编成的大容量，动员推进的快节奏。重点演练动员力量的编组、动员目标的确定、业务划分、人力机动、各单位协同以及后勤保障等问题，努力提高演练的水平和实效。

（三）积极探索创新，改进演练方法

本着精干、高效、合成的原则，挑选政治素质好、指挥能力强、动员经验足、导演水平高的领导干部，组成精干的导演部和指挥所，负责

筹划准备、组织演习和协调经济动员各方面的工作。锻炼和提高各级领导临机处置突发情况的能力、发现和把握关键问题的能力、改革创新勇于探索的能力。在演练实践中，坚持学习与运用的统一、理论与实践的统一，不断提高各级动员领导干部的综合素质。要结合不同领域的专业特点，围绕快速集结、快速机动、快速展开三个重点，大胆改革，积极创新，科学设置一些“高、深、宽、新”的训练内容。

（四）融入保障链路，一体筹划作业

平时要将各种预案以及各种准备、实施阶段的文书编成代码，演练中实行代码指挥，提高文书传递速度。在文书拟制上，做到能联合行文的不单独下发；在内容上，做到有规定的只写规定名称，不写内容，压缩篇幅，提高指挥效率。

一般来说，国民经济动员演练与军队后勤动员演练是紧密相联的。军民联演更接近实战，要求也更高。演练的战役战术背景是保证演练成功的重要条件，决定着演练的层次和效果。因此，战役战术背景的设置必须着眼实战，贴近现代战争中经济动员和后勤保障的实际，突出使命任务和应急支援的特点。在“走、打、吃、住、藏、供、救、运、修、通”各个方面增大演练的难度和强度，提高演练的针对性和科学性。

为了达到演练的要求，动员领导机构要严密组织，加强对演练的筹划指导，把握程序，做到：

适时。根据国际和国内形势，确定某个阶段的演练工作计划，明确动员演练对象、动员演练目的和目标，并选择合适的时间将演练任务计划下达到相关的动员单位。

节约。即动员演练要本着促进国防建设的同时促进国民经济的建设，在演练过程中尽量少影响参加演练单位的正常工作的原则，能够在正常生产过程中完成的演练任务，尽量采用结合生产完成演练，减少对正常生产的影响。实物、实装、实兵的经济动员演练，成本高、代价大，不宜多搞。可以搞一些行业结对、模块抽组的经济动员网上演练。

这是一种投入少、效益高的演练方法。由此，提高动员演练的投入产出效益，使动员准备工作更好地实现平战结合的目标。

真实。即在演练过程中要按照战时标准要求演练每一项内容。演练实施的程序、运行机制、法规等一律参照动员实施时的方式进行，演练过程应与实际生产过程一致或相近。以此更深入准确地检查动员准备情况，特别是检验其缺项和不足，为进一步改进和提高动员准备工作奠定坚实的基础。

促进。即演练不仅要达到检查的目的，还要有效促进各项动员准备工作更上层楼。要在各参演单位充分交流经验的基础上，取长补短，携手共进；提高管理水平，促进技术进步，推动平战结合，使动员准备与经济建设互相促进、良性循环。

针对经济动员演练涉及单位多，需要投入一定的人力、物力、财力，工训矛盾、利益矛盾比较突出的问题，应通过重点演练各级经济动员机构的组织实施、组织程序和组织方法，以室内推演为主，带部分单位的实兵演练，做到室内作业与实兵演练相结合、分级演练与整体演练相结合、单项演练与多项演练相结合。通过演练，使经济动员骨干队伍初步掌握市场经济条件下组织经济动员的程序、方法。

思考题：

1. 国民经济动员演练的内容有哪些？有什么作用？
2. 国民经济动员演练准备的内容有哪些？
3. 国民经济动员演练实施的具体步骤和要求有哪些？